权威·前沿·原创

皮书系列为
"十二五""十三五""十四五"时期国家重点出版物出版专项规划项目

B

BLUE BOOK

智库成果出版与传播平台

北京市科学技术研究院首都高端智库研究报告

北京高质量发展蓝皮书

BLUE BOOK OF BEIJING'S HIGH-QUALITY DEVELOPMENT

北京高质量发展报告
（2024）

REPORT ON HIGH-QUALITY DEVELOPMENT
OF BEIJING (2024)

方　力　贾品荣　窦晓铭 等 / 著

社会科学文献出版社
SOCIAL SCIENCES ACADEMIC PRESS (CHINA)

图书在版编目（CIP）数据

北京高质量发展报告 . 2024 / 方力等著 . --北京：
社会科学文献出版社，2024.8. --（北京高质量发展蓝
皮书）. -- ISBN 978-7-5228-4018-5

Ⅰ . F127.1

中国国家版本馆 CIP 数据核字第 2024ZV4773 号

北京高质量发展蓝皮书

北京高质量发展报告（2024）

著　　者 / 方　力　贾品荣　窦晓铭 等

出 版 人 / 冀祥德
责任编辑 / 王玉山
文稿编辑 / 白　银
责任印制 / 王京美

出　　版 / 社会科学文献出版社
　　　　　地址：北京市北三环中路甲 29 号院华龙大厦　邮编：100029
　　　　　网址：www.ssap.com.cn
发　　行 / 社会科学文献出版社（010）59367028
印　　装 / 三河市东方印刷有限公司

规　　格 / 开　本：787mm×1092mm　1/16
　　　　　印　张：20.75　字　数：309 千字
版　　次 / 2024 年 8 月第 1 版　2024 年 8 月第 1 次印刷
书　　号 / ISBN 978-7-5228-4018-5
定　　价 / 188.00 元

读者服务电话：4008918866

冯　婧　刘鹏澄　李　诚　李京栋　杨雨萌

张　雁　贾品荣　蒋金洁　谢　玲　窦晓铭

魏永莲

编　　务　石子龙

主要著者简介

方 力 北京市科学技术研究院党组书记、研究员，北京市习近平新时代中国特色社会主义思想研究中心北科院研究基地主任，首都高端智库主任，北京市习近平新时代中国特色社会主义思想研究中心特邀研究员，《北京高质量发展蓝皮书》主编。毕业于北京航空航天大学。曾任北京市环境保护局党组书记、局长。主要研究方向为可持续发展。在《人民日报》《光明日报》《经济日报》发表多篇理论文章。主持北京市社会科学基金重大项目等。《北京高质量发展报告（2021）》获全国优秀新皮书奖。《北京市大气污染治理力度比较研究》获北京市第十三届优秀调查研究成果二等奖。出版《首都高质量发展研究》等专著。

贾品荣 博士，北京市科学技术研究院高质量发展研究中心主任、研究员、"北科学者"、高精尖产业研究学术带头人，北京市习近平新时代中国特色社会主义思想研究中心特邀研究员。博士毕业于华中科技大学，南开大学经济学博士后，专业为产业经济学。主要研究方向为高质量发展、高精尖产业。主持中国社会科学院重大招标课题、北京市社会科学基金重点课题、国家软科学重大项目等。著有《京津冀地区低碳发展的技术进步路径研究》《京津冀传统高能耗产业升级与新兴绿色产业培育研究》《城市高质量发展与影响力研究》《高精尖产业发展研究》等专著18部。在 *Energy* 等 SCI 一区，以及《中国管理科学》《系统工程理论与实践》《科学学研究》《科研管理》等中文核心期刊发表论文30多篇。《新华文摘》及中国人民大学复印报刊资料转载或摘编观点达 80 余次。决策咨询报告刊发于科技部《软科学要报》、中共北京市委《北京信息·特刊》等内参。多篇理论文章刊发于《人民日报》《光明日报》《经济日报》等。

窦晓铭　博士，北京市科学技术研究院高质量发展研究中心研究人员，《北京高质量发展蓝皮书》编辑部主任。毕业于中国社会科学院大学。主要研究方向为"双碳"战略、可持续发展。主持中国社会科学院大学研创计划科学研究项目"碳中和目标导向下可再生能源投资风险管理研究"，参与国家社会科学基金重大项目等多项国家级、省部级项目。在《新疆师范大学学报》（哲学社会科学版）、《企业经济》等期刊发表论文 15 篇。参与撰写 7 篇决策咨询报告，2 篇获中央有关部门领导批示。

摘　要

　　2023 年中央经济工作会议提出，必须把坚持高质量发展作为新时代的硬道理。高质量发展覆盖了经济增长、社会事业、生态安全、科技创新、地域文化、城市治理等各个方面，贯穿了生产、流通、分配和消费等社会再生产的全过程，是一个复杂的系统性工程，必须结合国家和地区的资源禀赋特征开展系统研究，制定合理可行的目标和路径。为更好贯彻党中央和北京市的决策部署，北京市科学技术研究院联合清华大学、对外经济贸易大学、北京工业大学、首都经济贸易大学等高校，持续开展"创新驱动首都高质量发展"的系统性研究，持续举办"首都高质量发展"研讨会，发布《北京高质量发展蓝皮书》。

　　党的十九届五中全会科学研判国内国际形势和我国发展条件，明确了到 2035 年基本实现社会主义现代化远景目标时，全体人民共同富裕取得明显实质性进展的总体要求。中国特色社会主义进入新时代，我国社会主要矛盾转化为"人民日益增长的美好生活需要和不平衡不充分的发展之间的矛盾"，有待遵循让全体人民积累人力资本、公平获得共创共建的参与机会、公平地共享发展成果的思路，在高质量发展中促进共同富裕。作为"首善之区"，北京承担着引领和示范共同富裕的重要责任。北京将制定促进共同富裕行动计划及扩大中等收入群体实施方案提上日程，计划在"十四五"时期创建国家共同富裕示范区，从强基、扩中、提低、调节四个方面努力探索具有"首都特点"的共同富裕之路。

　　在二十届中共中央政治局第十一次集体学习时，习近平总书记强调，发展新质生产力是推动高质量发展的内在要求和重要着力点,必须继续做好创新这篇大文章,推动新质生产力加快发展。① 北京全力建设国际科技创新中心,具备因地制宜发展新质生产力的极好条件和能力。

《北京高质量发展报告(2024)》适时调整框架结构,新增战略报告模块,去除分报告模块,最终由总报告、专题报告、战略报告 3 个部分共 9 篇报告组成,分别从历史、热点、趋势角度反映北京高质量发展情况。这主要基于以下考虑:一是分报告的研究思路、研究结论已全面反映在总报告中,分报告的框架结构、研究设计与《北京高质量发展报告(2022)》《北京高质量发展报告(2023)》近似。二是前瞻新质生产力这一时代命题。自 2023 年 9 月习近平总书记在黑龙江考察时提出"新质生产力"概念以来,学界和业界都对这一概念做出理论和实践层面的积极探索。《北京高质量发展报告》蓝皮书编辑组积极布局,完成了《准确把握加快形成新质生产力的若干关系》《北京加快形成新质生产力的若干战略》等报告,为形成与发展新质生产力提供决策参考。

具体而言,总报告梳理了 2023 年北京高质量发展相关政策进展、基本成效与困难挑战,以高质量发展内涵为理论基础构建分析框架和数理模型,基于效率、效益、效益协同三维逻辑,从经济、社会、生态、创新、文化、治理 6 个维度构建共 73 个二级指标的评价指标体系,分析评价 2013~2022 年北京高质量发展的水平,比较分析 2022 年中国地级及以上城市高质量发展指数 50 强的发展水平与相对优势。专题报告聚焦共同富裕这一中国特色社会主义现代化建设的根本奋斗目标。从共同富裕的内涵出发,阐释在高质量发展中促进共同富裕的内在逻辑,首次构建体现中国式现代化要求、物质与精神有机统一的共同富裕幸福指数。就城乡差距这一融合了收入差距与区域差距的重点问题,基于"物质能量—经济社会—公共服务"多维度研创城乡高质量发展评价分析框架,构建城乡高质量发展指数。同时,考虑到数

① 习近平:《发展新质生产力是推动高质量发展的内在要求和重要着力点》,《人民日报》2024 年 6 月 1 日。

字技术创新是第四次科技革命和产业革命中的重要创新方向，且对社会分配的作用方向暂无统一结论，本书围绕数字技术创新促进城乡共同富裕的作用机制进行了专题研究。战略报告的主题为"以新质生产力推动高质量发展"。为前瞻新质生产力这一高质量发展在新时期的重要议题，战略报告从创新视角分析新质生产力的要义、核心要素和创新发展路径，提出北京加快形成新质生产力的若干战略，从制度视角明确科技创新体制机制保障新质生产力发展的必要性、困难挑战和对策建议，提出加快形成新质生产力所要把握的若干关系。

本书的主要建树有以下几个方面。

第一，6 个维度支撑高质量发展全局，73 个二级指标测度北京发展质量。创新点主要集中在以下三个方面。（1）遵循高质量发展政策精神，不断加深对高质量发展的理解与把握，基于效率、效益、效益协同三维逻辑，对原有经济高质量发展、社会高质量发展、生态高质量发展、创新高质量发展、文化高质量发展、治理高质量发展 6 个维度的评价指标进行了调整。相比原有的评价指标体系，在剔除全国五一劳动奖人数等指标，增加国家级科技企业孵化器与省部共建协同创新中心等指标后，构建共 73 个二级指标的评价指标体系。（2）将研究对象扩展至 2022 年中国地级及以上城市高质量发展指数 50 强，极大地增加了数据信息量。（3）筛选高质量发展 10 强城市，依次为北京、深圳、上海、苏州、南京、杭州、广州、宁波、厦门、无锡，并以此为对象提炼发展特征。

第二，北京高质量发展水平位列第一梯队，社会、治理维度主引擎作用凸显。本书从经济、社会、生态、创新、文化、治理 6 个维度评价了 2013～2022 年北京高质量发展水平，分析高质量发展 6 个维度对北京高质量发展指数增长的贡献度，并横向对比 2022 年北京高质量发展情况。研究得出以下三点结论。（1）2013～2022 年，北京高质量发展指数持续提升，由 0.656 上升至 0.914，增长幅度为 39.33%，年均增长速度为 3.75%。2022 年北京高质量发展指数的增长率偏低，为 0.32%。（2）北京高质量发展水平位居全国第一，社会、治理维度发展优势明显，指数年均增速（5.96%、

5.02%）远高于北京高质量发展指数（3.75%），是北京高质量发展的主要驱动力；文化维度有较大发展空间。（3）高质量发展指数排名前十的城市依次为北京、深圳、上海、苏州、南京、杭州、广州、宁波、厦门、无锡，高质量发展指数均超过或接近0.700，呈现经济发展迅速、创新能力较强、嵌入全球研发网络、居民消费旺盛、开放程度较高、产业结构较为合理的六大特征。

第三，北京6个维度高质量发展指数均排名前三，创新、文化维度高质量发展指数排名具有绝对优势。研究得出以下六点结论。（1）2022年北京经济高质量发展指数为0.968，相比2013年增长幅度为40.30%；规模增长、结构优化、效率提高、开放提升子维度的贡献度依次为72.83%、15.57%、18.34%、-6.74%；2022年，北京经济高质量发展指数低于上海，排名第二，规模增长、结构优化、效率提高子维度排名均位居前五，而开放提升子维度排名相对劣势。（2）2022年北京社会高质量发展指数为0.992，相比2013年增长幅度为107.53%；幸福指数、公共服务、共同富裕子维度对北京社会高质量发展指数提升的贡献度依次为64.39%、27.32%、8.29%；2022年，北京社会高质量发展指数低于深圳，排名第二，公共服务和幸福指数子维度排名均位居前五，共同富裕子维度的排名相对落后。（3）2022年北京生态高质量发展指数为0.815，相比2013年增长幅度为101.31%；环境质量、资源利用、污染减排子维度对北京生态高质量发展指数提升的贡献度依次为41.68%、32.51%、25.81%；2022年，北京生态高质量发展指数低于厦门、佛山，排名第三，环境质量、资源利用、污染减排子维度的排名均位居前五。（4）2013～2022年，北京创新高质量发展指数逐步提高，涨幅为47.84%；创新投入和创新环境子维度共同支撑了北京创新高质量发展，贡献度分别为43.01%和41.51%，而创新产出子维度贡献度为15.48%；2022年，北京创新高质量发展指数横向排名第一，创新投入、创新产出子维度排名前二，但创新环境子维度的排名相对落后。（5）2013～2022年，北京文化高质量发展指数经历了"上升—下降—上升"的变动趋势，2022年相比2013年增长幅度为13.87%；文化资源子维度对北京文化高质量发展指数提升的贡献度最高，文化设施子维度的贡献度次之，而文化产业子维度的贡献度为负；2022年，北京文化高质量发展指数排名第一，在文化资源子维度名列前茅，而在文化设施、文化产业子维度排名相对劣势。（6）2013~2022年北京治理高质量发展指数经历了先增长后下降的变动趋势，主要是由于2022年受疫情反复的影响，但仍比2013年增长89.06%；基础设施、行政调控和行政服务子维度对北京治理高质量发展指数提升的贡献度依次为22.66%、31.02%和46.32%；2022年，北京治理高质量发展指数低于深圳、上海，排名第三，基础设施、行政调控和行政服务子维度排名均位居前五。

第四，共同富裕作为多维综合目标，与高质量发展具有内在一致性。本书基于共同富裕内涵，阐释在高质量发展中促进共同富裕的内在逻辑，分析中国在高质量发展中促进共同富裕的现实基础和实践路径，梳理北京市的相关政策动向，并提出政策建议。研究得出以下两点主要结论。（1）创新、绿色、开放发展理念为在高质量发展中促进共同富裕提供动力机制，以创新夯实物质基础，以绿色改变居民生活方式，以开放引导"合作共赢"超越"本国优先"；协调、共享发展理念提供协调机制，以协调谋求群体间合理差异，遵循全民共享、全面共享、共建共享、渐进共享，使改革成果更多更公平地惠及全体人民。（2）在高质量发展中促进共同富裕的实践路径包括以科技成果转化夯实物质基础，提升全要素生产率，构建完善三次分配协调配套的分配制度，以及消除阻碍生产要素流动的不合理壁垒，提升农村公共服务供给质量。本书提出以下对策建议：加强核心技术攻关、优化劳动力多层次供给、推动农业高质量发展，以及构建资源环境、数据等新要素参与分配，三次分配协调配套的制度体系。

第五，共同富裕测度分析应以满足人民对美好生活的新期待作为理论创新的出发点和落脚点。本书从经济福祉、社会福祉、文化福祉、生态文明福祉、治理福祉五大维度选取48个基础指标，首次构建体现中国式现代化要求、物质与精神有机统一的共同富裕幸福指数，基于熵值法测算了全国31个省份的福祉情况。研究发现，共同富裕幸福指数中文化福祉权重最高

（28.95%），其他依次为经济福祉（24.83%）、治理福祉（18.75%）、生态文明福祉（14.62%）以及社会福祉（12.84%）；北京共同富裕幸福指数及分指数均排名全国第一。本书总结"北京经验"为：在经济建设方面，完善消费环境，培育新型消费，更好满足人民美好生活需要；在社会保障方面，推进多层次医疗保障体系建设，注重基本养老服务体系建设；在文化建设方面，深入推进教育现代化；在生态文明建设方面，完善环境应急责任体系，防范生态环境风险；在政府治理方面，打造一流市场营商环境，推进城市治理体系和治理能力现代化。

第六，北京在国家战略定位中肩负着引领城乡协同发展、共同富裕的时代使命，同时承担着建设国家城乡融合发展样板区的重要任务。本书从物质能量、经济社会、公共服务3个维度，选取11项一级指标及32项二级指标建构城乡高质量发展指数，度量北京城乡高质量发展水平，评价各维度对北京城乡高质量发展的贡献度，并与其他省份进行比较分析。研究得出以下四点结论。（1）2011～2021年，北京城乡高质量发展指数的排名保持第一，排名前五的省份相对稳定，还包含上海、天津、浙江、江苏。（2）2021年，北京城乡高质量发展指数物质能量维度排名降至第三，但与排名第二的天津差距较小；经济社会维度排名增长显著，从第四位上升至第一位；公共服务维度排名较稳定，始终保持在第一位。（3）北京城乡高质量发展指数从0.447提升至0.523，增幅为17.00%；公共服务取代物质能量成为贡献度最高的维度，经济社会和公共服务维度指数增长是总指数增长的主要原因。（4）北京城乡高质量发展仍存在一些短板，信息发展、能源生态指标仍需大力提高，收入分配有待进一步优化和改善，综合服务水平仍需持续提升。本书提出以下对策建议：强化城乡物质能量的平等利用，促进城乡经济社会的融合发展，实现城乡公共服务的均衡提升。

第七，数字技术创新重塑社会经济活动的各个领域、各种关系，为乡村振兴和共同富裕带来广泛、持续、深刻的变革。本书系统探讨数字技术创新促进城乡共同富裕的作用机制，运用扎根理论对企业、城市案例资料展开逐级编码，归纳总结出数字技术创新促进共同富裕的基本内涵和实现路径，并分析数字技术创新促进城乡共同富裕的实现机制和理论逻辑。研究得出以下三点结论。（1）数字技术创新推动经济发展并缩小城乡差距，一是通过数字技术创新培育高端生产要素，降低生产成本；二是通过赋能传统生产要素，提升要素投入产出效率、促进要素流动，进而深化城乡产业对接融合，促进区域生产力提升。（2）数字技术创新通过普惠均衡机制、匹配升级机制促进城乡居民共享科技红利，实现城乡共同富裕。（3）数字技术创新从宏观、中观、微观三大层面驱动共同富裕实现。在宏观层面，通过优化数字化规制驱动产业转型提质增效、收入分配方式多元化、商品要素资源畅通流动，以及新产品、新业态和新模式的产生；在中观层面，驱动构建良性产业生态；在微观层面，深度赋能工业互联网、智慧教育、数字金融、互联网医疗、智慧交通和电子政务等，驱动形成城乡新业态。本书提出以下对策建议：统筹规划城乡一体化的新型数字基础设施建设，规范城乡一体化的数字治理制度建设，加快构建城乡一体化的数字融合公共服务体系，加大数字经济创新人才队伍建设力度，加强科技向善价值观引领。

第八，新质生产力根植于时代背景，以科技创新促进生产力发展，以生产力发展成果支撑科技进步，为生产力跃升和科技进步提供了新思路。本书从理念层、制度层、操作层分析新质生产力的核心要义及其促进经济增长的理论逻辑，提出新质生产力的五大关键要素与创新发展路径。研究得出以下三点结论。（1）新质生产力的核心要义，在理念层表现为以科技创新引领战略性新兴产业和未来产业技术跃迁，实现战略转型与变革发展；在战略层要求深入实施创新驱动发展战略、军民融合发展战略、科教兴国战略、人才强国战略、数字中国战略；在操作层体现为在生产方式上强调技术和创新在生产过程中的关键作用，在生产目标上注重产品（服务）质量、个性化程度以及高质量发展，在生产布局上侧重对生产过程的精细化管理。（2）新质生产力有五大关键要素——提高全要素生产率、提升自主创新能力、深度融入绿色化、打造数字核心及释放人才活力。（3）推动新质生产力创新发展的路径有：整合式创新跃迁路径、开放式创新跃迁路径、颠覆式创新跃迁路径。本书提出以下对策建议：释放数据活力，以创新的知识生产方式推进生产力发展；构建开放创新生态，深化各级科技创新合作；促进数实融合，重点面向数字经济领域稳步发展融合基础设施。

第九，北京应以十五大战略推动加快形成新质生产力。为贯彻落实"牢牢把握高质量发展这个首要任务，因地制宜发展新质生产力"，本书以北京为例，分析并提出加快形成新质生产力的战略举措。研究得出以下三点结论。（1）在微观层面，北京应以多元化创新主体战略、龙头企业带动战略、"专精特新"企业发展战略、数字化转型战略、绿色化转型战略加快形成新质生产力。（2）在中观层面，北京应以先导产业发展战略、产业集群战略、培育科技服务业战略、都市圈协同创新战略、市场推动战略加快形成新质生产力。（3）在宏观层面，北京应以比较优势发展战略、差异化发展战略、自主创新战略、融合创新战略、开放创新战略加快形成新质生产力。本书提出以下对策建议：筛选和培育具有创新潜力和自主知识产权的龙头企业，加强政策扶持和人才政策优化；整合数字化与产业资源，提升产业数字化水平和竞争力；促进创新、绿色转型，推动产业向资源地区集聚；识别、聚焦重点领域，补齐产业链创新链短板，推动落实京津冀协同创新发展。

第十，科技创新是发展新质生产力的"牛鼻子"和内生动力，需要以制度改革打通束缚新型生产要素出现与配置的堵点卡点。本书阐述完善科技创新体制机制的必要性，分析现阶段完善科技创新体制机制面临的困难挑战及着力点，并提出完善科技创新体制机制、打造新质生产力发展示范区的对策建议。研究得出以下两点结论。（1）科技创新体制机制是发展新质生产力的重要保障，发挥着辅助畅通科学技术与经济高质量发展之间渠道的作用，其关键在于制度创新。（2）科技创新制度在科技投入制度、科技运行管理制度、科技评估制度、科技人才培育制度、科技政策支撑体系方面存在困难挑战。本书提出以下对策建议：建立多元复合、长效增长的科技投入机制，合理规划资源投入结构，着力加大科技创新资源投入；推动有效市场和有为政府更好结合，强化国家战略科技力量，提高创新活动的组织效率，稳步提升科技运行管理效能；发挥科技评价价值导向作用，提高科技评价的科学性，激发科研人才创新积极性，强化科技评价体系改革；全方位培育国家战略人才，建立健全人才激励、保障制度，加快建设国家科技人才力量；推动政府向服务型职能转变，引导企业成为科技创新的主体，加强创新投融资体系建设，转变科研人员观念，构建资源投入政策体系，充分完善科技政策支撑体系。

第十一，加快形成新质生产力需准确把握九大关系。本书分析加快形成新质生产力所需把握的重要问题和发展路径，从产业、技术、科研、资源和人才等方面总结出十对辩证统一关系。研究得出以下十点结论。（1）把握传统产业升级与新兴产业培育的关系，有序梯度布局、促进新旧动能转换。（2）把握科技创新与产业创新的关系，打破交互壁垒、推进耦合共生。（3）把握基础研究与应用研究的关系，打通衔接路径、推动相辅相成。（4）把握产业链与创新链的关系，释放要素活力、促使前后贯通。（5）把握创新驱动与人才驱动的关系，打通循环链路、发挥双向效能。（6）把握制度创新和文化创新的关系，深化明体达用、实现体用贯通。（7）把握数字经济与实体经济的关系，深化数实融合、推进虚实共生。（8）把握政府引导和市场主导的关系，以有为促有效、实现以简驭繁。（9）把握国内创新与开放创新的关系，集成多方资源、实现内外联动。本书提出以下对策建议：以教育高质量发展形成新质生产力的内生性优势；深入探索和开发应用场景，提升科技成果转化效能。

关键词：　高质量发展　共同富裕　新质生产力　北京

目 录 ⎣⅔

Ⅰ 总报告

Ⅱ 专题报告

Ⅲ 战略报告

皮书数据库阅读**使用指南**

总 报 告 ↳

B.1
北京高质量发展分析报告（2024）*

摘 要： 高质量发展是全面建设社会主义现代化国家的首要任务，首都高质量发展在全国具有示范意义。本报告梳理北京高质量发展的政策成效和挑战，在明晰概念内涵的基础上构建评价指标体系，测度分析北京高质量发展状况并提出对策建议。主要结论如下。（1）2013~2022年，北京高质量发展指数持续提升，由0.656上升至0.914，年均增长速度为3.75%，社会、治理维度引领作用提升；（2）2022年，北京在地级及以上城市高质量发展指数50强中排名第一，六个维度排名均位居前三；（3）规模增长带动北京经济回升

---

* 作者：北京市科学技术研究院高质量发展研究中心。执笔人：方力、贾品荣、李京栋、窦晓铭。方力，北京市科学技术研究院党组书记、研究员，北京市习近平新时代中国特色社会主义思想研究中心北科院研究基地主任，首都高端智库主任，北京市习近平新时代中国特色社会主义思想研究中心特邀研究员，主要研究方向为可持续发展；贾品荣，博士，北京市科学技术研究院高质量发展研究中心主任、研究员、"北科学者"、高精尖产业研究学术带头人，北京市习近平新时代中国特色社会主义思想研究中心特邀研究员，主要研究方向为高质量发展、高精尖产业；李京栋，博士，北京市科学技术研究院高质量发展研究中心助理研究员，主要研究方向为高精尖产业、区域可持续发展；窦晓铭，博士，北京市科学技术研究院高质量发展研究中心研究人员，主要研究方向为"双碳"战略、可持续发展。

向好，效率提高和结构优化贡献显著；（4）北京社会高质量发展指数增速逐步放缓，居民幸福指数显著改善；（5）北京生态高质量发展指数呈现先上升后下降的趋势，环境质量和资源利用贡献度高；（6）创新投入和创新环境支撑北京创新高质量发展，创新产出贡献度有待提升；（7）北京文化高质量发展指数呈现"上升—下降—上升"的变动趋势，文化资源表现出色，文化产业发展亟须加强；（8）北京治理高质量发展指数经历了先上升后下降的变动趋势，行政服务优势突出，基础设施仍需完善；（9）高质量发展 10 强城市呈现六大特征：经济发展迅速、创新能力较强、嵌入全球研发网络、居民消费旺盛、开放程度较高、产业结构较为合理。

关键词： 北京高质量发展　经济高质量发展　社会高质量发展　生态高质量发展　创新高质量发展　文化高质量发展　治理高质量发展

　　2023 年中央经济工作会议强调"必须把坚持高质量发展作为新时代的硬道理，完整、准确、全面贯彻新发展理念，推动经济实现质的有效提升和量的合理增长"。在"发展"前冠以"高质量"，在"硬道理"前冠以"新时代"，是经济社会发展到更高水平后，党对"实现什么样的发展、怎样实现发展"重大问题的最新回答。会议明确要求，"必须坚持深化供给侧结构性改革和着力扩大有效需求协同发力，发挥超大规模市场和强大生产能力的优势，使国内大循环建立在内需主动力的基础上，提升国际循环质量和水平。必须坚持依靠改革开放增强发展内生动力，统筹推进深层次改革和高水平开放，不断解放和发展社会生产力、激发和增强社会活力。必须坚持高质量发展和高水平安全良性互动，以高质量发展促进高水平安全，以高水平安全保障高质量发展，发展和安全要动态平衡、相得益彰。必须把推进中国式现代化作为最大的政治，在党的统一领导下，团结最广大人民，聚焦经济建设这一中心工作和高质量发展这一首要任务，把中国式现代化宏伟蓝图一步步变成美好现实"。作为首善之区，北京具备先行探索高质量发展路径的资源优势，也负有发挥典型示范"头雁效应"、在全国激发"群雁活力"的责任。高质量发展是北京未来一段时期内发展模式的转型方向和重要目标。那么，北京高质量发展现状如何？其历史变化趋势有怎样的规律？优势和短板分别是什么？未来高质量发展的着力点又在哪里？对以上问题进行深入分析，有助于更好地推进北京高质量发展，从而为全国的高质量发展提供"北京经验"。本报告在梳理北京高质量发展相关政策以及政策成效和问题的同时，通过构建北京高质量发展评价指标体系，运用数理模型对北京高质量发展状况进行测度，并提出相应的对策建议。

一 主要进展与基本成效

（一）政策文件陆续出台，北京高质量发展迈入新阶段

自党的二十大报告提出"高质量发展是全面建设社会主义现代化国家的首要任务"以来，北京相继发布、出台相关政策和文件，在高质量发展的道路上步稳蹄疾。相关政策构建北京高质量发展的顶层设计、战略规划和实施路径等，涉及数字经济、未来产业、战略性先导性产业等重点领域，以及就业、养老、营商环境等重点领域。本报告以"高质量发展"为关键词对 2023 年北京市出台的相关政策和文件进行梳理，一是关注类型为决定、通知、意见、规划、工作方案、管理方法等，批复、复函等不采用；二是政策文件的文本内容与"高质量发展"密切相关，即直接体现共同富裕的目标和措施；三是政策发布机构为北京市委、市政府及各办事机关。本报告发现，2023 年北京市主要从产业升级、民生保障、环境保护、科技创新、城市治理、文化建设等领域发力以推动高质量发展（见附录一）。政策着力点集中于以下三个方面。

第一，布局未来产业、战略性先导性产业，加快发展数字经济。印发《北京市促进机器人产业创新发展的若干措施》，加快推动机器人产业创新发展，全力打造机器人技术创新策源地；印发《北京市通用人工智能产业

创新伙伴计划》《北京市促进通用人工智能创新发展的若干措施》《北京市加快建设具有全球影响力的人工智能创新策源地实施方案（2023—2025年）》，进一步打造要素齐全、技术领先、生态完备，可有力支撑数字经济高质量发展的通用人工智能产业发展格局。出台《关于更好发挥数据要素作用进一步加快发展数字经济的实施意见》《关于进一步加强数据中心项目节能审查的若干规定》等，对未来重点部署、布局的项目进行规范与引导，增强基础设施服务能力。

第二，"政府+市场"联合发力推动重点群体就业。印发《优化调整稳就业政策全力促发展惠民生若干措施》，从激发活力扩大就业容量、拓宽渠道促进高校毕业生等青年就业创业、强化帮扶兜牢民生底线和加强组织实施四个方面，提出了15条具体措施，促进就业大局总体稳定。此外，对于高校毕业生、农村劳动力等重点就业群体，北京市将"落实城镇困难人员就业帮扶政策，提供就业援助服务""做好就业指导工作"等写入2023年度"我为群众办实事"重点民生项目清单。出台《北京市落实重点群体创业推进行动工作方案》，以"八大计划"为重点群体创业提供了系列支持；发布《关于实施北京市人力资源服务业促进重点群体就业若干措施的通知》，健全统一开放、竞争有序的人力资源市场体系，促进高质量充分就业和优化人力资源流动配置。

第三，深化"放管服"改革，持续优化营商环境。北京市发布优化营商环境"6.0版"改革方案《北京市全面优化营商环境助力企业高质量发展实施方案》以及《撤销虚假市场主体登记操作实施意见（试行）》，在降低市场主体准入成本及经营成本、清理消费领域隐性壁垒、强化监管保障、完善救济渠道等方面进行诸多尝试。还持续推出和优化"便民办税春风行动"落实落细税收优惠政策，推进政府采购合同线上融资相关工作。在各区方面，北京经济技术开发区深化改革创新，打造营商环境综合示范区，发布《关于在北京经济技术开发区以告知承诺制开展施工许可审批的实施方案》，实现即时施工许可告知承诺制常态化办理，一次告知，即时办结；通州区启动高新技术企业认定"报备即批准"政策试点工作。

此外，北京陆续发布指导重点行业、重点领域、重点区域高质量发展的政策文件。例如，《北京市智能检测装备产业发展行动方案（2023—2025年）》《关于支持美丽健康产业高质量发展的若干措施》《进一步促进北京老字号创新发展的行动方案（2023—2025年）》《北京市人力资源服务业创新发展行动计划（2023—2025年）》《亦庄新城城市更新实施办法》《北京经济技术开发区关于支持外商投资企业高质量发展的若干政策（试行）》等。

（二）重要政策成效

北京是全国第一个减量发展的超大型城市，立足"四个中心"战略定位，提高"四个服务"水平，以建设成为国际一流的和谐宜居之都为目标谱写建设社会主义现代化国家的北京篇章。2023年，北京市印发了《关于进一步推动首都高质量发展取得新突破的行动方案（2023—2025年）》，发布五个方面50条任务，推动首都高质量发展取得新突破，加快在"五子"联动服务和融入新发展格局中形成协同、叠加效应。高质量发展相关政策相继出台后，北京市各项事业积极推进，在经济发展、民生保障、环境保护、科技创新、城市治理、对外开放等方面取得了一定的实践进展与政策成效。

1.经济发展方面

北京市经济持续回升向好。在减量发展向纵深推进的背景下，2023年北京市实现地区生产总值（GDP）43760.7亿元，按不变价格计算，比上年增长5.2%。第三产业支撑经济增长，全年市场总消费额同比增长10.2%；投资成为拉动经济的重要力量，全市固定资产投资同比增长4.9%。主要成效如下。

（1）现代化产业体系建设取得新进展。信息服务业一枝独秀，成为首都两大支柱产业之一；生物医药市场蓝海有待挖掘，新能源汽车、人工智能等新增长点尚在培育。新设信息、人工智能、机器人、医药健康等4只政府高精尖产业基金，京东方第6代新型半导体显示器件生产线开工建设，集成电路全产业链发展取得重大进展，小米智能手机工厂、理想汽车旗舰工厂提前投产，小米汽车试生产，亦昭生物医药中试研发生产基地建成。北京经济技术开发区和昌平区"一南一北"两个机器人产业园落地，全球首枚入轨的液氧甲烷火箭——朱雀二号遥二火箭成功发射，卫星互联网技术试验卫星顺利入轨，北斗用户总规模超过 2000 万人。北京证券交易所累计上市公司241 家，北京股权交易中心"专精特新"专板正式运营，入板企业突破 200家。推动"北京智造"与"北京服务"两业融合，认定首批市级示范园区5 家、试点企业 35 家。

（2）全球数字经济标杆城市加快建设。数字产业化和产业数字化双向发力，数字经济增加值占 GDP 比重达 42.9%。加快实施"新智造 100"工程，"文心一言""智谱清言"等 24 个大模型产品通过备案正式上线，103家企业完成智能工厂和数字化车间建设。支持 551 家"专精特新"企业大幅度提升数字化水平，昌平区成功入选全国首批中小企业数字化转型试点城市。率先建成全球性能领先的区块链基础设施，新增 5G 基站 3 万个，北京国际大数据交易所牌照落地，发放 71 张数据资产登记凭证，数据交易规模超过 24 亿元。成功举办"2023 全球数字经济大会"，首家展示"数字藏品"的博物馆挂牌，举办直播电商购物节，认定首批 13 家北京特色直播电商基地。在智慧城市建设方面，全国首个数据基础制度先行区启动建设，完成 120 万个感知设施注册上账，城市码上线"一码多用"功能。"京通"用户超过 2200 万人，接入 800 余项市级服务事项及 17 个区级旗舰店，"京办"接入 294 个系统，"京智"接入 22 个决策专题。"一网通办"上线 407 个新增服务事项，落地 22 项国家"跨省通办"事项；"一网统管"智慧供热项目平均节能率达 5%、智慧管网实现外力破坏地下管线事故同比下降 75%。

（3）以构建现代化首都都市圈带动京津冀协同发展。以区域交通设施一体化为支撑，推动形成环京地区通勤圈、京津雄功能圈、节点城市产业圈。津兴城际铁路开通运行，天津港至北京大红门海铁联运班列开通，西太路主体完工；京冀签订官厅水库上游永定河流域水源保护横向生态补偿协议；组建 22 个京津冀高校发展联盟，5600 余家定点医疗机构异地就医住院费用直接结算，过境危货运输车辆实现绕行首都地区环线高速。"2023 京津冀产业链供应链大会"在北京开幕，三地协同编制完成氢能、生物医药、工业互联网、高端工业母机、新能源和智能网联汽车以及机器人等重点产业链图谱，首批推出八大类场景建设清单；启动产业链"织网工程"，生命健康、电力装备产业集群入选国家先进制造业集群名单。举办京津冀产业链供应链大会、京津冀基金与企业融资对接会、京津产业握手链接洽谈会等联合招商活动，签约项目超 200 个、意向投资额超 1500 亿元。

2. 民生保障方面

北京围绕"七有""五性"持续加强民生服务保障，调整提高社会保险、社会救助、儿童福利等待遇标准，不断完善立体化、信息化社会治安防控体系，不断深化公共服务共建共享，市民生活品质稳步提高。主要成效如下。

（1）就业形势保持基本稳定。2023 年，北京市全市城镇新增就业 28.1 万人，北京生源高校毕业生就业率达 96%；截至 2023 年底，北京共有高技能人才 118 万人，占技能人才总数的 1/3。2023 年，北京城镇调查失业率 4.4%，低于全国 0.8 个百分点①，城镇登记失业人员就业率达 67.6%，比上一年度增加 1.5 个百分点。通过政策托底、技能培训、一对一帮扶等措施，帮扶困难人员就业 19.7 万人，帮扶 858 户零就业家庭人员就业，保持零就业家庭动态清零。通过开发城市公共服务、新型集体林场、农民专业合作社等就业岗位，促进 5.7 万名农村劳动力就业参保，完成年度目标任务的 142.5%。对于受灾地区，第一时间制定面向受灾地区的稳就业专项措施，发放就业补贴资金 5.06 亿元，定向提供岗位 5.4 万个，促进 1.8 万名登记失业人员实现就业，帮助灾区渡过难关。

（2）基本公共服务持续优化。在劳有所得方面，2023 年全市居民人均可支配收入 81752 元，同比增长 5.6%；从四项收入构成看，全市居民人均工资性收入、人均经营净收入以及人均转移净收入同比分别增长 8.1%、

---

① 《北京市 2023 年国民经济和社会发展统计公报》，北京市统计局网站，2024 年 3 月 21 日，https：//tjj. beijing. gov. cn/tjsj_ 31433/sjjd_ 31444/202403/t20240319_ 3594001. html。

13.6%以及2.9%，人均财产净收入同比下降1.1%。在幼有所育方面，幼儿园新增托位超过6000个，普惠性幼儿园覆盖率达到93%。在学有所教方面，新增中小学学位3.8万个，实现义务教育学校"手拉手"结对全覆盖。在病有所医方面，深化"三医联动"改革，以医联体为抓手持续推进分级诊疗，建设全市统一的预约挂号平台，覆盖270家医院，110家医院实现医保移动支付。在老有所养方面，新建各类养老护理床位6232张，新增养老助餐点243个、农村邻里互助养老服务点232个；结合北京市经济发展情况提高社保待遇标准，调整基础养老金标准为每人每月924元，福利养老金标准为每人每月839元①。在住有所居方面，建设筹集保障性租赁住房8.2万套，竣工各类保障性住房9.3万套。建成82个"一刻钟便民生活圈"，"一站式"就近满足居民多样化生活需求。在弱有所扶方面，启动实施"百村示范、千村振兴"工程，农村居民收入增速快于城镇居民2个百分点，基本完成2800余个村庄美丽乡村建设；退役军人服务保障体系从"有"向"优"转变。民族、宗教、侨务工作成效明显。

（3）防汛抗洪救灾斗争取得重大阶段性成果。全力应对"23·7"极端强降雨这一百年不遇的特大灾情，严密监测天气变化，多渠道、全天候更新发布各类提示信息1.69亿人次，预置20余万人防汛抢险队伍，12.3万名干部下沉进驻山区村落、低洼点位。果断提前升级发布暴雨红色预警和启动防汛应急一级响应，提前疏散转移54.2万名工地和险区群众。紧急救援三列外来被困列车、滞留的2831名旅客和乘务人员全部安全脱险，昼夜不停打通灾区生命通道，全力搜救失联被困人员，第一时间抢通256个断路村、507个断水村、273个断电村和342个通信中断村，最大限度减少人民群众生命财产损失。迅速启动灾后恢复重建，妥善安置34.4万名受灾群众，759所受灾学校全部如期开学，1万余套受损农民住房完成修缮，167条受损道路完成修复，水电气热保障基本恢复至灾前水平，秋粮实现颗粒归仓、冬小

---

① 《北京市人力资源和社会保障等3部门关于调整2023年城乡居民养老保障相关待遇标准的通告》，北京市人民政府网站，2023年7月6日，https://www.beijing.gov.cn/zhengce/zhengcefagui/202307/t20230714_3162866.html。

麦应种尽种，近七成受灾乡村民宿已正常运营。

3. 环境保护方面

北京持续打好蓝天保卫战，以 0.1 微克为治理单位继续深化"一微克"行动，持续抓好垃圾分类、物业管理两个"关键小事"，强化区域联防联控，在应对气候变化中贡献"北京经验"。主要成效如下。

（1）"北京蓝"成为常态。2023 年，北京市大气环境中四项主要污染物浓度持续稳定达到国家空气质量二级标准。其中，$PM_{2.5}$ 年均浓度为 32 微克/米^3，实现连续三年稳定达标；$PM_{2.5}$ 优良天数占比达九成，$PM_{2.5}$ 最长连续优良天数（192 天）超过了半年，各区域 $PM_{2.5}$ 浓度趋于均匀化分布；PM_{10}、二氧化氮、二氧化硫三项主要污染物的年均浓度分别为 61 微克/米^3、26 微克/米^3、3 微克/米^3，均持续多年稳定达标。与 2013 年相比，2023 年的 $PM_{2.5}$、PM_{10}、二氧化氮、二氧化硫浓度分别下降 64.2%、43.6%、53.6%、88.7%。尽管 2023 年是北京近十年空气质量受到外来沙尘影响最严重的年份，但全市降尘量为 3.6 吨/（公里^2·月），较 2019 年下降 37.9%。

（2）节能与能源清洁发展双向强化。北京作为外部能源输入型城市，不断扩大绿电供给。"十四五"时期规划建设的 6 个域外绿电基地全部开工，其中 2 个全容量并网发电，建成首个中深层地热供暖项目，支持建设 23 个浅层地源热泵项目和 27 个光伏项目，累计建成新能源汽车充电桩 31.55 万个，全年可再生能源消费占比达 14% 以上。新增超低能耗建筑 18.2 万平方米，基本完成华能北京热电厂燃机烟气等余热利用项目，每年可替代供热燃气约 5100 万立方米。在全国首创利用轨道交通非高峰时段运输快递新模式，96% 的农户实现清洁取暖，累计推广新能源汽车 77.3 万辆。全国温室气体自愿减排交易注册登记和交易系统上线试运行，北京各类碳排放权产品累计成交超 1 亿吨，探索碳资产质押融资试点。

（3）城市绿化空间建设成果显著。成功创建全域国家森林城市，全市公园总数达到 1065 个。全年新增造林绿化 1.5 万亩、城市绿地 200 公顷，建设森林步道 100 公里、城市绿道 50 公里、林荫化道路 20 条，完成立交桥绿化 20 处，全市森林覆盖率达到 44.9%。城市绿化覆盖率达到 49.8%，公园绿地 500 米服务半径覆盖率达到 90%，人均公园绿地面积达到 16.9 平方米。南苑森林湿地公园等一批大尺度绿化空间对外开放，62% 的公园实现无界融通，新增城市森林、小微绿地等 70 余处，西南二环水系滨水步道全线贯通。开展花园城市建设试点，野鸭湖湿地入选《国际重要湿地名录》，发现我国最大的国家二级保护植物丁香叶忍冬实生群落，启动国家植物种质资源库建设，全市林地绿地年碳汇量达到 920 万吨。

（4）污染防治取得成效。建设改造稻香湖再生水厂二期等 8 座再生水厂，新建污水管线 281 公里，完成 150 个村生活污水治理，平原区地下水位连续八年回升，污水处理率提高到 97.3%。创建生活垃圾分类示范居住小区（村）2800 个，93% 的村庄和 96% 的农户实现清洁取暖；严守耕地保护红线，完成 5.8 万亩高标准农田建设，农业中关村总体框架基本形成。削减受污染建设用地面积 23 万平方米，建成燕山石化蓝翠鸟资源综合利用项目、安定循环经济园区一期项目，新增医疗废物处理能力 80 吨/天、生活垃圾焚烧能力 5100 吨/天。完成全市及分区生态产品总值试算工作，率先实现生态涵养区综合性生态保护补偿资金分配与生态系统调节服务价值联动挂钩，发布全国首个特定地域单元生态产品价值核算及应用指南，落地全国首个探索项目。

4. 科技创新方面

清华大学、施普林格·自然集团共同发布的《国际科技创新中心指数 2023》报告和《自然指数—科研城市 2023》报告显示，北京蝉联国际科技创新中心全球第三，自 2017 年以来稳居科研城市榜单首位[1]。在世界知识产权组织发布的《全球百强科技创新集群》榜单中，北京位列第四，国际科技创新中心建设扎实向前。科技创新政策成效具体表现如下。

（1）科技创新要素持续集聚。北京实施"北京学者计划""智源学者

① 《北京蝉联国际科技创新中心全球第三、科研城市全球第一》，北京市人民政府网站，2023年 11 月 23 日，https://www.beijing.gov.cn/ywdt/gzdt/202311/t20231123_3308258.html。

计划"，启动科学家创业 CEO 培养工作，国家（中关村）火炬科创学院落成。2023 年，北京共有 411 人次入选全球"高被引科学家"名单，同比增长 21.2%，占全球的 5.8%，比上年提高 0.9 个百分点①。新设 5G 基站 3 万个，深空探测实验室北京分部落户新首钢地区首钢特钢园区，中关村（京西）人工智能科技园算力中心试运行，高级别自动驾驶示范区实现 160 平方公里连片运行，获准向公众开放的生成式人工智能大模型产品占全国近一半。自 2019 年以来，北京市全社会 R&D（研究与试验发展）经费与 GDP 之比均保持在 6% 以上，研发能力进一步增强。截至 2023 年末，全市有效发明专利数 57.4 万件，同比增长 20.2%；每万人发明专利拥有量为 262.9 件，同比增长 20.4%。

（2）企业创新主体作用不断增强。2023 年，全市新设科技型企业达 12.3 万家，同比增长 16.3%；累计组建 24 个创新联合体，认定外资研发中心 107 家、"专精特新"中小企业 7180 家，拥有独角兽企业 114 家。2023 年 1~11 月，全市大中型重点企业中，79.6% 的企业开展了研发活动，比上年同期提高 1.3 个百分点，共投入研发费用 3501.1 亿元，同比增长 4.6%。汽车制造、计算机、通信和其他电子设备制造、智能网联汽车等领域的企业研发费用保持较快增长。"三城一区"内大中型重点企业研发费用合计 2429.8 亿元，同比增长 4.8%，占全市大中型重点企业研发费用的比重为 69.4%；区域全年固定资产投资同比增长 5%。

（3）"三城一区"主平台和中关村示范区主阵地建设高水平推进。中关村科学城北区东升科技园二期竣工，南区北京卫星制造厂科技园开园；科创金融改革试验区获批，中关村规模以上企业技术收入增长超过 30%。怀柔综合性国家科学中心重大科技基础设施集群初步形成，16 个科技设施平台进入科研状态，举办国际综合性科学中心研讨会等国际活动 50 余场。"悟道 3.0"大模型、新一代量子计算云平台"夸父"等一批重大创新成果涌

---

① 《北京国际科技创新中心建设稳步推进　2023 年新设科技型企业 12.3 万家》，北京市人民政府网站，2024 年 1 月 23 日，https：//www.beijing.gov.cn/gongkai/shuju/sjjd/202401/t20240123_3542814.html。

现。仪器装备产业集群入选国家级中小企业特色产业集群，城市客厅 AB 地块、雁栖人才社区一期等配套功能设施亮相。未来科学城建立"双碳"技术转移转化研究院，新型储能产业示范区揭牌，高博国际研究型医院等一批项目建成启用。创新型产业集群示范区承接三大科学城成果超过 270 个。2023 年 1~11 月，中关村示范区重点监测的规模以上企业实现总收入 7.3 万亿元，其中，实现技术收入 1.9 万亿元，占总收入的 25.6%，同比提高 5.9个百分点。

5. 城市治理方面

北京从首都功能定位出发明确提出完善超大城市治理体系，打造宜居、韧性、智慧城市，从人口与基础设施双治着手大力治理"大城市病"，城市治理向精细化、智能化加速发展。主要成效如下。

（1）四类非首都功能持续疏解。遵循向通州城市副中心疏解、向雄安新区疏解的方向，北京启动第二轮疏解，集中疏解和分散疏解并行。同时，以"新两翼"建设承接北京非首都功能。现阶段，城市副中心行政办公区二期建成，第二批市级机关搬迁；首批疏解的在京部属 4 所高校雄安校区开工，首都医科大学新校区开工，北京大学第一医院大兴院区、朝阳医院东院区开诊运行。疏解提质一般制造业企业 112 家，拆除违法建筑 2315 万平方米、腾退土地 2282 公顷，全市"基本无违法建设"创建目标完成。支持雄安新区"三校一院"交钥匙项目开学开诊，雄安新区中关村科技园揭牌运营，30 余家创新型企业、11 家中关村集成服务机构入驻。运河商务区累计注册企业 2 万余家，首家落户城市副中心的市属国企总部大楼北投大厦基本建成。京雄高速全线通车，东六环路入地改造隧道双线贯通，东夏园综合交通枢纽开通运营，友谊医院通州院区（二期）开诊。

（2）全面完成营商环境"6.0 版"改革任务。新增大型活动等 23 个"一件事"集成服务事项，在餐饮、超市等 40 个行业推行"一业一证"，在20 个重点领域推行专用信用报告，实现一份报告替代一摞证明，建立破产重整企业"一口申报"信用修复机制，"6+4"一体化综合监管试点拓展至50 个，完善"服务包""服务管家"机制，全市新设企业增长 20.3%，总数突破 211 万家，创历史新高。颁发全国首张直接变更经营者的个体工商户营业执照，政府采购实现电子营业执照"一照通投"。打造京津冀一流营商环境，实现 203 项政务服务事项"同事同标"。促成新设机构 556 家、落地重大项目 365 个，企业诉求办结率达 99.5%、满意率达 99.9%。"12345"企业服务热线受理企业诉求 6.3 万件，响应率 99.96%、解决率 94.14%、满意率 97.24%。

（3）基础设施日益完善。地铁 16 号线全线贯通、17 号线北段开通，轨道交通运营总里程超过 1200 公里；自 2023 年 9 月开始，海淀、朝阳、丰台和西城试点运营通学车，共开通通学公交运营线路 50 条，试点校接送学生小汽车减少 12%；同步治理老年代步三轮车；周末及法定节假日开放部分公交专用道供社会车辆使用，50 米内公交和轨道交通换乘比例提高到 86%。完成老旧小区改造新完工项目 183 个，老楼加装电梯新完工 822 部；完成超2000 户平房院落申请式退租和 1287 户修缮，启动危旧楼房改建和简易楼腾退 20.4 万平方米。持续推进垃圾分类和物业管理两个"关键小事"，创建垃圾分类示范小区（村）2800 个、达标小区（村）5000 个，实现老旧小区物业全覆盖；完成 143 个 3000 户以上大型社区规模优化调整，扩充城市社区工作者 1.2 万人。规范拆除各类护栏 900 公里，实施留白增绿 383.8 公顷，完成 1730 条背街小巷精细化治理，利用公交场站腾退空间建成公交便民驿站 30 个，整治城市家具 1 万余处，完成桥下空间整治 183 处，北京站地区清脏治乱、恢复广场面积 2500 余平方米。

（4）政府服务能效不断提升。全力对抗"23·7"极端强降雨，防汛抗洪救灾斗争取得重大阶段性成果。提前疏散转移 54.2 万名工地和险区群众，紧急救援三列外来被困列车、滞留的 2831 名旅客和乘务人员全部安全脱险，水电气热保障基本恢复至灾前水平。办理市人大代表议案建议 692 件、市政协提案 1054 件，压减一般性支出和非紧急非刚性支出 23.9 亿元，"三公"经费减少 5%。全年共提请市人大常委会审议地方性法规草案 6 项，制定修改废止政府规章 8 项，实施"法治帮扶"和"法治明白人"工程。深化接诉即办改革，扎实推进"每月一题"主动治理，"12345"市民服务热线诉求解决率、群众满意率分别达到95.5%、96.1%。

6. 文化建设方面

北京积极构建"1+N+X"文化产业政策体系，推动"文化+"融合发展，不断加强首都精神文明建设。主要成效如下。

（1）历史文化名城保护全面加强。中轴线申遗保护三年行动计划全面收官，以中轴线申遗带动老城整体保护，全面完成庆成宫整体院落腾退等48项重点任务，社稷坛等15处中轴线遗产构成要素得到修缮保护；蒙藏学校旧址向公众开放，模式口历史文化街区活力显现，一批胡同按照原有肌理得到修复。大力推进三条文化带建设，大运河源头遗址公园一期面向社会开放，路县故城考古遗址公园建设加快推进，445公里"京畿长城"国家风景道主线亮相，"三山五园"国家文物保护利用示范区创建完成，融合历史人文、生态风景与现代设施的城市文脉呈现崭新面貌。

（2）文化惠民工程深入落实。推出118条"漫步北京"主题游线路，举办首都市民系列文化活动1.7万场，营业性演出突破4万场，"一圈一策"完成15个重点商圈品质提升。"我与地坛"北京书市重启，"白塔夜话"实现双塔"跨时空"连线；改进旅游景区门票预约机制，成功举办首届北京博物馆活动月、首届北京国际非遗周、朝阳国际灯光节，以及"京·花果蜜"发现之旅、"多彩京秋赏红季"等品牌文化活动。国家自然博物馆正式揭牌，新增备案博物馆11家，27家"类博物馆"挂牌。南中轴国际文化科技园全面开园，奥北森林公园二期开园试运行；皇城景山三期试点项目落地实施，京张铁路遗址公园、隆福寺—美术馆片区等公共空间改造建成投用；城市副中心的"文化粮仓"大剧院、"森林书苑"图书馆、"运河之舟"博物馆开放。加强冬奥场馆赛后利用，"新工体"投入使用，开展北京马拉松等各类全民健身赛事活动3.3万场次。

（3）具有北京特色的公共文化空间建设持续推进。近年来，东城区角楼图书馆、朝阳区北化机爱工场文化园区内的熹阅堂书馆、首都图书馆大兴国际机场分馆、西城区24小时城市书房、通州区24小时智能文化空间等有效利用，体现了公共文化新空间建设与服务的背景特色①。北京市东城区"美后肆时"（景山市民文化中心）入选全国公共文化空间品牌案例。东城区朝阳门社区文化生活馆 27 号院入选全国基层公共文化服务高质量发展典型案例。回龙观体育文化公园内的体育健身中心、文化艺术中心剧场、昌平区图书馆回龙观体育文化公园分馆相继开门，解决了约 40 万名常住居民公共文化体育设施匮乏的问题。邻近古刹潭柘寺的檀谷·慢闪广场于 2023 年 9 月底开街后，迅速成为"网红"打卡地，贴近自然的场景为人们带来惬意的山居生活，20 多家首店提供特色体验。

（三）依然存在的问题和困难

在高质量发展阶段，北京在重点领域和重要政策方面的工作取得了明显成效。北京经济运行整体回升向好，非首都功能疏解进一步加快，污染治理取得明显成效，城乡区域统筹持续优化，不断把发展成果转化为生活品质。但仍要以"钉钉子精神"着力破解以下制约北京高质量发展的重点难点问题，以高水平安全保障高质量发展。例如，在经济发展方面，投资仍是北京市经济增长的重要拉动力量，但社会投资总体呈现下降趋势，中关村论坛中的创投案例较以往下降了 30% 以上。北京的软件和信息技术服务业结构存在隐患，约四成营收由字节跳动等极少数头部互联网平台企业贡献，掩盖了量大面广的其他中小企业发展势弱的问题。在环境保护方面，随着新冠疫情防控转段后经济恢复发展，$PM_{2.5}$ 浓度出现反弹；北京城市体量大、人口多，随着居民收入和生活品质的提升，建筑、交通等消费端碳排放预期呈上升趋势。考虑到北京作为政治中心的特殊地位，必须考虑其对能源安全的高需求，化石能源退出速度趋缓，不排除在未来一段时期内发展天然气等清洁化石能源的可能性。在城市治理方面，"大城市病"治理需久久为功。随着非首都功能疏解进一步深化，在央企总部、二三级子公司及科研

---

① 《新设施、新空间创造新可能，建设公共文化新空间，北京做出引领示范》，北京日报网，2023 年 9 月 12 日，https：//news.bjd.com.cn/2023/09/12/10560371.shtml。

板块外迁的过程中，后两者的外迁可能对北京经济发展产生实质性影响。同时，由于北京存在人口"天花板"，在未来的长期发展中，需要寻求城市功能与人口、人力资本布局的多点平衡，在疏解非首都功能的同时，吸纳更多人才到北京周边发展，避免长期发展动力不足等问题。北京在经济发展、科技创新与文化建设方面存在资源未能有效利用、转化的问题。北京聚集了众多中央部委、央企总部，但受到机制制约，资源优势未能有效发挥；北京创新资源丰富，但面临成果转化偏弱的问题；北京包括历史文化资源在内的文旅资源丰富，但存在对历史文化资源的挖掘还不够深入等问题。

二　北京高质量发展评价

（一）高质量发展内涵与评价维度

高质量发展是指一个国家或区域以五大发展理念为引领，通过结构优化、效率提升、创新驱动、保护环境、增加福利等实现数量与质量共同提升的发展，更加注重发展效率、要素高效配置、结构持续优化、创新驱动、生态环境有机协调和成果共享。

高质量发展的内涵包括以下五个方面。一是高质量的经济增长，不仅表现为经济数量上的稳健增长，而且表现为质量的持续攀升。二是高质量的资源配置，不仅要充分发挥市场在资源配置中的决定性作用，也要打破资源由低效部门向高效部门流动的障碍。三是高质量的投入产出，进一步发挥人力资本红利优势，并依靠创新驱动发展，实现全要素生产率的提升。四是高质量的生态环境，以更低的能源、土地等资源消耗，支撑更高质量、更可持续的发展，形成经济、社会、环境和谐共处的绿色、低碳、循环发展格局。五是高质量的社会保障，发展成果惠及民生，拓宽基本公共服务覆盖面，提升基本公共服务保障水平，持续推动基本公共服务发展，实现高质量的社会分配。

北京高质量发展可从经济、社会、生态、创新、治理、文化六个维度进行评价，主要依据以下几点。第一，高质量发展被视为可持续发展理论的具体化实践。可持续发展不仅探讨人与自然的关系，也关注人与人的关系，经济、社会、环境是其中的三大传统维度。可持续发展的实现不仅需要技术创新等"硬支撑"的突破变革，也有赖于治理能力、文化建设等"软实力"的优化提升。第二，高质量发展遵循新发展理念的指导和要求。新发展理念即创新、协调、绿色、开放、共享的发展理念，回答了关于发展的目的、动力、方式、路径等一系列理论和实践问题，是践行高质量发展的先导。其中，创新不仅是攻克"卡脖子"关键核心技术，实现科技自立自强的根本举措，也是维护产业链供应链安全和韧性，实现经济高质量发展的深层次要求。第三，从经济、社会、环境、创新、治理、文化六个维度评价高质量发展符合北京的城市战略定位。作为科技创新中心，北京集聚了丰富的人才和科技资源，促进创新高质量发展，又以创新为第一引擎，引领并驱动经济结构升级、经济增长效率提升，助推经济高质量发展。作为文化中心，北京以首善标准做好首都文化的大文章，构建历史文脉和生态环境交融的整体空间结构，推动文化高质量发展。作为全国首个实质性减量发展的城市以及首善之区，北京以适当减量倒逼机制改革，既在人口、土地等资源环境硬约束下提升投入产出比，也着力解决好发展不平衡不充分的问题，协同推动治理、社会、生态高质量发展。

（二）评价方法

本报告采用的是客观赋权重法熵值法，基于指标数据提供的信息量大小，求解指标体系中各项指标的权重。基于熵值法获取的指标权重较为客观，能有效弥补主观赋值法的随意性缺陷，使分析评价结果更加科学。具体步骤如下。

1. 建立决策矩阵 X

假设评价对象数为 m，评价指标数为 n，$i = 1, 2, \cdots, m$；$j = 1, 2, \cdots, n$；第 i 个评价对象的第 j 项指标记作 x_{ij}；则初始决策矩阵构建如下：

$$X = \begin{bmatrix} x_{11} & \cdots & x_{1n} \\ \vdots & \ddots & \vdots \\ x_{m1} & \cdots & x_{mn} \end{bmatrix} \equiv \left[x_{ij} \right]_{m \times n} \tag{1}$$

2. 决策矩阵标准化 X'

第二步需要对上述初始决策矩阵中的数据进行标准化，本报告所用方法为极差标准化法。一般而言，将与总指标（本报告中为高质量发展水平）指向相同的指标（越大越好）定义为正向指标或效益型指标，并按照式（2）对其进行标准化处理；将与总指标指向相反的指标（越小越好）定义为负向指标或成本型指标，并基于式（3）对其进行标准化处理：

$$x'_{ij} = \frac{x_{ij} - \min(x_j)}{\max(x_j) - \min(x_j)} \tag{2}$$

$$x'_{ij} = \frac{\max(x_j) - x_{ij}}{\max(x_j) - \min(x_j)} \tag{3}$$

基于式（2）和式（3）可获取初始决策矩阵的标准化矩阵，记为：

$$X' = \left[x'_{ij} \right]_{m \times n} \tag{4}$$

3. 确定指标权重 w

本报告以熵值法确定各指标权重，计算过程如下：

（1）x'_{ij} 为原始数据标准化结果，计算 j 指标下的第 i 个评价对象的特征比重 p_{ij}：

$$p_{ij} = \frac{x'_{ij}}{\sum_{i=1}^{m} x'_{ij}} (0 \leqslant p_{ij} \leqslant 1) \tag{5}$$

（2）基于斯特林公式获取第 j 个指标的信息熵值，即：

$$e_j = \frac{1}{\ln(m)} \sum_{i=1}^{m} p_{ij} \ln(p_{ij}) \left[\text{当} p_{ij} = 0 \text{或者} 1 \text{时定义} p_{ij} \ln(p_{ij}) = 0 \right] \tag{6}$$

信息熵值越小，则表示贡献给被评价对象的信息越多。

（3）计算第 j 项指标的权重 w_j

得到信息熵后，定义差异系数为 $d_j = 1-e_j$。因此，d_j 越大，j 指标在指标体系中的重要性越高，熵值亦越大。用 w 表示权重，第 j 项指标的权重可以基于式（7）计算而得：

$$w_j = \frac{d_j}{\sum_{j=1}^{n} d_j}(j = 1,2,\cdots,n) \qquad (7)$$

基于指标权重 w_j，对标准化数据 x'_{ij} 进行加权求和，得到高质量发展指数，即：

$$g_{ij} = w_j \times x'_{ij},(1 \le i \le m,1 \le j \le n) \qquad (8)$$

$$G_{ij} = \sum_{j=n}^{n} g_{ij} \qquad (9)$$

（三）北京高质量发展状况

北京高质量发展指数由经济高质量发展指数、社会高质量发展指数、生态高质量发展指数、创新高质量发展指数、文化高质量发展指数、治理高质量发展指数构成，采用上述熵值法计算六个维度指标的权重，加权求和得到北京高质量发展指数。

特征一：高质量发展攻坚克难，社会治理引领作用提升。北京高质量发展指数整体呈现增长趋势。2013~2022年，北京高质量发展指数持续提升，由0.656上升至0.914，增长幅度为39.33%，年均增长速度为3.75%[1]（见图1）。具体来看，2019年和2021年北京高质量发展指数的增长率保持在5%以上，分别为5.95%和5.69%；2020年和2022年北京高质量发展指数的增长率较低，2020年同比增长1.95%，2022年同比增长0.32%。2013~2015年，北京对外贸易依存度、高新技术产品出口比重下降，使得北京高

---

[1] 年均增长速度计算公式为：年均增长速度=（研究期数值/基期数值）^ [1/（N-1）] -1，N 为样本数。

质量发展指数提升放缓，从 0.656 增长到 0.700，年均增长速度低于 2013～2022 年的年均增速；2016～2019 年，北京高质量发展指数快速增长，从 0.731 增长到 0.845，年均增速为 4.95%，高于 2013～2022 年的年均增速；2020～2022 年，北京高质量发展指数整体呈现增长趋势，2020 年北京高质量发展指数增速明显下降，2021 年北京高质量发展指数大幅度增长，2022 年北京高质量发展指数增速又明显降低，高质量发展进入攻坚克难阶段。2020 年和 2022 年，北京全市消费品市场受疫情影响较为明显，全年实现社会消费品零售总额同比分别下降 8.9% 和 7.2%，对外贸易和国内贸易亦出现明显下降，导致 2020 年及 2022 年高质量发展指数低速增长。

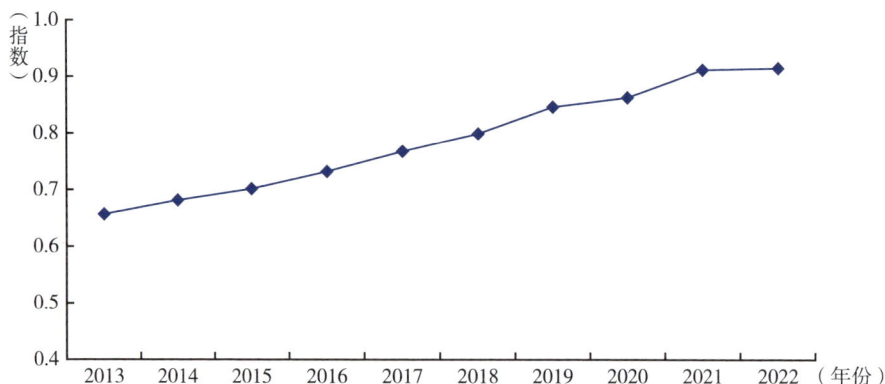

图 1　2013～2022 年北京高质量发展指数

资料来源：笔者根据指数计算结果制作。以下图表未注明资料来源的均为笔者自制。

从高质量发展六个维度对北京高质量发展指数增长的贡献度来看，2022 年经济、社会、生态、创新和治理五个维度对北京高质量发展指数增长的贡献度均较大，而文化维度对北京高质量发展指数增长的贡献度相对较小（见图 2）。具体来看，社会维度对北京高质量发展指数增长的贡献度最高，达到 27.50%，超过平均贡献度（16.67%）；治理维度和经济维度对北京高质量发展指数增长的贡献度较高，分别为 19.13% 和 18.35%，亦超过平均贡献度；创新维度和生态维度对北京高质量发展指数增长的贡献度接近平均贡献度，分别为 16.29% 和 15.01%；文化维度对北京高质量发展指数增长的贡献度最低，仅为 3.73%。这说明 2013 年以来，北京市社会、治理、经济水平稳定提升，创新发展稳定增长，生态环境质量持续向好，但文化维度对北京高质量发展水平的提升作用有限，古都文化亟待传承发展。

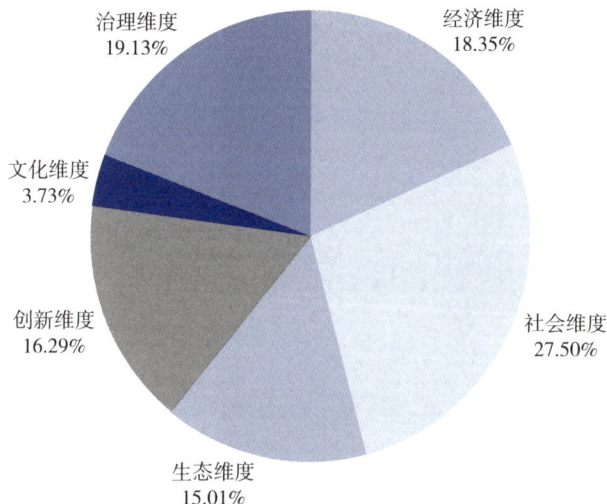

图 2　2022 年北京高质量发展指数各维度贡献度

从高质量发展六个维度的年均增速水平看，2013~2022 年，社会维度的年均增速最高，达到 5.96%，远高于北京高质量发展指数的年均增速；其次为治理维度，年均增速为 5.02%，也明显高于北京高质量发展指数的年均增速；创新维度、生态维度、经济维度的年均增速与北京高质量发展指数的年均增速相近，分别为 3.55%、3.25%、3.05%；文化维度的年均增速明显低于北京高质量发展指数的年均增速，为 1.27%。这表明，创新维度在未来将与社会维度、治理维度共同成为推动北京高质量发展的新动力，而文化维度仍处于发展的瓶颈期。

特征二：北京高质量发展指数排名第一，六个维度指数排名均居前列。2022 年，北京高质量发展指数排名第一。地级及以上城市高质量发展指数50 强为：北京、深圳、上海、苏州、南京、杭州、广州、宁波、厦门、无锡、常州、武汉、青岛、长沙、佛山、东莞、成都、天津、西安、嘉兴、合肥、绍兴、重庆、扬州、台州、南通、金华、泰州、昆明、烟台、大连、南昌、济南、郑州、福州、温州、洛阳、盐城、太原、长春、哈尔滨、沈阳、襄阳、泉州、潍坊、唐山、南宁、石家庄、徐州、临沂（见图3）。其中，10强城市的高质量发展指数均超过或接近0.700。横向比较而言，北京高质量发展的六个维度指数排名均位居前三，其中，创新维度、文化维度指数排名第一，具有绝对优势。从地理分布看，相比北方城市，南方城市的高质量发展水平相对较高。

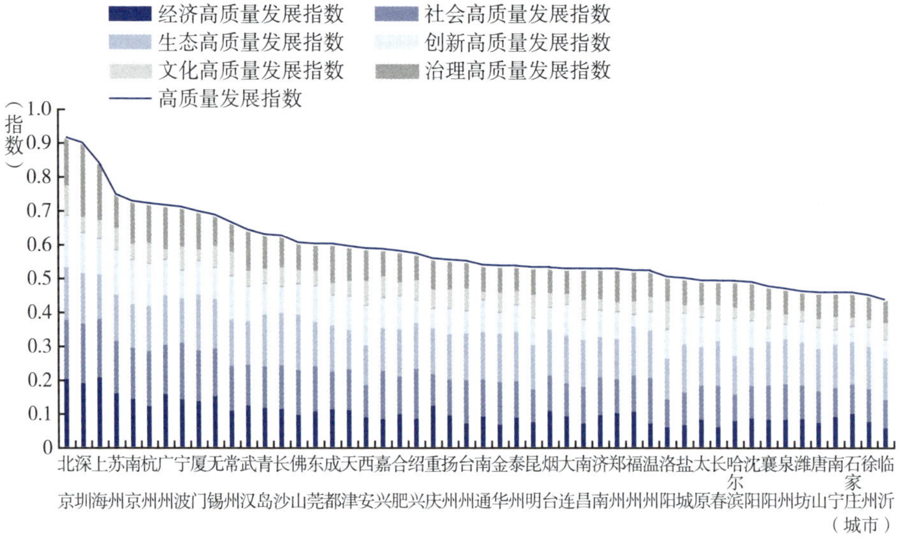

图3　2022年全国地级及以上城市高质量发展指数50强

特征三：规模增长带动经济回升向好，效率提高和结构优化贡献显著。2022年北京经济高质量发展指数为0.968，相比2013年增长幅度为40.30%。2013~2015年北京经济高质量发展指数变动平缓，从0.690小幅度增至0.710；2016~2019年北京经济高质量发展指数逐年提升，从0.732提升至0.870，增幅达18.85%；2020年北京经济高质量发展指数增速大幅度下降，仅为1.00%；2021年北京经济高质量发展指数大幅度增长，增速达到8.83%；2022年北京经济高质量发展指数增速放缓，相比2021年增加1.17%（见图4）。

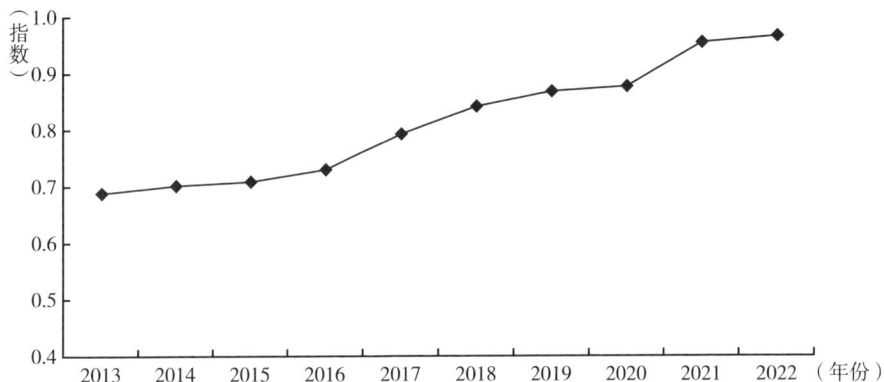

图4　2013~2022年北京经济高质量发展指数

从规模增长、结构优化、效率提高、开放提升子维度来看，2022年规模增长对北京经济高质量发展指数提升的贡献度最高，达到72.83%[①]。其次，效率提高和结构优化对北京经济高质量发展指数提升的贡献度较高，分别为18.34%和15.57%。然而，开放提升对北京经济高质量发展指数提升的贡献度为负，成为抑制北京经济高质量发展的因素，贡献度为-6.74%（见图5）。

横向比较而言，2022年，北京经济高质量发展指数排名第二，排名前十的城市包括上海、北京、深圳、苏州、广州、无锡、南京、宁波、厦门、武汉（见图6）。北京在规模增长、结构优化、效率提高方面排名前列（均位居前五），而在开放提升方面排名相对劣势。北京与上海比较，北京经济高质量发展指数在结构优化和效率提高方面具有比较优势，而在规模增长和开放提升方面具有一定劣势。相较于深圳、苏州，北京经济高质量发展指数在规模增长、结构优化、效率提高方面具有比较优势，而在开放提升方面具有一定劣势。

特征四：社会维度增速逐步放缓，居民幸福指数显著改善。2022年北

[①] 子科目对总科目提升的贡献度计算公式：贡献度=（研究期子科目值-基期子科目值）/（研究期总科目值-基期总科目值）×100%。

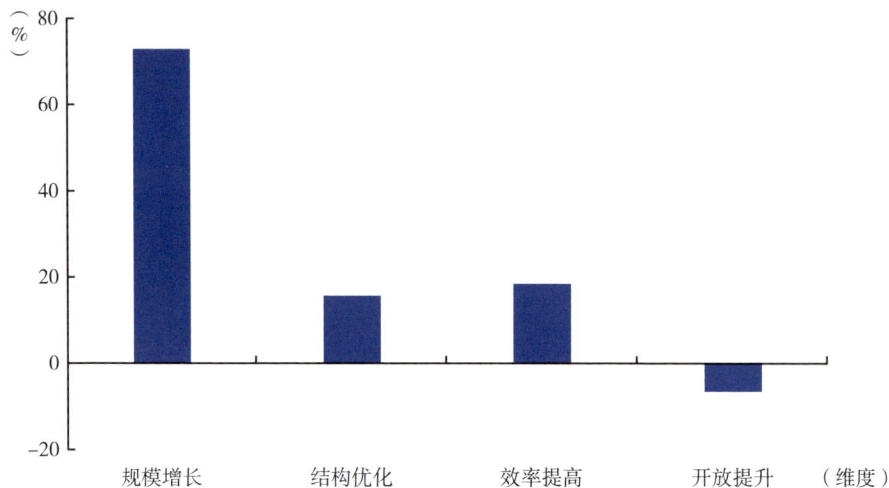

图5 2022年北京经济高质量发展指数各子维度贡献度

图6 2022年全国地级及以上城市经济高质量发展指数50强

京社会高质量发展指数为 0.992，相比 2013 年增长幅度为 107.53%（见图 7）。2013~2019 年北京社会高质量发展指数逐年增长，从 0.478 增至 0.900；2020~2022 年北京社会高质量发展指数的增速先下降后提升再下降。

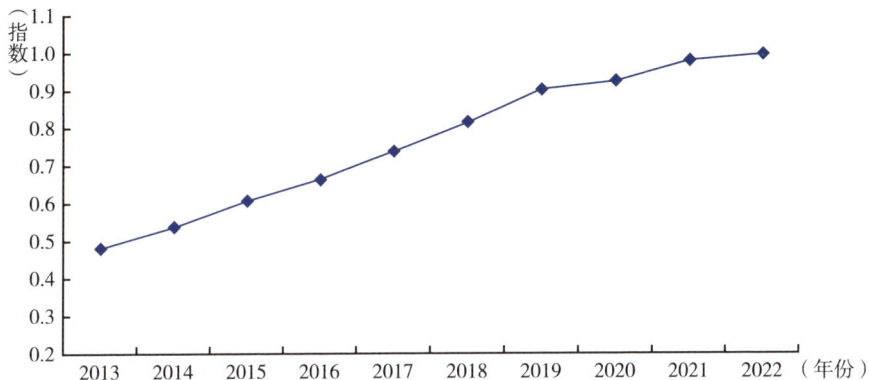

图 7　2013~2022 年北京社会高质量发展指数

从共同富裕、公共服务、幸福指数子维度来看，2022 年幸福指数和公共服务对北京社会高质量发展指数提升的贡献度最高，分别为 64.39% 和 27.32%；共同富裕对北京社会高质量发展指数提升的贡献度相对较低，仅为 8.29%（见图 8）。

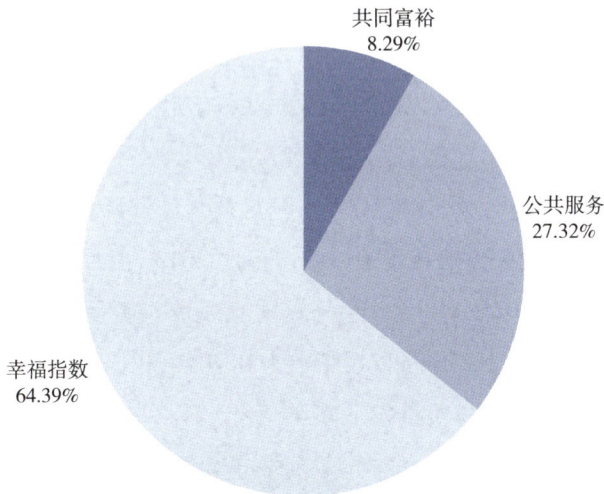

图 8　2022 年北京社会高质量发展指数各子维度贡献度

横向比较而言，2022 年，北京社会高质量发展指数排名第二，深圳社会高质量发展指数排名第一，排名前十的城市依次为深圳、北京、上海、宁波、杭州、苏州、南京、厦门、绍兴、广州（见图9）。北京的公共服务和幸福指数子维度排名前列（均位居前五），而共同富裕的排名较差。北京与深圳、宁波相比在公共服务和幸福指数方面具有明显的比较优势，而在共同富裕方面具有一定的劣势。北京与上海相比在公共服务方面具有一定的比较优势，而在共同富裕、幸福指数方面具有劣势。

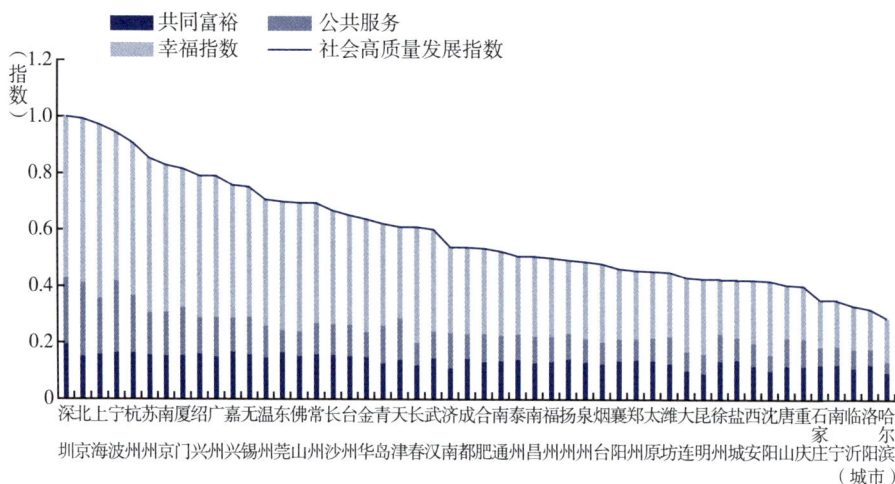

图9　2022年全国地级及以上城市社会高质量发展指数50强

特征五：生态环境水平持续提升，环境质量和资源利用贡献度高。2022年北京生态高质量发展指数为0.815，相比2013年增长幅度为101.31%（见图10）。2013~2015年，北京生态高质量发展指数呈现先上升后下降的趋势，2015年北京生态高质量发展指数为0.404，相比2013年下降0.33%；2016~2021年北京生态高质量发展指数逐年增长，从0.501增长到0.817，增幅达63.1%；2022年，由于环境质量子维度指数的下降（同比下降3.83%），及污染减排子维度指数的增幅偏小（同比仅增长0.29%），北京生态高质量发展指数下降，同比下降0.24%。

从环境质量、资源利用、污染减排子维度来看，2022年环境质量对北京生态高质量发展指数提升的贡献度最高，为41.68%；其次，资源利用对

图 10　2013~2022 年北京生态高质量发展指数

北京生态高质量发展指数提升的贡献度较高，为 32.51%；污染减排对北京生态高质量发展指数提升的贡献度相对较低，为 25.81%（见图 11）。

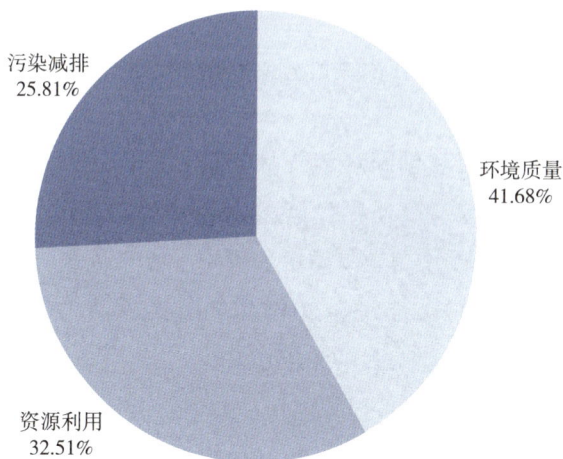

图 11　2022 年北京生态高质量发展指数各子维度贡献度

横向比较而言，2022 年，北京生态高质量发展指数排名第三，排名前十的城市包括厦门、佛山、北京、长沙、青岛、深圳、泰州、无锡、福州、广州（见图 12）。北京在环境质量、资源利用、污染减排子维度的排名均位居前五。相较于厦门、佛山，北京生态高质量发展指数在环境质量、资源利用、污染减排子维度均具有比较劣势。与长沙相比，北京生态高质量发展指数在环境质量、资源利用子维度具有一定的比较优势，在污染减排子维度具有一定劣势。

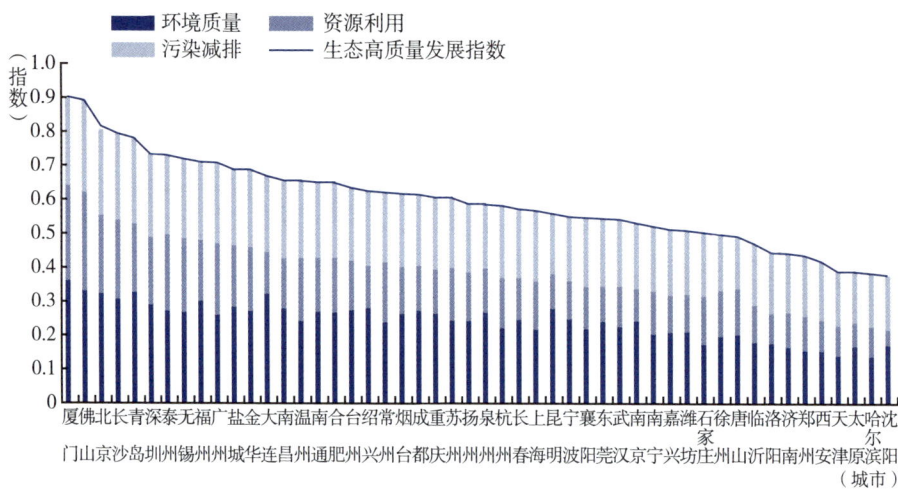

图12 2022年全国地级及以上城市生态高质量发展指数50强

特征六：创新投入和创新环境支撑发展，创新产出贡献度有待提升。2013~2022年，北京创新高质量发展指数逐步提高，增长幅度为47.84%（见图13）。2018年，受中美贸易摩擦的影响，北京创新高质量发展指数增速明显下降，同比仅增长2.52%；2019年和2022年北京创新高质量发展指数增幅明显，同比分别增长11.09%和6.80%。

从创新投入、创新产出、创新环境三个子维度的贡献度来看，2022年创新投入、创新环境和创新产出对北京创新高质量发展指数提升的贡献度依次递减，创新投入、创新环境的贡献度较大，分别为43.01%、41.51%，创新产出的贡献度较小，为15.48%（见图14）。这反映出，创新投入和创新环境共同支撑了北京创新高质量发展。

横向比较而言，2022年，北京创新高质量发展指数排名第一，排名前十的城市包括北京、深圳、苏州、南京、常州、杭州、西安、东莞、上海、广州（见图15）。北京在创新投入、创新产出子维度排名前列（均位居前

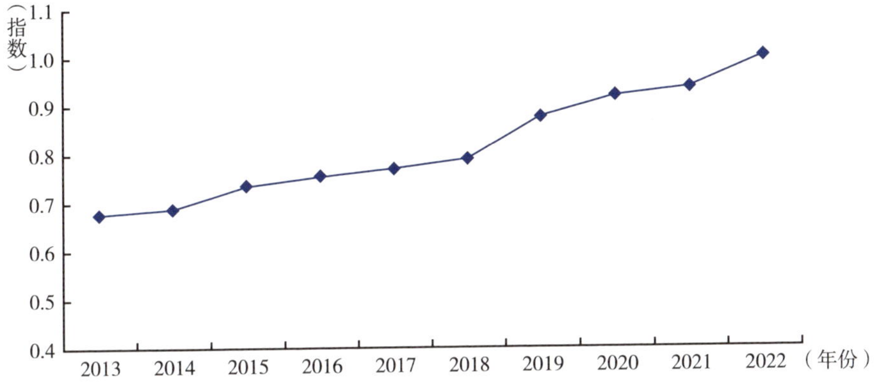

图 13　2013~2022 年北京创新高质量发展指数

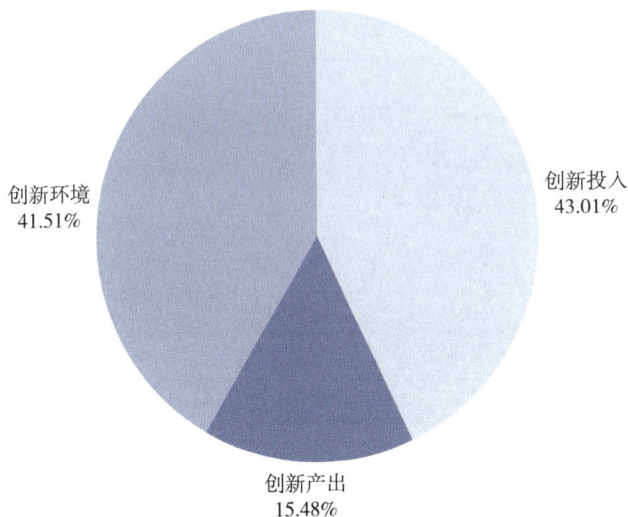

图 14　2022 年北京创新高质量发展指数各子维度贡献度

二)，而创新环境子维度的排名相对较差。相较于深圳、苏州、南京，北京创新高质量发展指数在创新投入、创新产出子维度具有一定的比较优势，在创新环境子维度具有一定劣势。

特征七：文化资源表现出色，文化产业亟须加强。2022 年北京文化高质量发展指数为 0.926，相比 2013 年增长幅度为 13.87%（见图 16）。

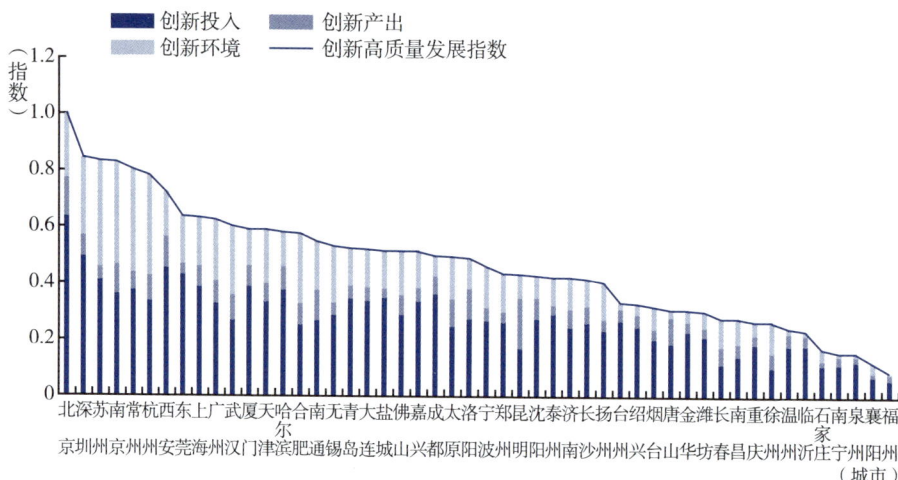

图15　2022年全国地级及以上城市创新高质量发展指数50强

图16　2013~2022年北京文化高质量发展指数

2013~2022年，北京文化高质量发展指数经历了"上升—下降—上升"的变动趋势。2013~2014年，北京文化高质量发展指数明显增长，增幅为4.37%；2015~2019年，北京文化高质量发展指数稳定增长，2019年达到0.899，相比2015年增长6.10%；2020年，北京文化高质量发展指数大幅度下降，相比2019年减少7.47%；2021年，北京文化高质量发展指数出现恢复性增长，同比增长10.53%；2022年，北京文化高质量发展指数增幅较小。

从文化资源、文化设施、文化产业三个子维度的贡献度来看，2022 年文化资源对北京文化高质量发展指数提升的贡献度最高，文化设施的贡献度次之，而文化产业的贡献度为负（见图 17）。这反映出北京文化产业发展仍相对不足，成为阻碍北京文化高质量发展的重要因素。

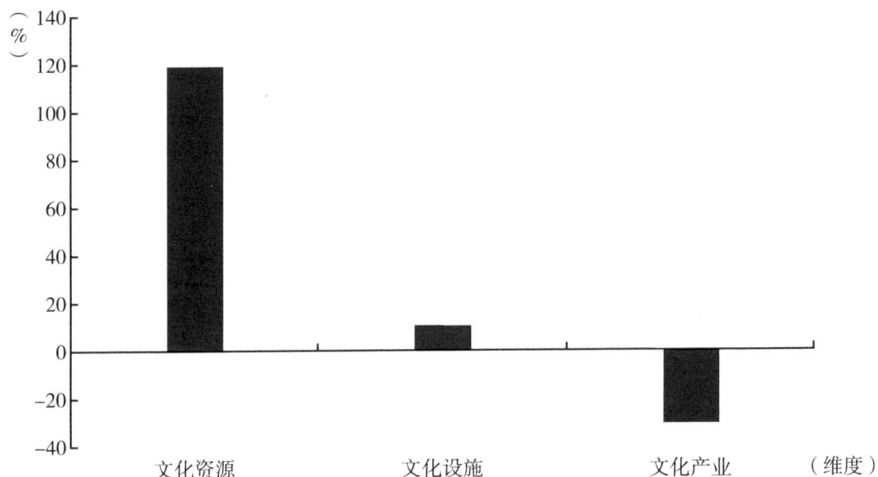

图 17　2022 年北京文化高质量发展指数各子维度贡献度

横向比较而言，2022 年，北京文化高质量发展指数排名第一，排名前十的城市包括北京、洛阳、西安、常州、昆明、宁波、苏州、台州、无锡、嘉兴（见图 18）。北京在文化资源子维度名列前茅，而在文化设施、文化产业子维度排名相对劣势。相较于洛阳、西安，北京在文化资源、文化设施子维度具有一定的比较优势，而在文化产业子维度具有一定劣势。北京与常州相比，在文化资源、文化设施及文化产业子维度均具有一定的比较优势。

特征八：行政服务优势突出，基础设施仍需完善。2022 年北京治理高质量发展指数为 0.576，相比 2013 年增长幅度为 89.06%（见图 19）。2013～2022 年北京治理高质量发展指数经历了先上升后下降的变动趋势，2013～2016 年北京治理高质量发展指数提升明显，2016 年达到

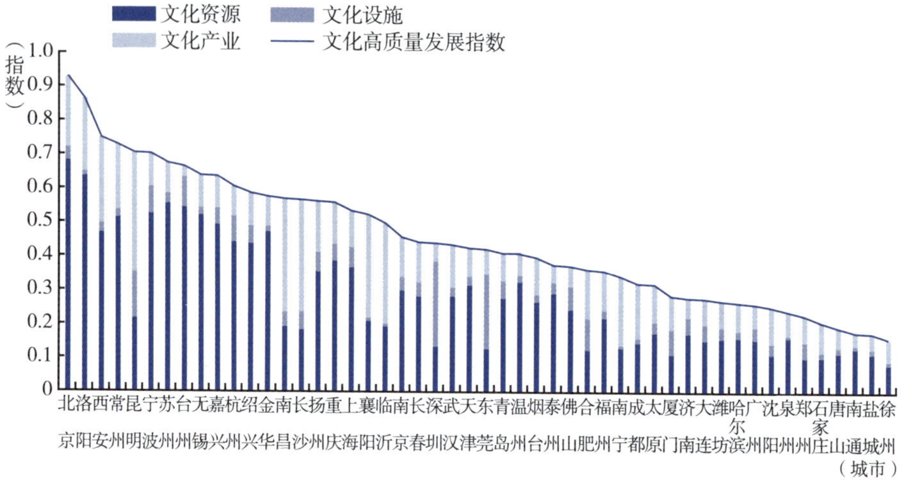

图18 2022年全国地级及以上城市文化高质量发展指数50强

0.417，增长幅度为36.91%；2017~2021年北京治理高质量发展指数迅速增长，从0.422提升至0.625，其中2021年北京治理高质量发展指数显著提升，同比增长10.68%；2022年，北京治理高质量发展指数出现明显下降趋势。

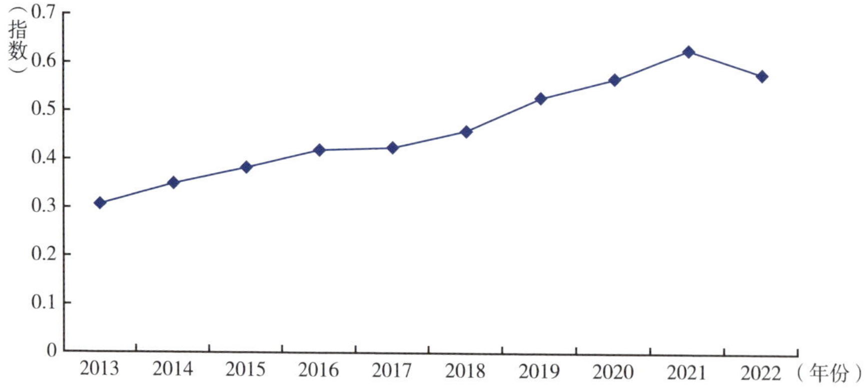

图19 2013~2022年北京治理高质量发展指数

从基础设施、行政调控和行政服务子维度对北京治理高质量发展指数提升的贡献度来看，2022年行政服务子维度对北京治理高质量发展指数提升的贡献度最高，达到 46.32%；行政调控的贡献度较高，为 31.02%；基础设施的贡献度最小，为 22.66%（见图 20）。

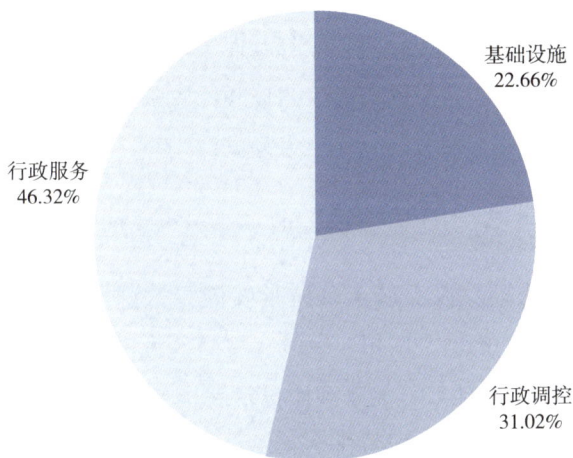

图 20　2022 年北京治理高质量发展指数各子维度贡献度

横向比较而言，2022 年，北京治理高质量发展指数排名第三，排名前十的城市包括深圳、上海、北京、广州、南京、武汉、宁波、杭州、成都、厦门（见图 21）。北京治理高质量发展指数的基础设施、行政调控和行政服

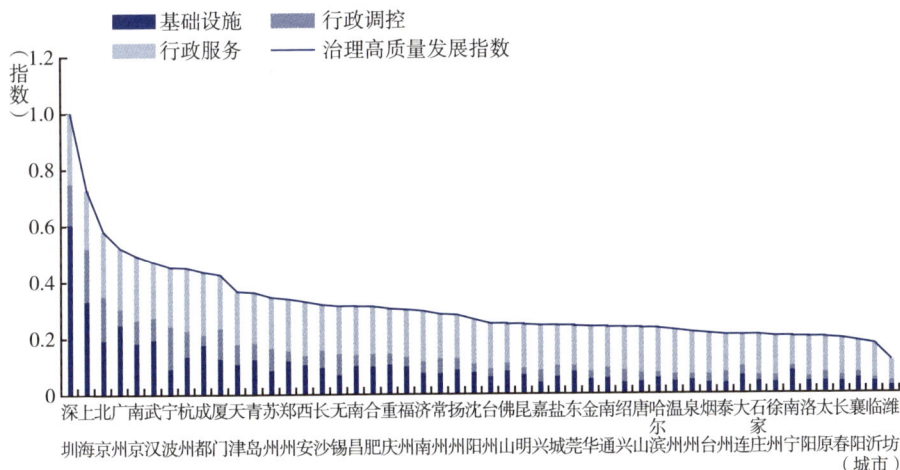

图 21　2022 年全国地级及以上城市治理高质量发展指数 50 强

务子维度均排名前列（位居前五）。与深圳相比，北京治理高质量发展指数在行政调控子维度具有一定的比较优势，而在基础设施和行政服务子维度具有明显劣势。与上海相比，北京治理高质量发展指数在行政服务子维度具有一定的比较优势，而在基础设施和行政调控子维度具有一定劣势。与广州相比，北京治理高质量发展指数在行政调控和行政服务子维度具有一定的比较优势，而在基础设施子维度具有一定劣势。

（四）高质量发展10强城市特征

2022年全国地级及以上城市高质量发展指数前十依次为北京、深圳、上海、苏州、南京、杭州、广州、宁波、厦门、无锡，高质量发展指数均超过或接近0.700。横向比较，北京高质量发展指数的六个维度排名均位居前三，其中，创新高质量发展指数排名第一，具有绝对优势。从地理分布看，相比北方城市，南方城市的高质量发展水平相对较高。高质量发展10强城市具有以下特征。

特征一：经济发展迅速。2023年北京GDP达到4.4万亿元，城镇调查失业率4.4%，居民消费价格指数总体平稳，居民收入水平稳步增长，在人均GDP、全员劳动生产率、万元GDP能耗水耗等方面保持全国领先。2023年上海GDP达到4.72万亿元，居民消费价格指数上涨0.3%，城镇调查失业率平均为4.5%。2023年深圳GDP达到3.46万亿元，出口增长12.5%，总量连续31年居内地城市首位。2023年苏州GDP达到2.47万亿元，居民人均可支配收入与经济增长基本同步，主要指标保持全国城市前列。2023年南京GDP达到1.74万亿元，继续保持全国前十，居民人均可支配收入增长与经济增长基本同步。2023年杭州GDP达到2万亿元，成为全国7个城市之后新一个经济总量突破2万亿元的城市。2023年广州GDP突破3万亿元，城乡居民人均可支配收入同比分别增长4.8%和6.4%，居民消费价格指数上涨1%，城镇新增就业超过33万人。2023年宁波GDP达到1.65万亿元，城镇居民和农村居民人均可支配收入分别超8万元和4.8万元，倍差降至1.67以内，近年来呈逐步缩小态势。2023年厦门 GDP 达到 0.8 万亿元，居民消费价格指数增长 0.2%，全体居民人均可支配收入增长 4.5%。2023 年无锡 GDP 近 1.55 万亿元，人均 GDP 保持较高水平。

特征二：创新能力较强。以北京为例，一是聚共识，确立"四个中心"定位，加快建设国际科技创新中心，通过《北京国际科技创新中心建设条例》，明确了国际科技创新中心建设的"四梁八柱"。二是聚方向，坚持创新驱动产业高质量发展，构建十大高精尖产业体系，加快建设全球数字经济标杆城市。三是聚行动，构建社会化、网络化的科技中介服务体系，北京科技服务业全国领先。四是聚政策，海淀区面向科技创新所推出的服务政策为全国最完善。为充分发挥中小微企业的作用，制定科技孵化中心、众创空间等较为完善的管理政策，通过赋权激励、破除人才制度壁垒、简化科研管理流程等，切实增强创新动力和活力，这些政策使中小微企业在技术创新、市场创新、管理模式上得到不同程度的政府支持，能够顺利地展现企业自身在创新方面的能力。五是聚资源，北京在原始创新上形成明显优势，北京高水平人才高地建设成效显著，已集聚全国近 1/2 的"两院"院士、近 1/3 的"高被引"科学家。2022 年，北京每万人发明专利拥有量为 218.3 件，位居全国第一。近年来，北京市知识产权综合实力持续领跑全国。

特征三：嵌入全球研发网络。高质量发展 10 强城市的重要经验之一是能够充分吸收和采纳世界科技研发成果，嵌入全球研发网络，坚持不懈，较快由低成本优势战略成功转型为创新发展战略。创新能力的提高引起生产率水平的大幅提升，进一步推动城市产业升级，推动战略性新兴产业和未来产业壮大，新经济在产业结构中的比重加速上升，从而走出了一条高质量发展之路。例如，自改革开放以来，苏州市是全国发展最快的城市之一。苏州坚持本土创新和离岸创新"双轮驱动"，全球科技研发资源引进来、走出去"双向并进"，加快构建和嵌入全球研发网络。苏州在新加坡、以色列等国家设立的 22 家海外离岸创新中心，已经成为其识别培育全球前沿创新项目的"捕捉器"。通过构筑全球化的协同研发创新体系，苏州大幅缩短研发周期，降低研发成本，推动全球研发互补和需求对接，抢占国际市场最前沿。2023 年，苏州全社会研发投入突破1000 亿元，占 GDP 比重达到 4.1%；全球"灯塔工厂"增至 7 家，国家级科技企业孵化器达到 76 家，国家科技型中小企业达到 2.5 万家，均位居全国第一。

特征四：居民消费旺盛。高质量发展水平较高的城市，消费拉动经济的作用十分明显，经济发展一直保持良好的增速。2022 年中国人均消费支出10 强城市依次为杭州（46640 元）、上海（46045 元）、深圳（44793 元）、广州（44036 元）、厦门（43970 元）、宁波（42997 元）、苏州（42889元）、温州（42809 元）、北京（42683 元）、无锡（41381 元）。其中，杭州发挥亚运效应，全力打造国际新型消费中心城市，社会消费品零售总额增长5% 以上，持续办好味美浙江·烟火杭州、"宋"福杭州年等品牌活动，发展直播经济、首店经济、夜间经济等新型消费，积极培育智能家居等消费增长点。

特征五：开放程度较高。高质量发展水平较高的城市保持较高的外贸依存度，与其他国家的城市保持较为紧密的贸易关系。2023 年，上海贸易进出口总额突破 4 万亿元大关，实际使用外资总额接近 250 亿美元。2023年，跨国公司在上海设立的地区总部增加 65 家，累计达 956 家；外资研发中心增加 30 家，累计达 561 家。高质量发展水平较高的城市中，上海和北京的进口贸易额持续领先；深圳、苏州、广州等表现出强劲的增长势头。这反映出高质量发展水平较高的城市在对外贸易方面具有巨大的潜力和活力。

特征六：产业结构较为合理。高质量发展水平较高的城市注重调整产业结构，先进制造业不断升级，注重转换动能，产业结构较为合理。北京第三产业占比保持在 80% 以上，数字经济增加值从 2015 年的 8719.4 亿元增加到2023 年的 18766.7 亿元，占 GDP 的比重为 42.9%。北京市高精尖产业新设市场主体占比由 2013 年的 40.7% 上升至 2023 年的 66.1%。

三　北京城乡高质量发展评价分析

（一）城乡高质量发展概念内涵

城乡高质量发展是缩小城市和乡村经济社会发展、生活水平差距的重要途径，也是解决中国快速工业化、城镇化及"三农"问题的有效途径。自1990年以来，我国政府为改变城乡二元结构采取了诸多举措调整城乡关系、缩小城乡差距，以统筹城乡高质量发展作为解决我国社会主要矛盾的重要抓手。21世纪以来，中国城乡发展战略经历了从城乡统筹、城乡发展一体化到城乡融合发展的演进过程。

党的十六大报告首次提出"统筹城乡经济社会发展"。党的十八大报告进一步要求"推动城乡发展一体化"。党的十九大针对新时代城乡发展不平衡、农村发展不充分这一突出矛盾，深化城乡发展一体化战略，提出了"建立健全城乡融合发展体制机制和政策体系，加快推进农业农村现代化"的战略路径。

在中国特色社会主义新时代，以城乡融合发展为主要特征的新型城镇化是实现"两个一百年"奋斗目标和中华民族伟大复兴中国梦过程中提出的重大战略举措。城乡融合，是指在社会生产力充分发展的条件下，由制度变革、技术进步、需求增长、文化创新等共同引致，形成城乡之间融为一体、水乳交融的良性发展态势。城乡融合发展的具体内涵是把城乡当作一个有机整体，放在开放的、公平的、公正的发展环境中，让城乡资源要素对流畅通、产业联系紧密、功能互补互促，推动城乡生产方式、生活方式以及生态环境朝一体化方向和谐发展，最终实现人的全面发展和人与自然的和谐相处。城乡融合发展不是城市的单极发展，而是城乡两极的协同交融发展。城乡融合发展不能只依靠城市的单向带动，而是需要城乡双向共同推进。习近平总书记强调的"城乡融合发展"[1]，是党和国家关于城乡发展理

---

[1] 《【理响中国】习近平总书记强调的"城乡融合发展"》，环球网，2023年7月10日，https：//china.huanqiu.com/article/4Dehwnlo8uV。

论的最新成果，是推动新型城镇化发展、提高农业农村现代化水平的重要导向。

（二）城乡高质量发展评价指标体系构建

评价城乡高质量发展应该以城乡融合发展理念为基础。党的十九大明确了实施乡村振兴战略，走城乡融合发展之路，加快推进农业农村现代化的顶层设计。城乡融合发展理念，是对"统筹城乡发展""城乡发展一体化"理念的继承、发展和深化，是中国共产党在新时代对城乡关系的深刻认识和准确把握，是着眼于当前我国城乡二元结构没有发生根本性改变的实际和我国社会主义现代化建设的需要做出的战略部署，是未来我国城乡关系调整与重塑的行动指南。

城乡高质量发展评价应重点关注物质能量要素、社会经济基础和公共服务功能方面。本报告提出城乡高质量发展是具有城乡物质能量的平等利用、城乡经济社会的融合发展和城乡公共服务的均衡提升三个特征的综合性评价。首先，城乡物质能量的平等利用主要表现在基础设施建设、数字发展、能源生态等方面；其次，城乡经济社会的融合发展主要表现在人口基础、收入支出、财政金融、生活质量等方面；最后，城乡公共服务的均衡提升主要表现在科技资源、教育资源、医疗资源、综合服务等方面。本报告将从物质能量、经济社会、公共服务三个维度，构建包括 11 项一级指标、32 项二级指标的评价指标体系，综合判定北京市乃至中国 31 个省份城乡高质量发展情况。

具体而言，在物质能量维度，本报告选取城市建设面积占比、人均运输线路里程数、夜光强度、有效灌溉率等指标考察城市和乡村在设施建设方面的发展；选取城乡宽带接入用户数之比、城乡邮政投递路线之比、城乡居民移动电话拥有量之比、城乡居民计算机拥有量之比等指标考察城市和乡村在信息化和数字化方面的发展；选取城乡居民传统能源消费强度之比、城乡居民电能消费强度之比、乡村生产碳排放强度、森林覆盖率等指标考察城市和乡村在能源生态方面的发展。在经济社会维度，本报告选取城镇人口占比考察城市和乡村人口基础；选取城乡可支配收入之比、城乡消费支出之比、城乡恩格尔系数之比等指标考察城市和乡村在居民收入分配方面的发展；选取农业财政投资占比、城乡居民储蓄年末余额之比、城乡固定资产投资之比等指标考察城市和乡村财政金融情况；选取城乡居民拥有出行工具之比、城乡居民拥有生活电器之比、城乡居民拥有旅游器械之比等指标考察城市和乡村在居民生活质量方面的发展。在公共服务维度，本报告选取农业科研机构数、农业科研机构人数、农业机械化水平等指标考察城市和乡村在科技资源方面的发展；选取居民万人拥有普通高等学校数、居民万人拥有普通高校教职工数等指标考察城市和乡村在教育资源方面的发展；选取居民万人拥有卫生人员数、医疗卫生机构诊疗强度等指标考察城市和乡村在医疗资源方面的发展；选取社会养老保险参保人数占比、最低生活保障人数占比、乡镇文化站拥有量等指标考察城市和乡村在综合服务方面的发展。

（三）城乡高质量发展评价结果分析

本报告测算中国 31 个省份城乡高质量发展指数，分析总指数与各维度指数变动趋势，特别就北京城乡高质量发展情况展开分析。为了保证评价结果的科学合理性，本报告综合熵值法得到北京市城乡高质量发展各评价指标的权重。根据熵值法可以计算得到各二级指标的权重，并通过分类加总的方式得到 11 项一级指标和三个维度的权重。本报告各项指标数据均来自公开发布的数据资料，主要包括 2012~2022 年《中国统计年鉴》、《中国农村统计年鉴》、《中国教育统计年鉴》、《全国农业科技统计资料汇编》、《中国能源统计年鉴》、VIIRS-VCMCFG 夜光遥感数据、31 个省份统计年鉴，并采用插值法对个别年份缺失的数据进行补充。

从 2011~2021 年中国 31 个省份城乡高质量发展指数排名变动情况看，2011 年城乡高质量发展指数排名前十的省份依次为北京（0.447）、上海（0.402）、天津（0.341）、浙江（0.338）、江苏（0.303）、广东（0.267）、山东（0.266）、福建（0.260）、黑龙江（0.249）、河北（0.247）；2021 年城乡高质量发展指数排名前十省份依次为北京（0.523）、上海（0.438）、天津（0.378）、浙江（0.370）、江苏（0.350）、广东（0.327）、山东（0.309）、福建（0.306）、安徽（0.306）、江西（0.295）。北京始终保持第一的位置，上海、天津、浙江、江苏始终保持第二至第五的位置，排名前五的省份相对稳定（见图22、图23）。

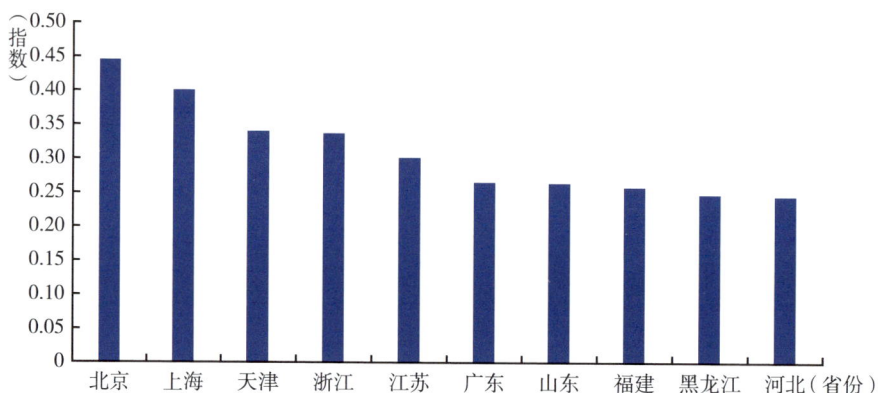

图 22　2011 年中国城乡高质量发展指数排名前十的省份

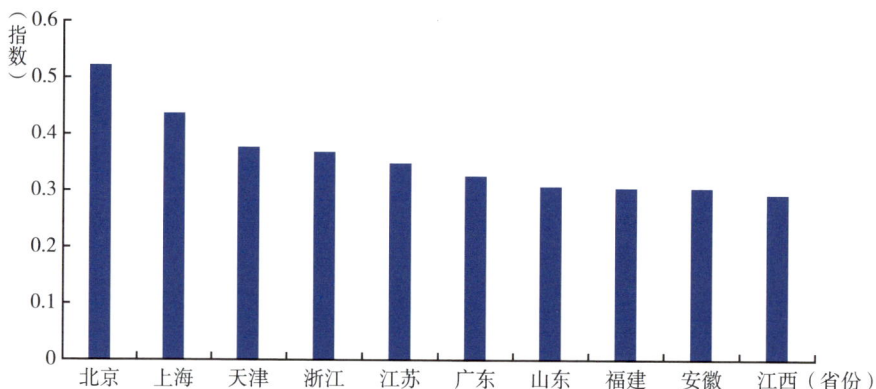

图 23　2021 年中国城乡高质量发展指数排名前十的省份

　　在物质能量维度，2021 年排名前十的省份依次为上海、天津、北京、江苏、浙江、广东、福建、山东、西藏、河北。上海城乡高质量发展指数物质能量维度排名稳定，始终保持第一位；天津城乡高质量发展指数物质能量维度排名进步明显，由 2011 年的第五位上升至 2021 年的第二位；北京从 2011 年的第二位降至 2021 年的第三位。

在经济社会维度，2021 年排名前十的省份依次为北京、黑龙江、浙江、宁夏、四川、辽宁、青海、安徽、吉林、内蒙古。2011~2021 年北京城乡高质量发展指数经济社会维度排名上升，从第四位上升至第一位；浙江排名较稳定，始终保持在第三位；四川从 2011 年的第十九位上升到 2021 年的第五位，进步明显。

在公共服务维度，2021 年排名前十的省份依次为北京、天津、山东、浙江、上海、广东、吉林、河南、江苏、湖北。2011~2021 年，北京城乡高质量发展指数公共服务维度排名较稳定，始终保持第一位；广东排名提升明显，从第八位上升至第六位；上海从第三位下降至第五位；山东和浙江分别从第四位和第五位，上升至第三位和第四位。

2011~2021 年，北京城乡高质量发展指数从 0.447 提升至 0.523，增长 17.00%，尤其是 2013 年之后呈现逐年增长的变动趋势。2011~2013 年，北京城乡高质量发展指数出现小幅度下降，2013 年达到最低值 0.440；2015~2021 年，北京城乡高质量发展指数大幅提升，从 0.456 提升至 0.523（见图 24）。

图 24　2011~2021 年北京城乡高质量发展指数

从各维度的贡献度来看，2011 年物质能量维度、经济社会维度、公共服务维度的贡献度分别为 41.58%、21.77%、36.65%；2021 年物质能量维度、经济社会维度、公共服务维度的贡献度分别为 36.13%、25.19%、38.68%。公共服务取代物质能量成为贡献度最高的维度，经济社会维度、公共服务维度指数的增长是总指数提升的主要原因（见图 25）。

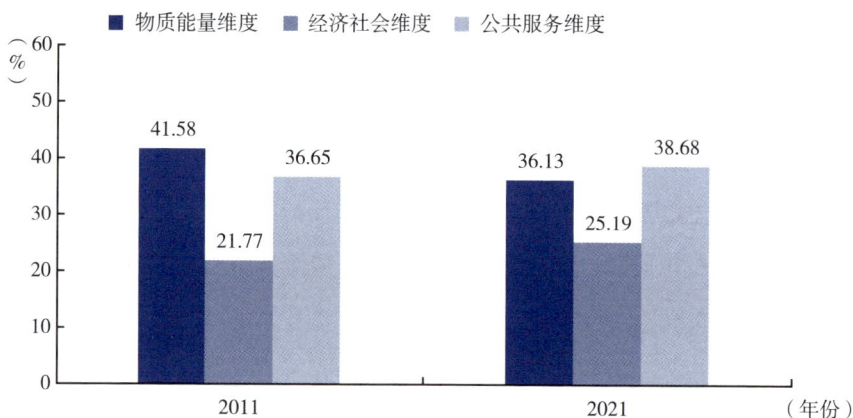

图 25　2011~2021 年北京城乡高质量发展指数各维度的贡献度

四　共同富裕幸福指数构建

（一）共同富裕幸福指数指标选取与体系建构

习近平总书记指出，"我们说的共同富裕是全体人民共同富裕，是人民群众物质生活和精神生活都富裕，不是少数人的富裕，也不是整齐划一的平均主义"。[①] 满足人民对美好生活的新期待始终是理论创新的出发点和落脚点。人民对美好生活的新期待是一个多维度的概念，涵盖了物质、精神、文化、社会和环境等多个方面。从价值标准维度看，共同富裕是深入推进

---

① 习近平：《扎实推动共同富裕》，《求是》2021 年第 20 期。

"五位一体"总体布局的全面富裕。本报告从满足人民对美好生活的新期待出发，从经济福祉、社会福祉、文化福祉、生态文明福祉、治理福祉维度（一级指标）构建具有 23 项二级指标、体现中国式现代化要求的共同富裕幸福指数。

具体而言，在经济福祉方面，本报告选取经济增长、就业、城镇化、收入、消费、抚养压力等指标考察人民的经济生活质量。在社会福祉方面，本报告选取医疗、养老、基础设施、公共支出、公共安全等指标反映社会保障和民生改善情况。在文化福祉方面，本报告选取文化教育、文化支出、文化设施、文化产业等指标反映社会发展文化成果与人民精神生活需要的共享及满足程度。在生态文明福祉方面，本报告选取生态环境、环境治理、生态安全等指标考察人民共建共享生态发展成果的情况。在治理福祉方面，本报告选取法治环境、市场环境、政府规模、政务环境、数字化治理等指标考察人民权利保障情况。

（二）共同富裕幸福指数测算

由熵值法可得，共同富裕幸福指数中文化福祉权重最高，为 28.95%。这显示出当前通过创造精神文化财富不断满足人民对精神文化生活幸福方面的向往和追求的重要性。其次是经济福祉（24.83%）。经济福祉权重较高，说明物质文明建设在实现共同富裕目标的过程中仍具有重要意义。当前人民群众对美好生活的需要是全方位、多层次的，对物质生活提出了更高要求。其他维度权重依次为治理福祉 18.75%、生态文明福祉 14.62%、社会福祉 12.84%（见表 1）。

全国省域共同富裕幸福指数测算结果显示，全国排名前五的省份分别为北京、上海、浙江、天津、江苏。北京共同富裕幸福指数排名全国第一。在构成总指数的五个维度中，北京市经济福祉指数、社会福祉指数、文化福祉指数、生态文明福祉指数和治理福祉指数均排名第一。由此可见，北京在以上五大领域取得了较好的成绩，不愧为"首善之区"。

表 1   共同富裕幸福指数一级指标权重

单位：%

指数	一级指标	权重
共同富裕幸福指数	经济福祉	24.83
	社会福祉	12.84
	文化福祉	28.95
	生态文明福祉	14.62
	治理福祉	18.75

五   准确把握加快形成新质生产力的若干关系

本报告提出在加快形成新质生产力的过程中，需要把握十对重要关系，即传统产业升级与新兴产业培育的关系、科技创新与产业创新的关系、基础研究与应用研究的关系、产业链与创新链的关系、创新驱动与人才驱动的关系、制度创新和文化创新的关系、数字经济与实体经济的关系、政府引导和市场主导的关系、国内创新与开放创新的关系。

（一）把握传统产业升级与新兴产业培育的关系，有序梯度布局、促进新旧动能转换

准确把握传统产业升级与新兴产业培育的关系，需全面评估传统产业与新兴产业在创新资源、结构特征和优势不足等多方面的差异性，进而明确影响二者深度融合的症结所在，提升区域产业转化能力。首先，应通过精准考虑技术进步、行业特色等产业政策来界定产业政策的有效边界，通过更具建设性的产业政策促进传统产业与新兴产业的融合发展。技术与市场的共有属性，是传统产业与新兴产业融合的前置条件，产业融合受市场、技术、产品等多维度融合水平的关键因素影响。其次，需提升新兴产业的带动能力和传统产业的转化能力。新兴产业依靠高新技术所形成的产品多数具有复杂产品

架构的特征，且涉及多学科知识整合，商业化和大规模产业化均需要多个行业的配套支撑。

（二）把握科技创新与产业创新的关系，打破交互壁垒、推进耦合共生

加速形成新质生产力，需要保证新质生产力源头的科技创新有效供给水平和生产过程中的科技成果转化水平。新质生产力具有高科技、高效能、高质量特征，且具有创新链更长的特点，需准确把握科技创新与产业创新的关系，打破交互壁垒，将科学研究、技术发明、工程设计、产品制作与生产工艺各个环节结合起来，推进耦合共生。一是聚焦科技创新驱动，提升原创技术供应的有效性。二是以产业创新为导向，全方位提高成果转化的整体效能。

（三）把握基础研究与应用研究的关系，打通衔接路径、推动相辅相成

基础研究和应用研究之间并非对立关系，而是彼此促进推动的关系。推动两者有机衔接，需从加强基础研究攻关和丰富应用场景两方面入手，以实现基础学科与应用技术、应用场景有效衔接。首先，通过加强有组织科研，积极回应国家迫切需求，帮助突破一批关键技术瓶颈。其次，应重视应用场景驱动的成果转化模式，推动商业化落地。

（四）把握产业链与创新链的关系，释放要素活力、促使前后贯通

产业链和创新链是两套既紧密相连又彼此独立的体系。以产业链为中心部署创新链，或依托创新链规划产业链，共同目的在于释放要素活力、促使前后贯通。一方面，以领军企业为产业链主体，增强企业在创新上的主导作用，提升产业竞争力。另一方面，引导鼓励中小企业深化"专精特新"之路，致力于"颠覆式创新"。

（五）把握创新驱动与人才驱动的关系，打通循环链路、发挥双向效能

创新驱动的实质在于人才驱动。把握创新驱动与人才驱动的关系，实现个体创新效能与体系创新效能双向有机循环，发挥自上而下战略引领和自下而上人才支撑的合力。可从微观个体人才培养和宏观战略机制两方面入手。首先，在微观个体人才培养方面，需适配跨学科、全链条、交叉融合的课程体系，旨在培养产业创新所需人才。其次，在宏观战略机制上，为确保人才培养与协同创新相关软硬件平台的长远建设及运营资金稳定，需进一步增加新兴产业领域研究生的专项指标与培养经费投入。

（六）把握制度创新和文化创新的关系，深化明体达用、实现体用贯通

促进制度创新和文化创新深度融合，不仅为国家治理提供了文化上的养分和价值方向，也加强了精神层面的支持。在加速形成新质生产力过程中，需长期坚持以下两点。一是持续深化制度改革和创新，以破解产业、学科制度壁垒。二是营造包容试错的科研文化氛围，打造有效的信息沟通机制。

（七）把握数字经济与实体经济的关系，深化数实融合、推进虚实共生

数字化技术已成为促进实体经济结构调整的核心手段。数实深度融合旨在通过技术创新，大力推进实体经济的改革与生产效率的显著提高。发展新质生产力，深化数字经济与实体经济的融合，离不开现代化基础设施的支撑，深化数实融合、推进虚实共生，既需要能源、交通和物流等传统实体基础设施，也离不开数据中心、信息技术和互联网等数字领域的基础设施。

（八）把握政府引导和市场主导的关系，以有为促有效、实现以简驭繁

根据资源配置理论，在推动生产力发展的过程中，政府引导和市场主导

均发挥不可或缺的作用。政府引导能够弥补市场失灵的不足，为市场提供必要的支持和保障；而市场主导则能够激发企业的活力和创造力，推动生产力的快速发展。二者在经济发展中相互融合、相互促进，共同构建了推动生产力发展的强大动力。

有效市场与有为政府的结合，需打破政府与市场隔阂、搭建科技创新平台并发挥有为政府在创新生态系统中的引导作用。首先，政府可加大对公共研发基础设施平台和服务平台的投资，以优化创新环境，提高创新效率。其次，政府还需在构建创新系统时注重顶层设计和战略规划，确保创新资源的高效配置和合理利用，以提升国家整体创新能力和竞争力。

（九）把握国内创新与开放创新的关系，集成多方资源、实现内外联动

在数字经济时代，合作不是一个线性关系而是多个合作伙伴同时合作的过程。通过开放式创新，辅以区块链、人工智能等信息技术的加成，汇聚全球的力量，利用各方的力量推动新质生产力发展。经济全球化加速了国家间的知识流动和技术贸易，要解决制约我国科技发展的一些技术难题，进一步加快推进传统产业升级改造及战略性新兴产业发展，必须坚持在立足自主创新的基础上，面向全球获取创新资源，加强对发达国家高技术成果的引进、消化、吸收和再创新。把握国内创新与开放创新的关系，从拓展内外联动深度和广度方面着手，集成多方资源、实现内外联动。

六　以五种生产力促进经济增长

2023 年 12 月召开的中央经济工作会议提出，2024 年要坚持稳中求进、以进促稳、先立后破，在转方式、调结构、提质量、增效益上积极进取，不断巩固稳中向好的基础。而转方式、调结构、提质量、增效益的关键是培育新的经济增长点。中国经济新增长点在哪里？新质生产力、文化生产

力、生态生产力、健康生产力、数据生产力将是经济的新增长点。

培育新的经济增长点，需要明确新增长点的特征属性。第一，新增长点具有很强的带动效应。第二，新增长点具有潜在增速高的特质。第三，新增长点对应的市场需求旺盛，能催生消费热点。第四，新增长点以前沿科技为支撑，富含科技创新力。结合新增长点的特性，本报告认为，2024 年应紧紧围绕经济高质量发展，充分发挥新质生产力、文化生产力、生态生产力、健康生产力和数据生产力的驱动作用，这五种生产力分别在产业、消费、绿色发展、投资、融合发展等方面具有培育新经济增长点的潜力。

（一）以新质生产力发掘培育产业新增长点

习近平总书记在中共中央政治局第十一次集体学习时强调，"新质生产力是创新起主导作用，摆脱传统经济增长方式、生产力发展路径，具有高科技、高效能、高质量特征，符合新发展理念的先进生产力质态"。① 科技创新能够催生新产业、新模式、新动能，是发展新质生产力的核心要素。

新质生产力与传统生产力相比，存在三大区别。首先，生产方式不同。传统生产力侧重于以大量的生产要素投入为基础，主要通过规模扩大和资源密集型的生产方式提高生产效率，通常包括大规模的生产线、大量的劳动力投入和大规模的资本投资；新质生产力强调技术和创新在生产过程中的关键作用，以提高全要素生产率为主要动力，以颠覆性技术和前沿技术催生新产业、新模式、新动能。其次，目标不同。传统生产力的核心目标在于通过提高生产效率和产量实现经济利益的最大化，通常着眼于产品数量和利润的最大化；新质生产力旨在多维推进，核心在于强化产业链，提升供应链韧性及安全标准。与传统生产力相比，新质生产力是复杂系统，对创新主体的协同要求很高，是资源链、创新链、产业链融合关系的要点所在。因此，2023

① 《习近平在中共中央政治局第十一次集体学习时强调：加快发展新质生产力　扎实推进高质量发展》，商务部网站，2024 年 2 月 1 日，http：//hntb.mofcom.gov.cn/article/shangwxw/202402/20240203470855.shtml。

年中央经济工作会议提出，完善新型举国体制，实施制造业重点产业链高质量发展行动，加强质量支撑和标准引领，提升产业链供应链韧性和安全水平。最后，布局重点不同。传统生产力主要关注生产过程中的资源配置、生产要素投入和规模效应的利用，侧重于提高生产效率以实现成本控制；新质生产力更加注重知识、信息和技术的运用，通过新兴技术的应用实现对生产过程的精细化控制和优化，提升产品的精度和附加值，提升中国先进制造的国际竞争力。

加快形成新质生产力是发掘培育产业新增长点的关键所在，重点在于：第一，促进开放创新。合作不是一个线性关系而是多个合作伙伴同时合作的过程，是共同拓宽国际化视野、彼此互鉴、共同创造的过程。通过开放式创新，辅以区块链、人工智能等信息技术，汇聚和利用全球力量推动新质生产力发展。这要求不仅要重视国内区域之间的创新合作，更要注重国际交流合作。第二，促进颠覆式创新。应加强新型基础设施建设，为颠覆式创新技术应用提供良好条件。新型基础设施是企业利用先进前沿技术实现跨越式发展的基础条件。新型基础设施的新颖之处在于有潜力与经济社会中的各个行业以及生产生活的各个方面相结合，能够利用新技术促进传统产业数字化、智能化转型，赋能应用于多个领域，促进多种技术、产品和行业的交互协同。要加快新型基础设施建设，坚持创新驱动发展，紧紧把握重点领域科技发展的新动向、新趋势，以新质生产力增强发展新动能。第三，构建教育、科技与人才间的动态平衡机制，优化人才培育、引进、运用及流动机制，促进多学科创新融合，驱动科技实现深度链式变革。

（二）以文化生产力发掘培育消费新增长点

形成新质生产力，不仅要依托科技，而且要依托文化。2023年中央经济工作会议中提到了文化消费的重要作用，强调要激发有潜能的消费，扩大有效益的投资，形成消费和投资相互促进的良性循环。为刺激经济增长，应积极推广并发展新型消费模式，如数字消费、环保消费，并着力打造智能家居、娱乐旅游等新的消费热点。

文化生产力是社会主义生产力的重要组成部分。马克思在《哲学的贫困》中明确将文明的果实视为已获得的生产力。实践表明，科技和文化深度融合而形成的新型文化产业作为国家"软实力"，越来越成为各国争夺的发展制高点。发展文化生产力主要包括三个方面：一是把握文化需求的多层次特性。文化消费是多层次的，文化消费需求也是随着经济社会发展而不断变化的，所以发展文化产业要充分研究了解把握这些需求，引导和激发文化消费需求。二是加快文化创意产业高质量发展。文化创意产业乃知识密集型产业之典范，创意为核心、文化为精髓，被誉为"21世纪最有前途的产业"。要积极培育文化创意产业的创新生态，不断开辟文化创意产业的新途径、新空间、新业态。三是重视文化教育。文化教育可为文化产业人才培养打下坚实的基础，催生全新的设计理念，当这些理念与相应的实体经济结合时就能够提升产业发展的文化内涵，进而推动文化产业高质量发展。

（三）以生态生产力发掘培育绿色经济新增长点

2023年中央经济工作会议指出，建设美丽中国先行区，打造绿色低碳发展高地。加快建设新型能源体系，加强资源节约集约循环高效利用，提高能源资源安全保障能力。这实际上提出了通过生态生产力促进经济绿色化发展。

在马克思看来，人类需求的满足与生态资源之间存在深层次的逻辑关联。人类需求必须通过生产力的发展来满足，而发展生产力必须依赖生态资源的供给。首先，要通过生态文明建设对劳动者进行引导培育；其次，要通过生态科技发展对劳动资料进行合理选择；最后，要通过生态机制的健全对劳动对象进行有效保护，从而优化配置生产力三要素，促进生态生产力发展。与生态生产力相比，传统生产力忽视自然和自然规律，将自然视为人类的对立面，而生态生产力尊重自然界的客观规律，秉承利用与保护并行，实现人与自然的和谐相处，共生共荣是生态生产力的价值取向。

目前我国在发展生态生产力方面已经取得显著进展，如何在绿色转型中推动经济实现质的有效提升和量的合理增长，或者说如何推进生态生产力发展是需要重点关注的议题。首先，要坚持生态优先、多方和谐、要素均衡的生态生产力发展理念。其次，加快生态科技发展，加强绿色技术创新。目前我国企业绿色技术产品的开发能力还较弱，难以满足国家发展战略需求。最后，大力发展绿色金融，提高绿色技术创新成果在市场上的转化率。目前我国绿色技术创新成果在市场上的应用程度普遍较低，如新能源储能技术、绿色氢能技术、碳捕集与利用技术等，都需要进一步推广应用，以提高市场效益，在促进生态文明建设的同时，培育绿色经济新增长点。

（四）以健康生产力发掘培育投资新增长点

2023 年中央经济工作会议提出发展健康生产力，要坚持尽力而为、量力而行，兜住、兜准、兜牢民生底线，提出加快完善生育支持政策体系，发展银发经济，推动人口高质量发展。发展健康生产力既可激活经济潜力，又能有效满足日益增长的健康需求。

在《资本论》中，马克思深入探讨了生产力的两个维度：构成要素与延伸领域。从构成要素视角看，剩余价值论揭示了劳动者为价值创造主体的本质，其身心健康与生产效率及生产力密切相关。从延伸领域来看，物质与精神生产力源自人类对自然的改造与利用，而健康作为先决因素，对生产力的发展产生直接或间接的双重影响。

健康产业涉及食品、健身、保健、养老、康复、旅游等多个领域。2023 年中央经济工作会议提及的银发经济具有巨大的增长潜力。银发经济指随着人口老龄化而产生的专门为老年人消费服务的产业。近年来，政府对养老问题给予了高度关注，并推出多项政策促进银发经济的快速发展。这些新变化为未来养老产业带来了新机遇，需进一步通过解放和发展健康生产力，挖掘培育投资新增长点。同时，要提供与时俱进的健康产品。近年来，"互联网+健康"模式催生了一系列新兴健康概念，如"卡路里经济"、移动健康监测等，不仅揭示了新的健康需求，还提供了创新的健康服务。然而，对于银发经济及养老产业的深度挖掘尚显不足，需要进一步探索和发展。此外，高度重视科技赋能的作用。目前一些国家的与医疗、卫生、健康、养老等各项社会事业相关的基础设施和产品已呈现较高的科技水平。譬如，日本考虑到老年人群对医疗的高需求，创新性地开发了智能咨询手机，并充分利用其在电子技术和智能制造领域的领先地位，积极研发如健康监测、智能家居和护理机器人等多样化、功能丰富的智能产品，进一步拉动了智能制造的发展。目前，我国银发经济和养老产业尚属于"蓝海"，随着健康生产力发展和智能化升级，对应的基础设施建设和行业赛道细分领域都将成为投资热点。

（五）以数据生产力发掘培育数实融合经济新增长点

2023 年中央经济工作会议明确强调数据生产力的重要作用，要求大力推进新型工业化，发展数字经济，加快推动人工智能发展。数据生产力的发展，推动生产力大幅跃升并重构产业和社会分工的格局。随着人工智能技术的迭代更新和数据应用场景的不断拓展，产业和社会分工正在改变，诸多企业和劳动者从行业领域的具体环节拓展到数据分工领域，从事与数据生产、加工、交易等相关的工作，如算法研发、数据运营等。目前我国数字经济规模已稳居世界第二位，已建成全球规模最大、技术领先的网络基础设施，数字经济成为推动经济增长的重要引擎。

数据生产力源于"数据、算力与算法"的交融，代表着知识创造者借助智能工具，基于数据这一新兴生产要素，塑造改造世界之力。与技术、土地、劳动、资本等传统生产要素不同，数据生产力的价值创造方式独具特色，它对前者产生了指数级的赋能效果，呈现前所未有的赋能潜力。在数字经济的赋能下，三次产业采用数字化运行，产生了产业相互融合的现象，传统产业相互融合的同时，也分别与新兴产业新旧融合，其深层次原因在于信息资源不再是行业内的独有资源，数据更易打破行业边界，影响产业运作模式，而赋能效应和产业融合已经成为推动经济发展的主导力量。

那么，如何培育数据生产力？第一，促进数实融合，以数据驱动数字产业形成竞争新优势。积极推动互联网、大数据、人工智能技术与工业、农业、服务业深度融合。深化工业数字化转型，推动工业互联网发展，引导制造业生产设备上云上平台和业务系统云化改造，引导上下游企业加强供应链数字化管理和一体化协同。大力推动服务业数字化转型，提升物流智能化水平，发展数字贸易，积极培育跨境电商、直播电商、社交电商等电子商务新模式新业态。大力发展数字消费，积极培育智能家居等新的消费增长点，大力开发智慧旅游、智慧文创等，助力消费转型升级，扎实推动数字经济高质量发展。第二，突出数据交易市场建设，促进公共数据跨部门、跨区域、跨行业的安全高效共享。数据要素是数字经济高质量发展的核心引擎。在一体化政务服务中，仍存在数据孤岛、数据闭环现象。应根据公共数据敏感程度、使用场景的差异化制定分类授权机制，从而促进政府公共数据参与和赋能数据交易活动。第三，突出数字专才培育，构建数字经济人才培养体系。当前需深入探索数字专才培育路径，从理论、技术、实践三方面着手，培育理论研发型、技术应用型、实践创新型高质量数字专才。同时，加强跨学科领域交流合作，加快学科建设，培育更多具有复合背景的数字化融合型人才，优化数字人才结构。另外，应把创新融入教育，在高校设立和健全数字经济等新经济相关学科和专业，并积极推进科教产融合，培养新经济所需要的复合型人才，推动经济高质量发展。

七　主要研究结论及政策建议

（一）主要研究结论

本报告从经济、社会、生态、创新、文化和治理维度对北京高质量发展水平进行了测度和评价，主要研究结论如下。

（1）北京高质量发展指数整体呈现增长趋势。2013~2022年，北京高质量发展指数持续提升，由0.656上升至0.914，年均增长速度为3.75%。经济、社会、生态、创新和治理五个维度对北京高质量发展指数提升的贡献度均较大，而文化维度对北京高质量发展指数提升的贡献度相对较小。社会维度（5.96%）、治理维度（5.02%）的年均增速高于北京高质量发展指数的年均增速，创新维度（3.55%）、生态维度（3.25%）、经济维度（3.05%）、文化维度（1.27%）的年均增速低于北京高质量发展指数的年均增速。

（2）2022年，北京高质量发展指数排名第一。在50强城市中横向比较发现，北京高质量发展的六个维度排名均位居前三，其中，创新高质量发展指数、文化高质量发展指数排名第一，具有绝对优势。从地理分布看，相比北方城市，南方城市的高质量发展水平相对较高。

（3）分维度来看，2022年，北京经济高质量发展指数为0.968，相比2013年增长幅度为40.30%；其中，规模增长对北京经济高质量发展指数提升的贡献度最高，达到72.83%。北京社会高质量发展指数为0.992，相比2013年增长幅度为107.53%；其中，幸福指数对北京社会高质量发展指数提升的贡献度最高，为64.39%。北京生态高质量发展指数为0.815，相比2013年增长幅度为101.31%；其中，环境质量对北京生态高质量发展指数提升的贡献度最高，为41.68%。2013~2022年，北京创新高质量发展指数逐步提高，2022年相比2013年增长幅度为47.84%；其中，创新投入、创新环境的贡献较大，贡献度分别为43.01%、41.51%。2022年，北京文化高质量发展指数为0.926，相比2013年增长幅度为13.87%；其中，文化资源对北京文化高质量发展指数提升的贡献度最高。2022年，北京治理高质量发展指数为0.576，相比2013年增长幅度为89.06%；其中，行政服务对北京治理高质量发展指数提升的贡献度最高，达到46.32%。

（4）北京高质量发展呈现八大特征：一是高质量发展攻坚克难，社会治理引领作用提升；二是北京高质量发展指数排名第一，六个维度指数排名均居前列；三是规模增长带动经济回升向好，效率提高和结构优化贡献显著；四是社会维度增速逐步放缓，居民幸福指数显著改善；五是生态环境水平持续提升，环境质量和资源利用贡献度高；六是创新投入和创新环境支撑发展，创新产出贡献度有待提升；七是文化资源表现出色，文化产业亟须加强；八是行政服务优势突出，基础设施仍需完善。

（5）高质量发展10强城市呈现六大特征：经济发展迅速、创新能力较强、嵌入全球研发网络、居民消费旺盛、开放程度较高、产业结构较为合理。

（6）2021年城乡高质量发展指数排名前十的省份依次为北京（0.523）、上海（0.438）、天津（0.378）、浙江（0.370）、江苏（0.350）、广东（0.327）、山东（0.309）、福建（0.306）、安徽（0.306）、江西（0.295）。经与2011年城乡高质量发展指数对比，北京始终保持第一的位置，公共服务取代物质能量成为贡献度最高的维度，经济社会维度、公共服务维度的增长是总指数提升的主要原因。

（7）共同富裕幸福指数中文化福祉权重最高，为28.95%，其他依次为经济福祉（24.83%）、治理福祉（18.75%）、生态文明福祉（14.62%）、社会福祉（12.84%）。北京经济福祉指数、社会福祉指数、文化福祉指数、生态文明福祉指数和治理福祉指数均排名第一。

（8）为加快形成新质生产力，应准确把握传统产业升级与新兴产业培育、科技创新与产业创新、基础研究与应用研究、产业链与创新链、创新驱动与人才驱动、制度创新和文化创新、数字经济与实体经济、政府引导和市场主导、国内创新与开放创新九大关系。

（9）经济新增长点具有带动作用较强、潜在增速高、对应的市场需求旺盛、以前沿科技为支撑等特点。2024年应紧紧围绕经济高质量发展，充分发挥新质生产力、文化生产力、生态生产力、健康生产力和数据生产力的驱动作用，这五种生产力分别在产业、消费、绿色发展、投资、融合发展等方面具有培育新经济增长点的潜力。

（二）提升北京高质量发展水平的政策建议

1.深化体制改革促进经济稳步增长，发展新质生产力带动经济提质增效

2024年北京市政府工作报告提出，"更加注重稳中求进、系统施策，把稳增长放到更加突出的位置"。

（1）持续提升首都功能，加速产业结构优化，推动京津冀经济协同发展。始终将疏解非首都功能、实现首都减量发展作为调整产业结构和产业布局的首要任务。持续优化北京的产业空间布局，推动非首都功能疏解，巩固经济社会转型成果和保持经济回升向好；加快形成消费和投资相互促进的良性循环，推动经济实现质的有效提升和量的合理增长；加强区域合作，打破行政壁垒，推动资源、人才、技术等要素在京津冀地区自由流动，促进经济区域一体化；推动产业转型升级，形成区域间产业分工合作、优势互补的发展格局。

（2）大力发展数字经济，加快形成新质生产力，赋能首都经济高质量发展。数字新质生产力的发展，将为首都经济高质量发展提供有力支撑。一方面，培育新质生产力推动首都产业结构优化升级，形成创新驱动的高效率发展模式。不断提升产业链供应链韧性和安全水平，确保新能源汽车企业实现高质量发展，大力推动电机、电池、芯片等关键零部件产业链供应链完善。另一方面，数字新质生产力的发展将促进首都经济实现绿色发展、开放发展、共享发展，不断提升经济发展的质量和效益。促进战略性新兴产业快速健康发展，加速推动未来产业优化布局，打造"专精特新"企业优先发展战略，督促平台经济竞合发展、合作共赢，加速中小企业数字化转型进程，构建竞争有序、充满活力的创新环境。

（3）全面提升"两区"建设水平，实现更高水平的改革开放。以高水平对外开放为目的，坚持深化体制机制改革和制度政策创新，激发各类市场主体信心和活力，促进园区提质增效，吸引产业链优质主体落地，形成优势特色产业集群。完善国际化政务服务，打造一流营商环境，消除隐性阻碍和壁垒；打通政企沟通的关键堵点、难点、节点，加强政策实施的精准对接，提高政务服务效率和质量；加快推进内外贸一体化试点，服务支持企业"走出去"，大力拓展海外市场。

2. 借民生改善提升幸福指数，以城乡融合发展实现共同富裕

在社会高质量发展中，应着重关注幸福指数和共同富裕等方面。

（1）注重保障和改善民生，满足人民对美好生活的向往。首先，实现北京市就业市场的高质量发展。始终坚定不移地以稳定和促进就业为目标，保障北京市高校毕业生就业率持续提升，落实农村劳动力城市就业、参保权利，切实提升残疾人就业能力和社会保障水平。其次，持续提升居民的可支配收入水平，扩大中等收入群体规模，缩小贫富差距，通过促进就业创业，增加自由职业者的收入，创新改革和完善个人养老金制度，让人民群众拥有更多的获得感和幸福感。再次，通过举办各种形式的体育活动和比赛，激发市民参与体育运动的热情，提高市民的身体素质和健康水平，同时建设更多便民利民的公共体育设施，如社区健身中心、公园运动场地等，为市民提供方便、安全的运动场所。最后，完善北京市购房、租房相关支持政策，完善刚需和改善性购房政策，加强房地产、房屋租赁公司及相关金融市场的监督，切实提升居民的生活幸福感。

（2）实施城乡融合发展战略，加快实现共同富裕。首先，深刻理解城乡融合发展的战略意义。推进城乡融合发展，缩小城乡发展差距，提高农村居民的生活水平，需要设定明确的战略发展目标，进一步深化体制机制改革，切实保障城乡居民生活品质大幅提升。其次，将城乡融合发展的功能属性与空间规划紧密衔接。统筹城镇和乡村的建设布局，推动城乡功能衔接互补，完善城乡融合建设的空间规划，坚持中心区域发展带动京郊地区建设，京郊地区发展服务于首都城市功能战略目标，促进城乡基础设施建设和公共服务设施的平等发展，提高城乡居民的生活便利性。最后，深化土地与户籍制度改革，全面落实农村人居环境整治工作，将美丽乡村建设与新型城镇化进程相融合。坚定落实农村土地流转和规模经营，进一步释放农村土地资源潜力；加速推动农业农村现代化，加强城乡产业协作和产业深度融合。

3. 厚植绿色发展底蕴，建设美丽中国先行区

扎实践行习近平总书记"绿水青山就是金山银山"的生态环保理念，构建人与自然和谐共处的高质量、可持续发展体系。

（1）坚定不移打好污染防治攻坚战。首先，践行绿色发展理念，继续落实《北京市深入打好污染防治攻坚战2023年行动计划》，明确北京市污染防治的目标、重点和难点，持续加大空气污染整治力度。其次，大气污染

防治方面，实施挥发性有机物治理专项行动，推动能源使用的源头替代、流程控制和集群整治，大力推广使用新能源和普及新能源汽车，落实氮氧化物减排计划，加快农村新能源改造工程；水污染防治和污水治理方面，严格保护北京市水资源，确保密云水库等饮用水源地水质安全，规划设计新一轮水源涵养生态补偿方案，提高居民节水爱水意识，打造节水型生活模式；应对气候变化方面，积极研究和布局符合"双碳"标准的产业可持续发展新模式，加速经济发展模式转变，明确应对气候变化的重点和难点，严格控制碳排放强度和密度。

（2）加强系统治理与区域联防联控，提升政府的环境生态治理能力。首先，建立和完善北京市环境生态治理体系。始终将生态环境保护作为重要任务纳入经济社会发展的全局工作，进一步细化生态环境治理规划文本，明确和细化整治目标、任务、措施、节点和时限。其次，构建和完善京津冀区域生态环境联防联控机制。建立区域生态环境信息共享平台，实现环境数据的实时共享和互联互通，推动区域环境标准的统一和衔接，并加大区域间环境执法合作力度。再次，强化北京市政府环境生态治理能力。加强政府部门环境生态治理队伍建设，提升污染治理相关办事人员的专业素养和业务能力；加大生态环境治理财政支出力度，确保治理资金高效利用；加强数字化手段和科技创新成果在政府生态环境整治中的应用，提升政府治理的准确度和效率。最后，严格落实环境保护的法律法规，加大对污染环境、破坏生态等违法行为的处罚力度，完善生态环境监测和预警体系，加大环保宣传和普法力度，并积极推动生态环境保护和治理的国际合作与交流，学习借鉴相关先进治理经验和技术。

4.夯实创新驱动发展，加速国际科技创新中心建设

北京市应充分发挥教育、创新、人才方面的优势，夯实和完善高效、协同、共享的现代化创新体系，打造我国自主创新、原始创新和颠覆式创新的桥头堡及策源地。

（1）持续加大科技创新投入规模和力度，大力提升科技成果转化效率，切实加强知识产权保护。首先，持续增加北京市政府对科研机构和高校的创

新财政投入，确保关键核心领域的前沿科研项目的资金稳定和持续支持。其次，鼓励北京市创新驱动的典型企业（例如高精尖企业、高技术企业、"专精特新"企业等）加大科技研发投入，推动科技成果的转化和应用，实现科技产出与经济转型、产业发展的深度融合。最后，加大知识产权保护力度，完善相关法律法规体系，加强知识产权保护宣传教育。进一步完善北京市科技成果转化和知识产权保护的监督管理机制，通过普法宣传、教育警示等途径提升企业和公民的知识产权保护意识。

（2）持续深入推进教育体制机制改革，加大创新创业教育培训力度，深化产学研一体化发展。首先，深化发展和持续推动北京市教育体制改革，创新落实"双减"政策，充分利用智能云计算、虚拟现实技术等手段，补充和完善数字课堂，进而提升教育教学质量。其次，北京市政府应提供产学研深度融合平台，加大政策倾斜力度，鼓励企业参与高校、科研机构的科研项目和技术创新，并加大财政资金支持和税收优惠力度，激励"企业+高校/科研机构"合作创新模式的生成。最后，北京市政府应持续加大对创新创业教育的财政支出，推动创新创业相关教育课程体系的健康发展；借助北京企业优势，向就业者和学生提供更多相关的培训和实践机会，培养和提升其创新精神及创业能力。

（3）加速推动国际科技创新中心建设，加强科技创新的国际交流与合作。首先，持续优化北京市科技创新环境，全力聚焦国际科创中心建设。北京市政府应加大对创新型企业和科技导向企业的服务力度，为其提供更加便利的创新、创业和发展环境，尽力简化审批手续和管理程序，激活相关企业的创新创业活力；严格遵循国际科技创新中心建设战略规划的时间节点，明晰重点、难点和关键任务，加速推动重大科技及关键核心基础设施建设。其次，加强与科技创新强国和地区的合作，共享科技资源、管理经验和技术成果，鼓励科技型企业"走出去"，参与国际科技竞争和合作，提升北京市在国际科创领域的竞争力和话语权。

5. 推进文化中心建设，兴盛繁荣首都文化

2024年北京市政府工作报告提出，"坚持以文铸魂、以文兴业、以文育城，奋力建设中国特色社会主义先进文化之都"。作为全国文化中心，北京市文化产业的高质量发展是北京高质量发展的鲜明底蕴。

（1）加快推动北京文化产业的体制机制改革，加大文化产业投入，鼓励文化特色化与多样化包容发展。首先，深入推动北京市文化产业管理体制、发展机制和法治体系改革，建立完善现代化文化市场，加大对文化事业的财政投入，完善文化基础设施建设，注重对社会资本投资文化产业的引导，解放和发展数字文化生产力，激活文化产业的创造活力。其次，挖掘和传承首都优秀的传统文化，加强首都文化遗产保护和修复工作，并结合现代年轻人接受知识时喜爱的方式方法，促进文化宣传、展示和传播途径多样化，推动传统文化与现代生活相融合。

（2）加速推动北京市文化产业创新发展，加强与国际文化重点城市的交流与合作。加大文化产业创新发展的支持力度，推动文化产业数字化转型，将首都经典文化与人工智能等现代化手段相融合，大力发展文化新质生产力，提升文化产业的科技含量和创新程度，打造具有较高品牌影响力的国际文化之都。

（3）强化公共文化服务体系建设，营造良好的首都文化氛围。首先，加强北京市公共文化设施网络建设，大幅提升公共文化服务质量，按时开展丰富多彩、开放共享的文化活动，满足和匹配人民日益增长的精神文化需求。其次，加强社会主义核心价值观教育，持续提升首都居民的文明素质和文化素养，营造良好的传统文化氛围，形成全民健康向上的文化风尚。

6. 聚焦城市精细化治理，优化完善应急管理体系

近年来，北京市实施了城市精细化治理战略，并在社会经济发展水平、政务服务部门效率、居民生活满意度、环境保护和生态治理方面获得了持续提高。

（1）持续加强北京城市精细化治理，注重治理效率和质量的双提升。首先，细化管理标准，量化治理目标。制定详细、具体的首都城市管理标准，覆盖市政设施、教育科研、医疗卫生、环境生态、公共安全等各个领域，确保城市管理的各个环节都能达到预设的标准。同时，城市治理目标要

具体、可量化，以便对首都治理效果进行客观评估。其次，优化管理机制与组织架构，强化政务部门间的分工与协作，全力推进政府部门的数字化改革。完善城市治理的相关法律法规和绩效评估机制，明确各级政府、部门和社会组织在城市治理中的职责和权限，加强部门之间的沟通与协作，加强城市治理的监督和评估，建立跨部门、跨领域的协调机制，共同推进城市精细化治理。最后，推动政府部门数字化改革，优化治理管控流程，适度引入市场机制。结合现代信息技术、人工智能手段，建立城市数字化治理、管理平台，实现对城市治理各类信息的实时监测、分析和管理，优化治理管控流程，适度放宽和简化审批流程，大幅提升城市治理效率；鼓励社会资本参与城市治理，推动政府、企业、社会组织和居民群众共同参与城市精细化治理。

（2）优化完善应急管理体系，增强北京市应急管理能力。首先，确立科学、完善、高效的应急管理体制机制，坚持"预防为主、防治结合"的原则，在确保能够迅速、有效地应对各类突发事件的同时，注重风险评估和预警，提高应急响应的及时性、灵敏性和有效性。其次，建立精准、高效的应急指挥系统，明确各级应急指挥机构的职责和权限，确保指挥系统的高效运转；制定科学、全面、灵敏、可操作的应急预案，并对预案进行定期评估和更新，确保预案的适应性和有效性，并着重加强应急通信保障体系及后期处置体制机制建设。

参考文献

Z. Song，K. Storesletten，F. Zilibotti，"Growing Like China," *American Economic Review*，2011，1.

R. U. Ayres，"Sustainability Economics：Where Do We Stand?" *Ecological Economics*，2007（2）.

王永生、刘彦随：《生态产业化与乡村振兴作用机制及区域实践——以陕西洋县为例》，《地理学报》2023 年第 10 期。

魏后凯、芦千文：《城乡融合视域下扩大农村内需的潜力与路径》，《China Economist》2023 年第 4 期。

方创琳、赵文杰：《新型城镇化及城乡融合发展促进中国式现代化建设》，《经济地理》2023 年第 1 期。

刘彦随、杨忍、林元城：《中国县域城镇化格局演化与优化路径》，《地理学报》2022 年第 12 期。

方创琳：《城乡融合发展机理与演进规律的理论解析》，《地理学报》2022 年第 4 期。

王一鸣：《百年大变局、高质量发展与构建新发展格局》，《管理世界》2020 年第 12 期。

汤铎铎等：《全球经济大变局、中国潜在增长率与后疫情时期高质量发展》，《经济研究》2020 年第 8 期。

刘志彪、凌永辉：《结构转换、全要素生产率与高质量发展》，《管理世界》2020 年第 7 期。

赵剑波、史丹、邓洲：《高质量发展的内涵研究》，《经济与管理研究》2019 年第 11 期。

张军扩等：《高质量发展的目标要求和战略路径》，《管理世界》2019 年第 7 期。

高培勇等：《高质量发展背景下的现代化经济体系建设：一个逻辑框架》，《经济研究》2019 年第 4 期。

李金昌、史龙梅、徐蔼婷：《高质量发展评价指标体系探讨》，《统计研究》2019 年第 1 期。

许彩玲、李建建：《城乡融合发展的科学内涵与实现路径——基于马克思主义城乡关系理论的思考》，《经济学家》2019 年第 1 期。

金碚：《关于"高质量发展"的经济学研究》，《中国工业经济》2018 年第 4 期。

任保平、文丰安：《新时代中国高质量发展的判断标准、决定因素与实现途径》，《改革》2018 年第 4 期。

习近平：《在学习贯彻习近平新时代中国特色社会主义思想主题教育工作会议上的讲话》，《求是》2023 年第 9 期。

陈丽君、郁建兴、徐铱娜：《共同富裕指数模型的构建》，《治理研究》2021 年第 4 期。

陈宗胜：《试论从普遍贫穷迈向共同富裕的中国道路与经验——改革开放以来分配激励体制改革与收入差别轨迹及分配格局变动》，《南开经济研究》2020 年第 6 期。

陈宗胜、杨希雷：《扎实推进全体人民共同富裕》，《中国社会科学报》2021 年 6 月 29 日，第 2 版。

董静、李子奈：《修正城乡加权法及其应用——由农村和城镇基尼系数推算全国基尼系数》，《数量经济技术经济研究》2004 年第 5 期。

黄群慧、刘学良：《新发展阶段中国经济发展关键节点的判断和认识》，《经济学动态》2021 年第 2 期。

李金昌：《统计测度：统计学迈向数据科学的基础》，《统计研究》2015 年第 8 期。

李金昌、余卫：《共同富裕统计监测评价探讨》，《统计研究》2022 年第 2 期。

李实：《共同富裕的目标和实现路径选择》，《经济研究》2021 年第 11 期。

李实、朱梦冰：《推进收入分配制度改革　促进共同富裕实现》，《管理世界》2022 年第 1 期。

李雪松：《努力实现"十四五"发展目标及 2035 年远景目标》，《经济研究参考》2020 年第 24 期。

刘培林等：《共同富裕的内涵、实现路径与测度方法》，《管理世界》2021 年第 8 期。

刘世锦主编《读懂"十四五"：新发展格局下的改革议程》，中信出版社，2021。

刘伟、蔡志洲：《如何看待中国仍然是一个发展中国家?》，《管理世界》2018 年第 9 期。

刘伟、陈彦斌：《"两个一百年"奋斗目标之间的经济发展：任务、挑战与应对方略》，《中国社会科学》2021 年第 3 期。

刘伟、陈彦斌：《2020—2035 年中国经济增长与基本实现社会主义现代化》，《中国人民大学学报》2020 年第 4 期。

刘元春：《科学测算和设定 2035 和"十四五"经济增长目标》，《经济展望》2020 年第 6 期。

陆挺：《2035 年我国成为"中等发达国家"需要多快的 GDP 增速》，《企业观察家》2021 年第 3 期。

罗楚亮、李实、岳希明：《中国居民收入差距变动分析（2013—2018）》，《中国社会科学》2021 年第 1 期。

吕光明、李莹：《我国收入分配差距演变特征的三维视角解析》，《财政研究》2016 年第 7 期。

吕光明、徐曼、李彬：《收入分配机会不平等问题研究进展》，《经济学动态》2014 年第 8 期。

闫海琪：《国际组织关于发达国家和发展中国家的界定》，《调研世界》2016 年第 7 期。

阮敬、刘雅楠：《从分享到共享：基于 CFPS 收入数据的发展成果多维共享格局研究》，《财经研究》2020 年第 4 期。

万海远、陈基平：《共享发展的全球比较与共同富裕的中国路径》，《财政研究》2021 年第 9 期。

万海远、陈基平：《共同富裕的理论内涵与量化方法》，《财贸经济》2021 年第 12 期。

习近平：《扎实推动共同富裕》，《求是》2021 年第 20 期。

解安、侯启缘：《新发展阶段下的共同富裕探析：理论内涵、指标测度及三大逻辑关系》，《河北学刊》2022 年第 1 期。

杨盼盼、徐建炜：《实际汇率的概念、测度及影响因素研究：文献综述》，《世界经济》2011 年第 9 期。

周佳雯、陈正芹、吴涛：《"先富共富"的实践困境与战略取向》，《中国浦东干部学院学报》2021 年第 2 期。

席恒、余澍：《共同富裕的实现逻辑与推进路径》，《西北大学学报》（哲学社会科学版）2022 年第 2 期。

周文、唐教成：《共同富裕的政治经济学阐释》，《西安财经大学学报》2022 年第 4 期。

程子非：《OECD 国家打造高品质生活的经验及启示》，《社会政策研究》2019 年第 3 期。

庄丽兰、许智闵：《衡量社会进步的工具——社会进步指数介绍》，《国土及公共治理季刊》2015 年第 1 期。

石彬：德国品质生活评价指标体系构建及其对上海的借鉴与启示》，《科学发展》2019 年第 6 期。

张玉台等：《我国民生发展状况及民生主要诉求研究——"中国民生指数研究"综合报告》，《管理世界》2015 年第 2 期。

彭雷霆、张璐：《公共文化服务高质量发展评价研究》，《宏观质量研究》2023 年第 2 期。

专题报告

B.2
在高质量发展中促进共同富裕的
要义研究*

摘　要：　在高质量发展中促进共同富裕符合中国式现代化的本质要求，明确实现生产力发展与社会财富合理分配等多维综合目标的理论逻辑和实践路径具有重要意义。本报告基于共同富裕内涵，阐释在高质量发展中促进共同富裕的内在逻辑，分析中国在高质量发展中促进共同富裕的现实基础和实践路径，梳理北京市的相关政策动向，并提出政策建议。研究结果表明，共同富裕作为多维综合目标，与高质量发展具有内在一致性；创新、绿色、开放发展理念为在高质量发展中促进共同富裕提供动力机制：以创新夯实物质基础，以绿色改变居民生活方式，以开放引导"合作共赢"超越"本国优先"。协调、共享发展理念提供协调机制：以协调谋求群体间合理差异，遵循全民共享、全面共享、共建共享、渐

---

* 作者：北京市科学技术研究院高质量发展研究中心。执笔人：窦晓铭。窦晓铭，博士，北京市科学技术研究院高质量发展研究中心研究人员，主要研究方向为"双碳"战略、可持续发展。

进共享，使改革成果更多更公平地惠及全体人民。在高质量发展中促进共同富裕的实践路径包括以科技成果转化夯实物质基础，提升全要素生产率，构建完善三次分配协调配套的分配制度，以及消除阻碍生产要素流动的不合理壁垒，提升农村公共服务供给质量。本报告提出以下对策建议：加强核心技术攻关、优化劳动力多层次供给、推动农业高质量发展，以及构建资源环境、数据等新要素参与分配，三次分配协调配套的制度体系。

关键词： 高质量发展　共同富裕　社会公平　城乡融合

党的十九大提出到本世纪中叶基本实现全体人民共同富裕的目标。共同富裕从一种理念转变为一种国家发展阶段性目标，并将这一目标付诸行动，开始于 2020 年党的十九届五中全会。会议明确提出，到 2035 年"全体人民共同富裕取得更为明显的实质性进展"，围绕应对经济社会发展过程中贫富分化加剧、社会结构两极分化、中等收入群体规模缩小等问题，进一步提出更为具体的要求。我国社会主要矛盾已由"人民日益增长的物质文化需要同落后的社会生产之间的矛盾"转变为"人民日益增长的美好生活需要和不平衡不充分的发展之间的矛盾"。习近平总书记在中央财经委员会第十次会议上指出，要坚持以人民为中心的发展思想，在高质量发展中促进共同富裕。① 高质量发展是实现共同富裕的基础，也是促进共同富裕的路径，重点由扩大经济总量逐渐转向提高发展的平衡性、充分性、协调性和包容性，使发展成果更好地惠及人民。

自习近平总书记提出"在高质量发展中促进共同富裕"的科学论断后，学界出现了一批阐释高质量发展与共同富裕之间辩证关系的研究成

---

① 《习近平主持召开中央财经委员会第十次会议》，中国政府网，2021 年 8 月 17 日，https：//www.gov.cn/xinwen/2021-08/17/content_ 5631780. htm。

果。有研究指出，高质量发展具有五个方面特征，与共同富裕是"同频共振"的关系。在高质量发展与共同富裕的关系方面，研究普遍认为高质量发展是共同富裕的前提，不仅为共同富裕奠定物质基础，也是促进分配公平的根本出路。研究认为，在高质量发展中促进全体人民共同富裕，可以在经济学意义上表述为共享生产率成果，并在三次分配中得以实现。也有研究从马克思主义政治经济学关于生产与分配关系的理论出发，理解在高质量发展中促进共同富裕。在高质量发展中促进共同富裕研究领域尤其关注"三农"问题、数字经济以及城乡协调发展。除此之外，研究还讨论了多渠道就业、高质量教育、平等分配、金融改革和创新，以及区域协调等多个方面。然而，对于在高质量发展中促进共同富裕，还存在一些认识不清的问题。一是在研究逐渐意识到共同富裕不但要实现社会财富不断涌现，更要实现社会财富共享的同时，也有部分研究对共同富裕的认识局限于收入分配。二是部分研究将共同富裕作为高质量发展中某一维度的阶段性目标，例如将共同富裕局限于社会维度。相关讨论更多地侧重共享发展理念，有待把握全体人民共同富裕与高质量发展的内在统一性。三是研究对缺少资源的底层人口关注不足，且更多地强调社会保障。如果缺少对发展机会、就业能力、长期可持续生计的讨论，一味地强调政府财政转移支付或社会保险，则容易落入"平均主义"或"福利主义"陷阱。

基于此，本报告在新发展理念的引导下，科学研判以下问题：第一，在高质量发展的宏观背景下，如何理解共同富裕目标的内涵？第二，基于现实基础，在高质量发展中促进共同富裕的实践路径是什么？第三，北京市在兼顾高质量发展与共同富裕的过程中，有哪些政策实践与未来政策动向？

一　在高质量发展中促进共同富裕的理论逻辑

共同富裕是中国特色社会主义经济理论的重要组成部分，与高质量发展之间存在辩证关系。两者相互作用、相互影响，既是状态与过程的统一，也是当前和长远、阶段性目标和长期目标的统一。

（一）共同富裕的内涵阐释

在中国的政策语境下，共同富裕中的"富裕"内涵从建国初期到改革开放前期以物质财富增长为核心的初级阶段，逐步深化为追求经济繁荣的中期阶段，进而拓展、演进为追求全面生活繁荣的当代阶段。习近平总书记指出，"共同富裕是社会主义的本质要求，是中国式现代化的重要特征。我们说的共同富裕是全体人民共同富裕，是人民群众物质生活和精神生活都富裕，不是少数人的富裕，也不是整齐划一的平均主义"。[1] 根据《中共中央 国务院关于支持浙江高质量发展建设共同富裕示范区的意见》，共同富裕具有鲜明的时代特征和中国特色，是全体人民通过辛勤劳动和相互帮助，普遍达到生活富裕富足、精神自信自强、环境宜居宜业、社会和谐和睦、公共服务普及普惠，实现人的全面发展和社会全面进步，共享改革发展成果和幸福美好生活。[2] 本报告首先阐释新时代新征程下共同富裕这一多维综合目标的内涵，为锚定在高质量发展过程中待解决的不平衡不充分问题奠定基础。

1. 物质富裕是提升人民生活质量，提升获得感、满足感、幸福感的基础与关键

作为一个政策目标或者社会状态，共同富裕意味着在一定时期内，社会主要群体的生活水平达到中等收入乃至富裕的层次，同时确保最低收入者的基本生活需求得到满足，并为其设定基本的生活水平底线。物质富裕建立在不断发展生产力、不断增强综合国力的基础上。持续的经济增长意味着大部分人口体面、稳定、高质量就业，有较高的收入、消费和财富水平。其中，居民收入与家庭财富两者形成正向闭环：居民收入的增长将提升家庭财富存量，家庭财富所形成的财产性收入也将扩大居民收入增量。

---

[1] 习近平：《扎实推动共同富裕》，《求是》2021 年第 20 期。

[2] 《中共中央 国务院关于支持浙江高质量发展建设共同富裕示范区的意见》，人民政协网，2021 年 6 月 10 日，https：//www.rmzxb.com.cn/c/2021-06-10/2879040.shtml。

2. 环境宜居宜业、精神自信自立自强，成为支撑居民满足感、幸福感的重要源泉

一方面，现阶段衡量"发展"时不再单一追求 GDP 增速，而是引入自然资本等概念综合反映发展质量。包括自然环境在内的人居环境优化、人均生态资源占有量增加将同步提升居民生活品质。进一步地，基于人与自然和谐共生的基本理念，"绿水青山就是金山银山"实际上提出了生态财富观，干净的水、清新的空气、无污染的土壤、健康的食品都是人民的美好生活需要。另一方面，文化产品的丰富共享以及精神层面的高度富裕，不仅是居民幸福感的直接来源，也在一定程度上平衡居民过剩的物质需求，间接提升居民满足感。

3. 全体人民共同富裕并非齐步走、均贫富，保持合理的差异性更有利于提升居民获得感

只有同时考虑"做大蛋糕"和"合理分配蛋糕"两方面的情况，才能在长期中使每个人到达高度富裕的水平，取得更大的获得感、满足感和幸福感。一方面，"做大蛋糕"是每个人分到更多"蛋糕"的前提；另一方面，分好蛋糕才能为整个社会做出更大的"蛋糕"。习近平总书记指出，共同富裕"不是少数人的富裕，也不是整齐划一的平均主义"[1]。习近平总书记还指出，"不是所有人都同时富裕，也不是所有地区同时达到一个富裕水准，不同人群不仅实现富裕的程度有高有低，时间上也会有先有后，不同地区富裕程度还会存在一定差异，不可能齐头并进"[2]。这意味着承认"富裕"具有差异性，一味追求全体人民在物质、文化、环境等所有方面的提升，既不符合经济社会历史发展的客观规律，也可能对经济决策造成负面影响。

4. 尊重人人有平等参与、平等发展的权利，在长期中促进发展能力平等化

实现居民公平地共享发展成果的手段由社会保障、社会救济等保障政策，转向使人民能够公平地积累人力资本，确保居民享有平等参与共创共建

---

[1] 《习近平主持召开中央财经委员会第十次会议》，中国政府网，2021 年 8 月 17 日，https://www.gov.cn/xinwen/2021-08/17/content_ 5631780.htm。

[2] 习近平：《扎实推动共同富裕》，《求是》2021 年第 20 期。

的机会，为在长期中更多地依靠一次分配实现"提低、扩中、调高"奠定基础。恩格斯曾设想，"通过社会生产，不仅可能保证一切社会成员有富足的和一天比一天充裕的物质生活，而且还可能保证他们的体力和智力获得充分的自由的发展和运用"[①]。政府直接的补贴、帮扶，使得人人享有均等的基本公共服务，使人民能够公平地积累人力资本。特别是切实提高低收入阶层，尤其是其子女的人力资本水平，阻断低人力资本状况的代际传递和恶性循环。

（二）在高质量发展中促进共同富裕的内在逻辑

在高质量发展中促进共同富裕，要以新发展理念为指导促进共同富裕，满足人民美好生活需要。其中，创新、绿色、开放发展理念为共同富裕提供动力机制，协调、共享发展理念为共同富裕提供协调机制（见图1）。本报告立足于五大新发展理念的内在统一性分析在高质量发展中促进共同富裕的要义。

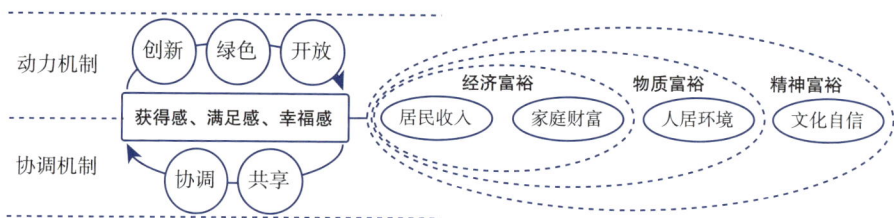

图1 在高质量发展中促进共同富裕的内在逻辑

1.通过创新发展促进共同富裕

共同富裕的基础与关键在于"富裕"。在国际市场竞争的核心由资源逐渐转向技术的新发展阶段，做大做好"蛋糕"的根本在于改变经济发展模式，转换经济发展动能。党的二十大报告首次将科技、教育、人才单独成章进行综合部署，展现党对科技创新以及教育、人才支撑在高质量发展与共同

[①] 《马克思恩格斯选集》（第三卷），人民出版社，1995，第633页。

富裕推进过程中突出效能的高度重视。

在供给端，创新实质上改变了生产函数，在供给优质产品和服务的同时，降低企业生产成本、扩大产能。一是通过创新生产要素，如引入数字要素发展数字经济。二是创新资源配置，提升资本和劳动等传统生产要素的边际生产效率。新生产要素、新技术与传统要素、传统产业的结合也衍生诸多新的产品或服务形态。例如，在数字技术与创造业融合的过程中，相关数据越多越能强化企业之间、企业与购买者之间的联结，也就越能改进服务效率、降低服务成本，助力制造业更好发挥规模效应。三是创新组织管理模式，剥离产品上附加的使用权和所有权属性，由提供产品本身逐渐转型为提供服务，如发展共享经济、平台经济。

在需求端，创新不仅扩大居民满足美好生活需要的选择范围，还提升居民家庭实际财富和购买力水平。在超大规模市场优势下，居民获取产品或服务的成本，特别是低收入群体获取生活必需品的成本普遍降低，将提升消费需求、优化消费结构，至此供需两端形成正向闭环。进一步地，创新通过级联效应发挥正外部性，拉动更大范围的经济活动，提升整个社会的富裕程度。

2. 通过协调发展促进共同富裕

协调发展着重解决后小康时代的均衡问题，谋求群体间在地域、城乡、收入、基本公共服务等全方位的最小差异。区域、产业、要素之间各具特点、互为前提，共同构成了相互联系、相互制约、相互依存的经济社会系统。但长期的不平衡发展所造成的过大的地区差距损害了欠发达地区的发展能力和发展动力，使其陷入资金、人才等要素差距大—发展能力不足—要素差距更大的恶性循环。这也在无形中设置了低水平生产要素进入发达地区的门槛，影响欠发达地区低技能、低收入群体获取体面的工作与高质量就业，以及其他发展机会的可能性。例如，以较高的知识和技术水准设置了就业门槛，增加了低人力资本劳动力流动、家庭财富增加和享受基本公共服务的困难。基于此，在尊重区域自然条件与经济社会条件的客观差异，以及经济社会发展客观规律的基础上，以产业结构优化与空间布局为抓手，合理配置生产要素，解决相对贫困问题成为第二个百年奋斗目标第一阶段的核心议题。

3. 通过绿色发展促进共同富裕

绿色发展理念拓展了经济增长的概念，衡量高质量发展不再单一追求GDP 增长，而是引入自然资本等概念综合反映经济质量。绿色发展范式追求以尽可能少的资源消耗、污染排放获得尽可能大的经济效益和社会效益。这主要由于绿色产品供给、环境治理等具有正外部性，绿色发展能够提高其他部门的经济效率，改善当地居民的经济福利，或避免环境恶化影响产业功能，阻断当地居民享受经济发展成果。同时，崇尚资源节约型、环境友好型的生产生活方式相对于"先发展后治理"的模式，在长期中不仅相对提升人均资源占有量，也意味着更低的经济成本与更高的社会财富。

在生态财富观的指导下，干净的水、清新的空气、无污染的土壤、健康的食品都是人民美好生活需要。不仅这些需要本身具有存在价值，由此提供的生态产品、生态旅游、生态康养等也具有服务价值，创新了同步增值自然资本与经济社会效益的模式。中国的基本国情决定了中国只能走"生产发展、生活富裕、生态良好"的绿色发展道路，建立生产、生活、生态融合互促的发展机制，在经济高质量发展与生态高水平保护的过程中实现共同富裕。

4. 通过开放发展促进共同富裕

开放发展理念要求进一步扩大开放，深度参与全球产业链供应链重构、重组，持续推动国际产能合作升级。通过使国内和国际市场更好联通、嵌入并提升在全球产业链价值链中的地位，中国吸引国外的资金与先进技术，在提升国内生产总值、扩大经济规模的同时，技术水平也得到相应提升，为在高质量发展中促进共同富裕提供长久动力。

同时，开放发展理念指导在高质量发展中促进共同富裕，也意味着以"合作共赢"超越"本国优先"，积极倡导世界合作发展的新格局。广义的共同富裕是世界人民的共同利益所在，构建人类命运共同体。尽管美国在芯片等领域对中国展开封锁，欧盟也提出边境调节机制，以气候治理之名帮助本土企业维持竞争优势，世界出现逆全球化、单边主义趋势，但中国仍坚持倡导、坚定维护和践行多边主义，在实现自身发展的同时，坚持共同发展，促进公平普惠，将共同富裕的思想外延扩大至国际层面，以全球视角界定共同富裕的主体范围，强调"各国一起发展才是真发展，大家共同富裕才是真富裕"。除了与发达国家开展经贸、技术合作，中国也倡导"一带一路"及其他国际倡议，推动更大范围、更高水平、更深层次的区域经济社会发展合作，支持帮助发展中国家和新兴经济体更好实现减贫发展。

5. 通过共享发展促进共同富裕

共享发展理念指导"全体人民共同富裕"超越"少数人富裕"，让改革成果更多更公平地惠及全体人民。共享发展理念的内涵包括全民共享、全面共享、共建共享、渐进共享等方面。全民共享为共享理念在高质量发展中促进共同富裕指明了共享主体。全面共享为共享理念在高质量发展中促进共同富裕指明了共享对象。人类美好生活需要的内涵是不断丰富的，共同富裕不局限于物质财富的进一步积累与扩张，也不局限于包括自然生态环境在内的人居环境的提升与优化，还包括精神文化层面。共建共享强调权利与义务的对等性和统一性。这意味着不仅应缓解、消除社会制度所致的长期存在的"存量"不平等问题，也应防范在以科技为支撑的新旧动能转换以及与之相适应的社会制度构建过程中，可能出现的"增量"分配不对称问题。渐进共享指明了在高质量发展中促进共同富裕的实现路径：在群体层面，不同人群实现富裕的时间有先后；在区域层面，不同地区实现富裕的程度有差别。

二 在高质量发展中促进共同富裕的现实基础

我国已经实现第一个百年奋斗目标，全面建成小康社会。不仅历史性地消除了绝对贫困问题，也建成世界上规模最大的社会保障体系，形成规模最大的中等收入群体，为促进共同富裕创造了良好条件。尽管存在贫富差距，但城乡、地区和不同群体居民收入差距总体上趋于缩小，居民收入格局逐步改善。

（一）物质基础

中国进入新发展阶段，经济实力持续跃升。2022 年，中国 GDP 为

121.02 万亿元，按不变价格计算，比上年增长 3.0%；按年平均汇率折算，稳居世界第二大经济体。人均 GDP 达到 85698 元，比上年实际增长 3%。居民收入持续增加，生活水平显著提高。2022 年，全国居民人均可支配收入为 36883 元，比上年增长 5.0%。根据世界银行的计算，2022 年中国人均国民收入达到 12850 美元，与高收入经济体门槛值（13845 美元）的差距加速收窄。[①]

消费、投资、净出口共同发力，对经济增长的贡献率分别为 32.8%、50.1%、17.1%。工业建筑业生产韧性显现，高端制造业取得新突破。自 2010 年起，我国制造业规模连续 13 年位居全球第一，保持第一制造大国地位。2022 年，高技术制造业和高技术服务业投资分别比上年增长 22.2% 和 12.1%，分别高于全国固定资产投资（不含农户）增速 17.1 个和 7.0 个百分点，规模以上高技术制造业和装备制造业增加值分别比上年增长 7.4% 和 5.6%，分别高于全部规模以上工业增加值增速 3.8 个和 2.0 个百分点。同时，金融业与信息传输、软件和信息技术服务业支撑服务业保持稳定发展态势，2022 年增加值分别比上年增长 5.6% 和 9.1%，合计拉动经济增长 0.8 个百分点。

（二）收入分配

中国拥有全球规模最大、最具成长性的中等收入群体，以 14 亿人的基数计算，中等收入人口占比约为 30%。我国中等收入群体比重偏低的主要原因是农村仍然有大量低收入群体。同时，中等收入群体区域分布与经济发展水平大体一致，空间分布不平衡。从区域看，约有 60% 中等收入群体分布在东部地区，中西部地区仅占 40%。从城乡分布看，城镇中等收入群体比重约是农村中等收入群体比重的 2.88 倍。在城镇内部，一线城市和二线城市中等收入群体比重分别为 71.4% 和 62.7%，远远高于城镇平均水平。从就业类型看，事业单位管理和技术人员，效益较好的国有企业、股份制企

---

① "World Development Indicators," The World Bank, Metadata last updated on Nov 16, 2023, https：//datacatalog. worldbank. org/search/dataset/0037712.

业中的管理和技术人员，一直以来是中等收入群体中坚实稳定的力量。随着民营经济的快速发展，一批乡镇企业家、个体工商业者、个体户和私营企业主逐渐成为中等收入群体的重要组成部分。

按收入等级分类，居民人均可支配收入普遍呈上升趋势，但也出现收入差距过大、低收入组居民人均可支配收入同比增速放缓等问题。根据国家统计局发布的中国经济数据，按全国居民五等份收入分组①，2018～2022 年，低收入组居民人均可支配收入从 6440 元提升至 8601 元；中间偏下收入组从 14361 元提升至 19303 元；中间收入组从 23189 元提升至 30598 元；中间偏上收入组从 36471 元提升至 47397 元；高收入组从 70640 元提升至 90116 元（见图 2）。与此同时，2018～2022 年，低收入组居民人均可支配收入均不及高收入组居民人均可支配收入的 1/10。2019 年后，低收入组居民人均可支配收入同比增长率总体走低，且在 2021 年、2022 年显著低于其他组别（见图 3）。这反映出现行收入分配机制有待优化，存在拉大收入差距、制约共同富裕进程的风险。

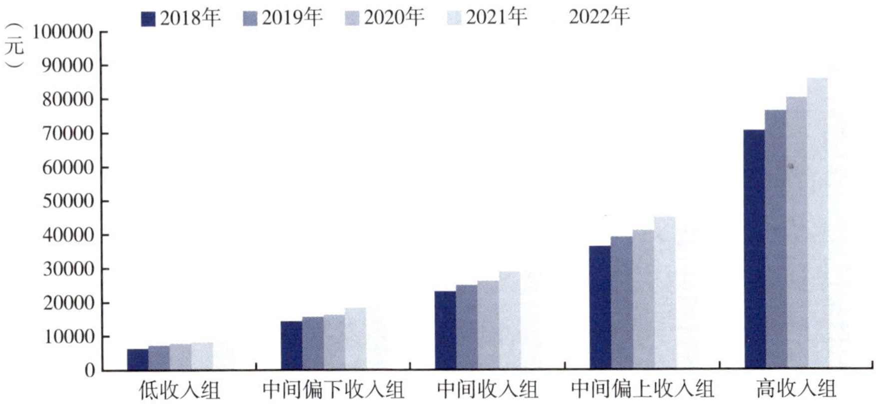

图 2　2018～2022 年全国居民分组人均可支配收入

资料来源：历年《中国统计年鉴》、国家统计局。

---

① 根据国家统计局数据，全国居民五等份收入分组是指将所有调查户按人均收入水平从低到高顺序排列，平均分为五个等份，处于最低 20% 的收入家庭为低收入组，以此类推依次为中间偏下收入组、中间收入组、中间偏上收入组、高收入组。

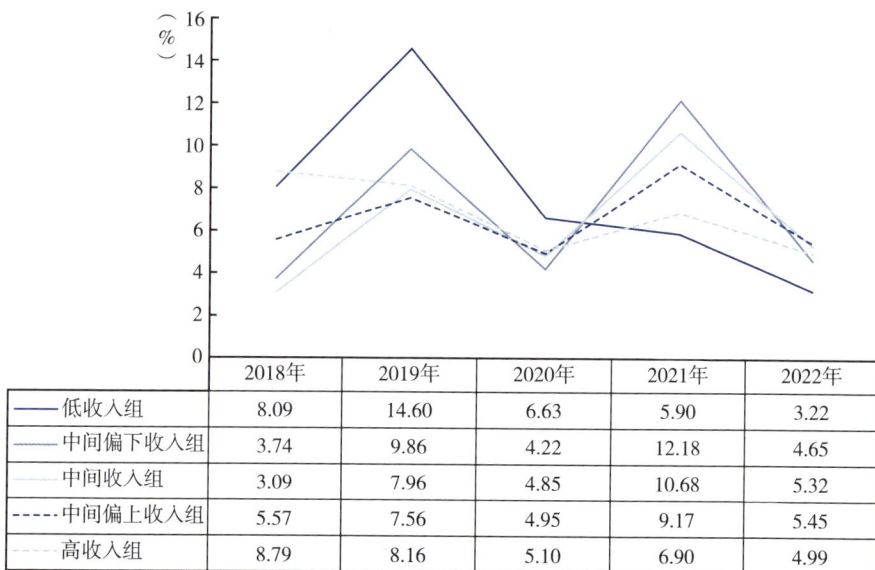

	2018年	2019年	2020年	2021年	2022年
—— 低收入组	8.09	14.60	6.63	5.90	3.22
—— 中间偏下收入组	3.74	9.86	4.22	12.18	4.65
—— 中间收入组	3.09	7.96	4.85	10.68	5.32
---- 中间偏上收入组	5.57	7.56	4.95	9.17	5.45
---- 高收入组	8.79	8.16	5.10	6.90	4.99

图 3　2018～2022 年全国居民分组人均可支配收入同比增长率

资料来源：历年《中国统计年鉴》、国家统计局。

按常住地分类，城乡居民相对收入差距持续缩小，但城乡居民恩格尔系数差距的缩小趋势存在波动。2018～2022 年，农村居民人均可支配收入从14617 元提升至 20133 元，年均增长率 8.33%；城镇居民人均可支配收入从39251 元提升至 49283 元，年均增长率 5.86%。农村居民人均可支配收入年均增速快于城镇居民 2.47 个百分点。自改革开放以来，我国居民恩格尔系数以及城乡居民恩格尔系数差距整体上均呈现下降趋势。由图 4 可知，2018～2022 年全国、城镇、农村居民恩格尔系数均徘徊在 30% 上下，处于相对富裕与富足的区间，但均呈现波动回弹的现象，说明居民消费升级有待深化。

（三）城乡区域发展

党的十八大以来，中国区域发展的协调性显著增强。在"全国一盘棋"的思路下，中西部发挥比较优势，经济呈现快速增长的态势。2022 年，东

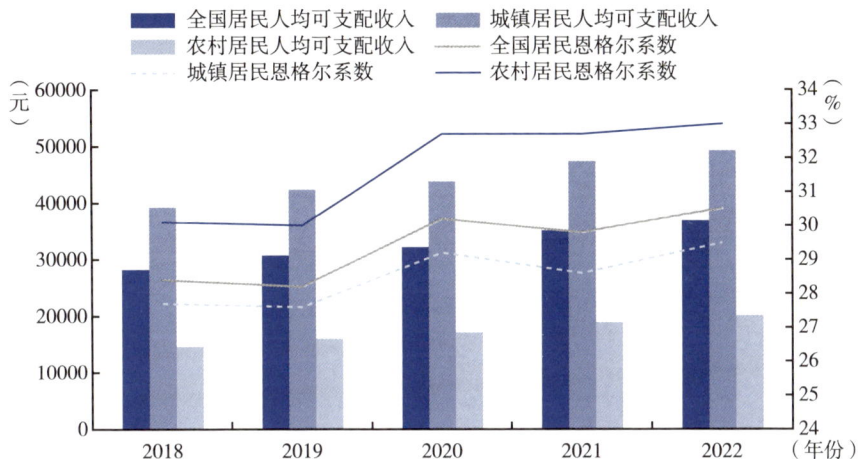

图4 2018~2022年全国城乡居民人均可支配收入及恩格尔系数

资料来源：历年《中国统计年鉴》、国家统计局。

部、中部、西部、东北地区居民人均可支配收入同比分别增长 4.5%、6.0%、5.3%、2.9%①，东部地区与中部、西部地区人均 GDP 之比分别下降至 1.50 和 1.64，东部、中部、西部地区间居民人均可支配收入相对差距继续缩小。随着东部地区产业持续向中西部地区转移，中西部地区在就业机会和吸引力方面亦呈现不断增强的态势。"十三五"期间，中西部地区城镇就业增长对全国的贡献率超过 50%。② 2022 年，京津冀、长三角、粤港澳大湾区内地九市 GDP 合计达到 49.5 万亿元，超过全国的 40%③，发挥了全国经济压舱石、高质量发展动力源、改革试验田等重要作用。

各省份根据经济总量格局、人均收入的差异水平以及城乡发展不均衡

---

① 《方晓丹：居民收入与经济增长基本同步　消费支出实际增速略有回落》，国家统计局网站，2023 年 1 月 18 日，https：//www.stats.gov.cn/zt＿18555/zthd/lhfw/2023/sjjd/202302/t20230219＿1913344.html。

② 《"十四五"规划〈纲要〉解读文章之 31 | 实施就业优先战略》，国家发展改革委网站，2021 年 12 月 25 日，https：//www.ndrc.gov.cn/fggz/fzzlgh/gjfzgh/202112/t20211225＿1309719＿ext.html。

③ 《国务院关于区域协调发展情况的报告》，中国人大网，2023 年 6 月 28 日，http：//www.npc.gov.cn/npc/c2/c30834/202306/t20230628＿430333.html。

的实际情况，因地制宜探索实现共同富裕的有效路径。其中，浙江省作为建设共同富裕先行示范地区，按照《中共中央 国务院关于支持浙江高质量发展建设共同富裕示范区的意见》，明确高质量发展高品质生活先行区、城乡区域协调发展引领区、收入分配制度改革试验区、文明和谐美丽家园展示区四个战略定位，以及包括提高发展质量效益、夯实共同富裕的物质基础、深化收入分配制度改革、多渠道增加城乡居民收入等在内的六大支持举措。

（四）基本公共服务

我国政府以推动基本公共服务均等化履行政府再分配调节职能，着力扩大普惠性非基本公共服务供给，增强公共服务的均衡性和可及性。建立基本公共服务清单制度，组织实施基本公共服务均等化统计监测工作，制定出台《国家基本公共服务标准（2021 年版）》，明确国家向全民提供基本公共服务的底线范围。在优化基本公共服务资源配置的过程中，持续加大对基层、农村、边远地区和困难人群的投入倾斜力度，普遍提升城乡区域间基本公共服务均衡性、服务能力，扩大服务覆盖面积，使城乡区域人群间基本公共服务差距不断缩小。例如，就基本医疗卫生服务而言，2022 年全国每万人拥有卫生技术人员 83 人，相比上年增长 3.75%。细分而言，每万人拥有城市卫生技术人员 102 人，拥有农村卫生技术人员 66 人，差距相比上年缩小。

三 在高质量发展中促进共同富裕的实践路径

全体人民都能够享有高质量、高品质的美好生活，意味着社会结构应从金字塔型逐渐扁平化，需要遵循"提低、扩中、调高"的思路，形成中间大、两头小的橄榄型分配结构，扎实推进共同富裕。习近平总书记特别提出"全体人民共同富裕是一个总体概念，是对全社会而言的，不要分成城市一块、农村一块，或者东部、中部、西部地区各一块，各提各的指标，要从全局上来看"[1]。在新发展阶段，科技创新、经济发展是在高质量发展中促进共同富裕的动力和基础，城乡问题的解决是增加低收入群体收入、促进社会公平正义、促进人的全面发展的集中反映。综上，本报告从科技创新、经济发展、社会公平和城乡融合四个方面论述在高质量发展中促进共同富裕的实践路径。

（一）科技创新：以科技成果转化夯实共同富裕的物质基础

科技创新将与经济社会发展紧密结合，把发展需要和现实能力、长远目标和近期工作统筹起来考虑，为共同富裕提供坚实的技术、物质基础。习近平总书记强调，以科技创新开辟发展新领域新赛道、塑造发展新动能新优势，是大势所趋，也是高质量发展的迫切要求，必须依靠创新特别是科技创新实现动力变革和动能转换。[2] 在我国工业化、信息化、城镇化、农业现代化叠加发展的"并联式"发展过程中，仅仅引入、模仿发达国家先进技术或成熟产业，无法在未来市场上占据竞争优势。

推动科技创新向现实生产力过渡的关键"跳跃"在于产业化。为在高质量发展中促进共同富裕，集聚的应该是科技含量高、能源消耗低、环境污染少的轻资产先进制造业，尤其应重视高端服务业。建设世界先进制造业集群的基本路径是自主培育高技术产业，依靠科技创新、自主知识产权实现产业升级。恰逢第四次科技革命和产业革命兴起，一系列重要的科学问题和关键核心技术正展现出革命性突破的潜在迹象和现实需求。夯实科技自立自强根基，培育壮大新动能将为中国提供发展尖端技术、高端制造和服务体系创造条件，推动发展模式由依赖廉价资源、劳动力的规模速度型，转变为知识、技术驱动的质量效益型。

此外，科技创新不是无根之木、无源之水，创新也不仅仅局限于物质形

---

① 习近平：《扎实推动共同富裕》，《求是》2021 年第 20 期。
② 《习近平在四川考察时强调 推动新时代治蜀兴川再上新台阶 奋力谱写中国式现代化四川新篇章 返京途中在陕西汉中考察》，光明时政，2023 年 7 月 29 日，https：//politics. gmw. cn/2023−07/29/content_ 36731661. htm。

态的科技创新。为保障科技创新加快转化为现实生产力，不仅需要实验室内的技术迭代、基础设施等"硬件"支撑，更需要制度等"软件"保障。需要增加科技人才、研发资金投入，加快科技体制改革步伐，破除一切束缚创新驱动发展的观念和体制机制障碍。

（二）经济发展：增强内生发展动力，提升全要素生产率

共同富裕建立在不断发展生产力、扩大经济规模、增强综合国力的基础上。在高质量发展中促进共同富裕是一个螺旋式上升的发展过程，一定阶段、一定时期有其底线标准，且底线标准将随着发展水平提升而相应提升。共同富裕底线标准要与所处发展阶段相适应而不能超出社会支撑能力；进步较慢甚至停滞的生产力无法支撑持续提升的共同富裕目标。同时，除了纵向意义上的生产力进步，在高质量发展中促进共同富裕还要求横向意义上有比发达国家更快的生产力进步。按照中央设定的 2035 年和 2050 年富裕目标，中国在人均收入水平上追赶上中等发达国家，然后追赶上发达国家水平，必须保持一个较高的经济增长率。这也是国际上解决相对贫困所普遍采纳的"三支柱"战略模型的支柱之一。

未来，需要以提高全要素生产率提高经济增长的可持续性，夯实共同富裕的物质基础。这主要是因为：一是未来劳动力总量将处于相对稳定甚至略有下降的状态，工资上涨呈现普遍化趋势；二是在生产效率不变的情况下，仅资源投入的数量扩张必然面临报酬递减的问题。因此，需要依靠劳动生产率的不断提升，依靠持续不断的科技创新和制度创新引导经济增长由过去资源投入转向效率提升，保证经济规模的不断扩大。科技创新、人力资本、管理技能、制度变革，乃至引入数据等新型增长要素的交叉点、落脚点在于大力培育先导性和支柱性产业，在优化产业结构的过程中构建现代化产业体系。近年来，我国围绕制造业重点产业链关键核心技术和零部件薄弱环节深入研发、持续攻坚，致力于传统产业的转型升级，强化优势产业的竞争力，进一步巩固并提升全产业链的竞争优势。同时，积极培育并壮大新兴产业，不断拓展并深化新的应用场景，以实现产业的全面发展和升级。国家统计局

数据显示，2023 年前三季度全国规模以上工业增加值同比增长 4.0%，比上半年加快 0.2 个百分点。

（三）社会公平：构建完善三次分配协调配套的分配制度

习近平总书记指出，"在高质量发展中促进共同富裕，正确处理效率和公平的关系，构建初次分配、再分配、三次分配协调配套的基础性制度安排"[1]。我国自改革开放以来基本确立了以按劳分配为主体、多种分配方式并存的分配制度，辅之以税收、社会保障、转移支付为主要手段的再分配调节框架，三次分配也被正式纳入扎实推动共同富裕的政策体系。其中，再分配是对初次分配进行调节的第一力量。研究表明，我国与 OECD 国家初次分配收入的不平等程度在数值上相差不大，但再分配政策对收入差距的调节效果还有待提高。政府以扩大中等收入群体规模为目标，形成更加完善的税收体系，通过资本税、财产税、遗产税等手段合理规范并调节过高收入。同时，发展社会保障事业，促进基本公共服务均等化，帮助低收入群体增收致富。

第三次分配超越了资源配置范畴，与"人民美好生活需要"相互呼应。第三次分配以社会个体与组织为主体，基于道德自愿将部分可支配收入直接或间接捐赠给贫困群体或扶贫助困项目，是在市场"无形的手"和政府"有形的手"之外，对社会财富的再配置，弥补初次分配和再分配在调节收入差距、促进社会公平方面的不足。2021 年 8 月，中央财经委员会第十次会议提出"构建初次分配、再分配、三次分配协调配套的基础性制度安排"，"鼓励高收入人群和企业更多回报社会"。通过慈善信托、大病救助、邻里互助、社区慈善、互联网公益以及志愿服务等多种形式的有益探索，收入分配的"资金池"从公共财政扩大至社会财富范畴，在拓展了资源约束边界的同时，实现了资源在社会成员之间的流动。值得注意的是，第三次分配并非局限于对物质财富的调节，也不是只针对高收入群体的"劫富济

---

[1] 习近平：《扎实推动共同富裕》，《求是》2021 年第 20 期。

贫"。一是志愿服务成为公益慈善之外三次分配的主要形式，拓展了分配媒介。广大低收入群体在志愿服务领域也是不可或缺的力量，体现了参与第三次分配的主体的广泛性。二是共享经济变革了分配标的，不仅使用权的分享已经超出初次分配和再分配的范畴，分配标的也在使用权之外包括对服务和模式的价值认同。三是宗教、文化艺术具有精神服务的功能，也具有正外部性，这一类活动不仅扩大了参与公益慈善、志愿服务的主体规模，也将"富裕"的内涵延伸至价值与精神层面。

（四）城乡融合：消除阻碍生产要素流动的不合理壁垒，提升农村公共服务供给质量

城乡差距这一多种不充分不平衡因素相互交织、动态作用的集中体现，也是解决相对贫困问题的关键。首先，为形成工农互促、城乡互补的新型工农城乡关系，推动城乡融合，核心是提高社会流动性，消除阻碍劳动力要素在城乡间流动的不合理壁垒，加快推进要素市场化配置，实现劳动力的充分流动。农村发展非农产业、基础设施建设等，需要城市资源的流入。但是，城乡融合不能只是单向的要素流动，不能只有农村的劳动力、农产品、农民存款外流，还亟待形成各种资源双向流动的机制。考虑到非农产业发展和资本进入需要有落脚点，但由于人力资本不足，以及土地制度对耕地、林地、宅基地、非建设用地使用存在限制，因此资源流入、缩小城乡差距的第一步是盘活土地。此外，农村地区天然存有数量庞大且较为完整的生态资源。从实现生态环境要素等价交换入手，发展绿色产业和碳汇产业，也是实现资源要素双向流动、提升农村人口生活水平的重要途径。

其次，努力保证留在农村的人口享受和城镇人口大体相当的生活水平。中国城乡之间基本公共服务差距仍非常明显。习近平总书记指出，"促进共同富裕，最艰巨最繁重的任务仍然在农村"[1]，未来一个阶段城镇化建设的

---

[1] 习近平：《扎实推动共同富裕》，《求是》2021年第20期。

重点也在农村。过去城乡基本公共服务差距的缩小更多地表现在"有"和"无"的差别上，即农村基本公共服务覆盖面扩大，但在基本公共服务的种类和质量上仍有很大的差距。在高质量发展中保证没有向城市转移的农村人口的权利与需求，既要保障就业、居住条件等基本生存条件，也要满足农民应享有的基本公共服务、社会治理参与等公民权益，还要提升公民素质、文化素质、生活水平等。

最后，保证农村向城市转移人口的权利与需求。城乡差距缩小的过程，在很大程度上将统一于以转移人口融入常住地为核心的高质量城镇化进程，需要妥善推进农村劳动力和流动人口的市民化。

四　北京市在高质量发展中促进共同富裕的政策动向

北京市促进共同富裕的主要着力点在于"脱低"。国家发展改革委规划司明确提出，根据国家统计局住户收支与生活状况调查，按照三口之家家庭年收入的中等收入家庭标准，我国年收入在 10 万~50 万元的家庭被定义为中等收入家庭。[①] 按照绝对标准划分，北京市中等收入群体占比已接近七成，低收入群体相对其他地区规模较小。

为梳理北京市在高质量发展中促进共同富裕的政策取向，本报告筛选2017~2022 年中共北京市委、北京市人民政府及各办事机关发布的政策文件，共收集北京市共同富裕相关政策文件 28 份（见表1）。所选政策文件的类型主要为决定、通知、意见、规划、工作方案、管理方法等，批复、复函等不采用。政策文件内容与共同富裕密切相关，即直接体现共同富裕的目标和措施。

---

① 《"十四五"规划〈纲要〉名词解释之 237｜中等收入群体》，国家发展改革委网站，2021 年12 月 24 日，https：//www.ndrc.gov.cn/fggz/fzzlgh/gjfzgh/202112/t20211224_ 1309504.html。

表 1　2017~2022 年北京市推进共同富裕相关政策文件

政策名称	发布日期	发文机构
北京市民政局　北京市财政局关于社会工作参与精准救助的实施意见	2017 年 2 月 2 日	北京市民政局、北京市财政局
北京市民政局　北京市财政局关于调整本市社会救助相关标准的通知	2017 年 2 月 16 日	北京市民政局、北京市财政局
北京市农村工作委员会　北京市财政局　北京市农村合作经济经营管理办公室关于财政资金扶持农村集体经济组织形成的经营性资产股份量化及收益分配的指导意见	2018 年 1 月 19 日	北京市农村工作委员会等
北京市民政局　北京市财政局关于调整本市社会救助相关标准的通知	2018 年 2 月 12 日	北京市民政局、北京市财政局
关于全面开展农村集体资产清产核资工作的通知	2018 年 6 月 29 日	北京市农村工作委员会
中共北京市委　北京市人民政府关于印发《北京市乡村振兴战略规划(2018—2022 年)》的通知	2018 年 12 月 30 日	中共北京市委、北京市人民政府
北京市科学技术委员会　北京市农业农村局　北京市园林绿化局　北京市水务局关于印发《强化创新驱动科技支撑北京乡村振兴行动方案(2018—2020 年)》的通知	2019 年 2 月 1 日	北京市科学技术委员会
北京市民政局　北京市财政局关于调整本市最低生活保障标准的通知	2020 年 8 月 3 日	北京市民政局、北京市财政局
中共北京市委关于制定北京市国民经济和社会发展第十四个五年规划和二〇三五年远景目标的建议	2020 年 12 月 7 日	中共北京市委
2021 年政府工作报告	2021 年 1 月 23 日	北京市人民政府
关于北京市 2020 年国民经济和社会发展计划执行情况与 2021 年国民经济和社会发展计划的报告	2021 年 2 月 7 日	北京市发展改革委
北京市民政局　北京市财政局关于调整 2021 年本市最低生活保障标准的通知	2021 年 7 月 14 日	北京市民政局、北京市财政局
中共北京市委　北京市人民政府关于印发《推动城市南部地区高质量发展行动计划(2021—2025 年)》的通知	2021 年 7 月 30 日	中共北京市委、北京市人民政府
北京市人民政府关于印发《北京市"十四五"时期乡村振兴战略实施规划》的通知	2021 年 8 月 12 日	北京市人民政府

续表

政策名称	发布日期	发文机构
北京市人力资源和社会保障局 北京市医疗保障局关于印发北京市"十四五"时期人力资源和社会保障发展规划(包括医疗保障)的通知	2021 年 9 月 26 日	北京市人力资源和社会保障局、北京市医疗保障局
北京市民政局关于印发《北京市"十四五"时期民政事业发展规划》的通知	2021 年 11 月 18 日	北京市民政局
北京市人民政府关于印发《"十四五"时期健康北京建设规划》的通知	2021 年 12 月 29 日	北京市人民政府
2022 年政府工作报告	2022 年 1 月 6 日	北京市人民政府
关于北京市 2021 年国民经济和社会发展计划执行情况与 2022 年国民经济和社会发展计划的报告	2022 年 1 月 18 日	北京市发展改革委
北京市人民政府关于印发《2022 年市政府工作报告重点任务清单》的通知	2022 年 1 月 30 日	北京市人民政府
中共北京市委办公厅 北京市人民政府办公厅印发《关于推进北京城市副中心高质量发展的实施方案》的通知	2022 年 2 月 11 日	中共北京市委办公厅、北京市人民政府办公厅
北京市国土空间近期规划(2021 年—2025 年)	2022 年 2 月 17 日	北京市规划和自然资源委员会
中共北京市委 北京市人民政府印发《关于做好2022 年全面推进乡村振兴重点工作的实施方案》的通知	2022 年 4 月 13 日	中共北京市委、北京市人民政府
北京市农业农村局 北京市规划和自然资源委员会 北京市住房和城乡建设委员会 北京市文化和旅游局 北京市水务局关于进一步加强农村集体经济组织统筹引领闲置宅基地及住宅盘活利用工作的函	2022 年 4 月 25 日	北京市农业农村局等
中共北京市委 北京市人民政府关于印发《北京率先基本实现农业农村现代化行动方案》的通知	2022 年 5 月 6 日	中共北京市委、北京市人民政府
北京市人民政府办公厅关于做好住户调查大样本轮换工作的通知	2022 年 5 月 7 日	北京市人民政府办公厅
北京市住房和城乡建设委员会关于印发《北京市"十四五"时期住房保障规划》的通知	2022 年 9 月 5 日	北京市住房和城乡建设委员会
北京市人民政府办公厅关于印发《北京市"十四五"城乡社区服务体系建设规划》的通知	2022 年 9 月 21 日	北京市人民政府办公厅

注:表中部分文件名重复,但发布时间不同,为不同文件。
资料来源:北京市人民政府网站。

085

北京"十四五"规划着力提升中低收入群体收入，扩大中等收入群体。北京市中等收入群体内部结构并不稳定，规模下限具有较强的敏感性和脆弱性。扩大中等收入群体，一方面需要提升低收入群体中与中等收入群体下限标准相差不大群体的收入；另一方面需要稳定现有中等收入群体的收入增长，防止中等收入群体规模下限的滑落。根据北京市 2022 年住户调查样本数据测算，北京户均收入分布在 10.2 万~12.8 万元区间的群体规模达 221.1 万人，占中等收入群体的 14.7%。这类群体的收入可能因工作变动、失业、家庭变故、自然灾害等不确定因素的冲击受到严重影响，甚至存在较大的滑入低收入群体的风险。北京市将不断提升社会救助相关标准作为增进人民福祉、促进共同富裕的一项具体措施。为更好保障困难群众基本生活，经市政府批准，自 2023 年 7 月起，北京市最低生活保障标准从每人每月 1320 元调整为 1395 元。此外，基于北京在物质基础方面的优越性，为贯彻"提低、扩中、调高"的方针，北京有能力在第三次分配方面开展尝试性探索。

北京市采取了多项政策举措促进农民增收和实现共同富裕。研究显示，北京城镇地区已有 82% 的居民达到国家中等收入群体标准，但农村居民收入的平均水平还在标准线之下，仅 27.6% 的农村居民进入中等收入群体行列。北京市乡村振兴战略、政策也因此逐渐转向以"推动农业农村高质量发展，促进共同富裕"为目标方向或基于此设计相应举措。2018 年 2 月发布的《中共北京市委办公厅　北京市人民政府办公厅关于印发〈实施乡村振兴战略扎实推进美丽乡村建设专项行动计划（2018—2020 年）〉的通知》未出现共同富裕目标或政策举措的相关表述，但同年 12 月发布的《北京市乡村振兴战略规划（2018—2022 年）》提出"把维护农民群众根本利益、促进农民共同富裕作为出发点和落脚点"。在市场机制方面，北京市聚焦产业，在强化现代农业基础之上，针对低收入村产业基础薄弱的现状，因地制宜发展绿色产业。例如，以"平谷大桃"等特色林果、优质杂粮、精品蔬菜产业作为重点扶持方向，印发《北京市蔬菜产业高质量发展三年行动计划（2023—2025 年）》。此外，北京市还通过促进农村电商等"互联网+"新业态模式发展，巩固大宗农产品市场、农超对接等传统销售渠道。

北京市以推动基本公共服务均等化增强人民群众获得感、幸福感、安全感。2023年，在北京市市级一般公共预算中，教育支出预算381.6亿元，用于加快建设高质量教育体系，促进教育公平发展。同时，调整优化义务教育经费投向，促进区域教育资源合理配置等。社会保障和就业支出预算201.5亿元，主要用于完善多层次的社会保障体系，提高基本公共服务供给能力，落实基本养老、基本医疗保险筹资和待遇调整政策等。《北京市"十四五"时期社会公共服务发展规划》从"保基本、扩普惠、提品质、优布局"四个方面提出"十四五"时期公共服务体系建设的任务框架。北京市以保障"七有"需求为核心，牢牢兜住民生底线，补上百姓身边的托育设施、健身设施缺口，提高便利性；控制房价、减轻居民住房负担，提高宜居性；提高公共服务供给市场化水平，促进健康、养老、文化、体育产业发展，提高公共服务多样性；改善区域间（城乡间）优质教育、医疗等公共服务发展不平衡的状况，提高公正性；基于北京"政治中心"职能，在疾病预防控制、监测预警、医疗救治、应急物资储备等方面加强安全性。

五 主要研究结论与政策建议

（一）主要研究结论

本报告基于创新、协调、绿色、开放、共享五大新发展理念的内在统一性，分析在高质量发展中促进共同富裕的要义；在从物质基础、收入分配、城乡区域发展和基本公共服务方面分别梳理进一步优化我国居民收入格局的现实基础后，提出在高质量发展中促进共同富裕的实践路径，并提炼北京市在高质量发展中促进共同富裕的政策取向。主要研究结论如下。

第一，在高质量发展中促进共同富裕的内涵包括五个方面。一是以创新改变经济发展模式，夯实共同富裕的基础；二是协调发展谋求群体间在地域、城乡、收入、基本公共服务等全方位的最小差异；三是拓展"富裕"

的绿色内涵，在崇尚节约、环境友好型生产生活方式中，提升居民生活品质；四是进一步扩大开放，以"合作共赢"超越"本国优先"，积极倡导世界合作发展的新格局，构建人类命运共同体；五是"全体人民共同富裕"超越"少数人富裕"，遵循全民共享、全面共享、共建共享、渐进共享，使改革成果更多更公平地惠及全体人民。

第二，在高质量发展中促进共同富裕的路径包括四个方面。一是科技创新，以科技成果转化夯实共同富裕的物质基础；二是经济发展，增强内生发展动力，提升全要素生产率；三是社会公平，构建完善三次分配协调配套的分配制度；四是城乡融合，消除阻碍生产要素流动的不合理壁垒，提升农村公共服务供给质量。

第三，北京市在高质量发展中促进共同富裕的政策取向包括三个方面。一是从减少低收入群体和防止中等收入群体规模下限滑落两个方向，提升中低收入群体收入，扩大中等收入群体。二是聚焦产业，促进农民增收和实现共同富裕。三是立足"七有""五性"，以推动基本公共服务均等化增强人民群众获得感、幸福感、安全感。

（二）对策建议

1. 以新型举国体制集中力量加强关键核心技术攻关，以科技创新引领现代化产业体系建设

一是以人工智能、量子计算、可控核聚变等颠覆性技术，生命科学、元宇宙、新能源等前沿技术的创新与链接，催生新产业、新模式、新业态。在"全国一盘棋"思想指导下因地制宜布局量子、生命科学等未来产业，实施制造业重点产业链高质量发展行动，大力推进新型工业化，在为颠覆性技术、前沿技术发展提供具有竞争力的基础条件的同时，带动区域就业岗位创造与提振地方经济。例如，推进"东数西算"等工程，在西部建设一批算力工厂，形成超算、智算乃至量子计算相结合的低成本算力网络。二是确立企业科技创新主体地位，深化以企业为核心的政产学研体系。引导企业加大对基础性研究的投入，形成与高水平大学和科研机构的协同能力以及加强企

业间联合，构建颠覆性技术和前沿技术创新生态系统。三是贯彻落实 2023 年中央经济工作会议精神，引导银行、金融机构加大对生物制造、商业航天、低空经济等战略性新兴产业的支持力度，降低社会综合融资成本；针对部分科技、产业初始投资额高、回报周期长等特点，发挥好政府公共资金的带动放大效应；构建实施高效、透明、公平、可持续的政府与社会资本合作机制，通过财政补贴、税收减免、融资支持、加强监管等支持社会资本参与新型基础设施等领域建设。

2. 优化劳动力多层次供给，充分释放多年高等教育扩张和职业教育快速发展带来的人力资本红利

一是加大人力资本投资，促进人力资本投资均等化。从长期考虑，加大人力资本投资和实现人力资本投资均等化，有利于满足创新驱动发展所伴随的技术偏好对技能劳动者和高教育程度劳动者的需求。在中国市场经济体制逐步完善的情况下，初次分配中收入差距的主要来源是个人发展能力的差异，包括就业能力在内的个人发展能力的差异又主要来自人力资本投资的差异，应特别关注对依赖体力劳动获取收入的低学历、低技能、年龄偏高、信息不充分的工人群体的人力资本投资。二是优化人力资本配置，避免高能低就或低能高就。使较高人力资本的劳动者能够充分获得体面的工作和高质量就业，也在公共部门创造更多公益性岗位，鼓励企业针对弱势群体增设适当数量的岗位，应对经济结构优化带来的工作机会结构性变迁，保障低人力资本劳动者的充分就业和生活质量。三是推进要素配置市场化改革，健全以需求为导向的人力资本流动体制。充分发挥市场在促进人才流动与优化要素配置中的作用，大力发展多种形式的人才市场与就业中介机构，实现就业信息的发布和公开，促进劳动力在三大产业间、产业内部以及区域间的合理配置，提高人力资本的市场配置效率。

3. 立足乡村独特功能定位，在农业高质量发展中扎实促进农村农民共同富裕

一是增加农业的创新活动，增强我国农业原创性、自主性科技创新能力，生产高价值农产品。农业对生产所需的投入、设备、工艺、流程进行改造和优化的主要表现，在于农业品种改良、优化以及种植、养殖技术的更新。同时，创新生产组织形式，吸引更多城镇资源流向乡村，使更多数字资源下沉到乡村。二是加强农产品宣传推广、检验检测、产品认证等服务，强化农产品质量建设与品牌建设。总结、推广"丽水山耕"等区域品牌建设经验，结合"三块地"改革引导土地经营权有序流转，更好发挥集体经济促进共同富裕的作用，改变个体式、小微式、分散式农业生产单位无法与农产品下游渠道商叫价的局面，保障珍稀农产品、有机农产品、地理标志农产品的品质。三是立足农民在乡村振兴中的主体地位，推动发达地区与相对落后地区之间的经济合作、技术交流、资源共享等，在明确支援方与受援方权责利的基础上建立对口支援帮扶制度，以农地流转及农产品价格保护等制度为农村地区及弱势群体发展提供平等的就业机会和发展空间，不断提高农民的受教育程度和专业技能水平，培养和壮大职业农民，切实发挥农民在乡村振兴中的主动性和创造性。

4. 构建初次分配、再分配、第三次分配协调配套的制度体系，积极探索新型生产要素参与分配的科学制度设计

分配制度是促进全体人民共享改革发展成果的基础性制度。一是在全民共享理念指引下设计共同富裕制度，以国家财政为有力支撑，以一般性转移支付为地方民生支出兜底，设计并建立健全"覆盖全民、统筹城乡、公平统一、安全规范、可持续的多层次社会保障体系"[①]。二是将资源环境、数据等新型生产要素纳入分配制度，健全基于市场评估的知识、技术、管理等生产要素贡献度评价体系，尤其注意确立与发展新质生产力适配的新型生产要素贡献度评价标准、评价方法，据此确立报酬分配机制以保障全体人民享有多渠道获取要素收入的平等机会。三是在法律、政策、社会环境等方面鼓励先富裕起来的企业和群体承担更多社会责任、从事公益慈善事业，支持和帮助后富者改善生活、教育、医疗、卫生等条件。加强慈善组织队伍建设，

---

① 习近平：《高举中国特色社会主义伟大旗帜 为全面建设社会主义现代化国家而团结奋斗——在中国共产党第二十次全国代表大会上的报告》，人民出版社，2022。

建立内外部监督相结合的有效监督机制。建立慈善资金使用跟踪反馈机制，健全新闻媒体、公众等社会力量监督和制约机制，高度重视筹募后善款善物使用的规范透明及高效，推动慈善、捐赠、募捐过程的公开化与透明化，最大限度保障募捐主体的公益热忱并构建社会信任网络。

参考文献

周绍东、张毓颖：《在高质量发展中促进共同富裕：一个政治经济学的解读》，《新疆社会科学》2022 年第 4 期。

董雪兵、缪彬彬、倪好：《以高质量区域协调发展持续推动共同富裕》，《浙江大学学报》（人文社会科学版）2022 年第 5 期。

韩喜平、刘岩：《实现以共同富裕为导向的高质量发展》，《山东社会科学》2022 年第 3 期。

杨长福、杨苗苗：《高质量发展与共同富裕及其辩证关系研究》，《重庆大学学报》（社会科学版）2023 年第 5 期。

周文、李思思：《高质量发展的政治经济学阐释》，《政治经济学评论》2019 年第 4 期。

蔡昉：《共享生产率成果——高质量发展与共同富裕关系解析》，《中共中央党校（国家行政学院）学报》2022 年第 3 期。

李丹、裴育：《高质量发展背景下促进共同富裕的财税政策研究》，《地方财政研究》2022 年第 8 期。

习近平：《扎实推动共同富裕》，《求是》2021 年第 20 期。

顾阳：《区域协调发展格局加快形成》，《经济日报》2022 年 8 月 24 日，第 9 版。

洪银兴：《中国式现代化论纲》，江苏人民出版社，2023。

刘培林等：《共同富裕的内涵、实现路径与测度方法》，《管理世界》2021 年第 8 期。

黄群慧、邓曲恒：《以改善收入和财富分配格局扎实推进共同富裕》，载谢伏瞻主编《2022 年中国经济形势分析与预测》，社会科学文献出版社，2021，第 397~420 页。

崔琳：《第三次分配促进共同富裕目标实现的逻辑与路径》，载韩保江主编《中国共同富裕研究报告（2022）》，社会科学文献出版社，2022，第 30~45 页。

《在高质量发展中促进共同富裕 统筹做好重大金融风险防范化解工作》，《人民日报》2021 年 8 月 18 日，第 1 版。

王名等：《第三次分配：理论、实践与政策建议》，《中国行政管理》2020 年第 3 期。

李实：《共同富裕的目标和实现路径选择》，《经济研究》2021 年第 11 期。

包路芳、李晓壮、赵小平：《以首都发展为统领　推进社会高质量发展——2021～2022年北京社会发展报告》，载包路芳主编《北京社会发展报告（2021～2022）》，社会科学文献出版社，2022，第1～33页。

赵峥、杨晓东、杨永恒：《超大城市推动共同富裕的经验、挑战与路径——基于北京的调查研究》，《中国经济报告》2022年第6期。

李实、杨修娜：《中等收入群体与共同富裕》，《经济导刊》2021年第3期。

赖德胜：《在高质量发展中促进共同富裕》，《北京工商大学学报》（社会科学版）2021年第6期。

李冠霖、史作廷：《农业高质量发展促进农民农村实现共同富裕的障碍与突破方向》，《山东大学学报》（哲学社会科学版）2023年第3期。

焦长权、董磊明：《迈向共同富裕之路：社会建设与民生支出的崛起》，《中国社会科学》2022年第6期。

周泽红、李雪艳：《新发展理念贯穿共同富裕制度设计的内在逻辑及现实进路》，《上海经济研究》2023年第3期。

B.3
共同富裕幸福指数评价报告（2024）[*]

摘　要：　新时代，我国社会主要矛盾已经转化为人民日益增长的美好生活需要和不平衡不充分的发展之间的矛盾。共同富裕的实现程度与人民群众的安全感、获得感和幸福感息息相关，影响着共同富裕的成色、底色和亮色。要深刻领会实现共同富裕是以人民为中心的必然体现，始终把人民群众的满意度作为衡量共同富裕实践成效的根本标准。本报告从经济福祉、社会福祉、文化福祉、生态文明福祉、治理福祉五大维度构建共同富裕幸福指数指标体系，基于熵值法测算了全国 31 个省份的福祉情况。研究发现，共同富裕幸福指数中文化福祉权重最高（28.95%），其他依次为经济福祉（24.83%）、治理福祉（18.75%）、生态文明福祉（14.62%）、社会福祉（12.84%）；北京共同富裕幸福指数及分指数均排名全国第一。本报告总结"北京经验"为：经济建设上，完善消费环境，培育新型消费，更好满足人民美好生活需要；社会保障上，推进多层次医疗保障体系建设，注重基本养老服务体系建设；文化建设上，深入推进教育现代化，构建高精尖文化产业体系；生态文明建设上，完善环境应急责任体系，防范生态环境风险；政府治理上，打造一流市场营商环境，推进城市治理体系和治理能力现代化。

关键词：　共同富裕　幸福指数　熵值法

---

* 作者：北京市科学技术研究院高质量发展研究中心。执笔人：马骆茹。马骆茹，博士，北京市科学技术研究院高质量发展研究中心课题组成员，北方工业大学经济管理学院经济系讲师，主要研究方向为产业经济、科技创新管理。

一　研究背景

党的十八大以来，中国特色社会主义进入新时代，中国特色社会主义事业"五位一体"总体布局正式形成，确定了"朝着共同富裕方向稳步前进"的总基调。如何扎实推进共同富裕，成为当前我国最具前沿性的理论与实践议题。满足人民对美好生活的新期待始终是共同富裕理论与实践创新的出发点和落脚点。人民对美好生活的新期待涵盖了经济、政治、社会、文化、生态等多个方面。从价值标准维度看，共同富裕是深入推进"五位一体"总体布局的全面富裕。价值标准是价值主体进行价值评价的依据，也是衡量价值取向的依据，要从经济、政治、社会、文化和生态五个方面推进共同富裕。

本报告从满足人民对美好生活新期待的研究视角出发，首次构建体现中国式现代化要求的共同富裕幸福指数。借鉴参考人类发展指数、幸福指数、民生指数等权威机构研究成果，从经济福祉、社会福祉、文化福祉、生态文明福祉、治理福祉五大维度构建共同富裕幸福指数。测度全国 31 个省份的共同富裕幸福指数，分析北京在推进共同富裕上的成就、地位与着力点，精准把脉推进共同富裕的经验及存在的问题，以此为基础决定议题优先级，积极作为、有效分配资源。

二　指标选取与说明

现有研究对于共同富裕相关指数的构建大致可以分为三类。第一类研究基于人均 GDP 水平展开，第二类研究基于收入分配情况展开，第三类研究围绕共同富裕多指标综合评价展开。本报告属于第三类研究，在已有文献的基础上从人民幸福感和获得感的视角重新审视共同富裕指数的构建。

目前幸福指数的测度主要有三种方式，分别为基于主观指标体系、基于客观指标体系以及主观与客观指标相结合。基于主观指标体系的测度虽然能反映受访者的主观评价，但是主观幸福感高度依赖受访者受访时的状态，且个体差异较大，不具有可比性；基于客观指标体系的测度虽然难以反映单个居民的主观感受，但是能够客观刻画一个国家或地区居民的整体生活条件或生活环境；主观与客观指标相结合的衡量方式虽然看似弥补了前两种方法的不足，然而存在主观感受和客观条件之间权重设置的合理性问题。本报告旨在从地区层面刻画当地的共同富裕福祉状况，借鉴联合国的千年发展目标、联合国开发计划署的人类发展指数、荷兰伊拉斯姆斯大学世界幸福感数据库的生活状况指标等，从经济福祉、社会福祉、文化福祉、生态文明福祉、治理福祉五大维度（一级指标），依托客观的统计数据构建、测算省域共同富裕幸福指数。

（一）经济福祉

经济发展是实现共同富裕的物质保障，马克思主义理论指出，社会物质生产力的不断提高是人类从贫穷走向共同富裕的基础。习近平总书记明确指出："发展依然是当代中国的第一要务，中国执政者的首要使命就是集中力量提高人民生活水平，逐步实现共同富裕。"[①] 经济福祉指标体系反映的是人民的经济生活质量。尽管经济生活质量不再占据居民生活质量指标体系的大部分甚至全部内容，但是不可否认的是，它仍然是影响人民幸福感的一个非常重要的因素。尤其是对于那些生产力水平不高地区的居民而言，改善经济福祉是提高居民生活质量的必要条件和基础。如果人民群众的物质生活难以得到保障，其精神生活的满足就无从谈起。经济福祉具体体现为经济发展水平较高，人均可支配收入达到比较高的水平，有较强的消费能力和较高的消费质量，城镇化水平较高，等等（见表1）。

[①] 《习近平在华盛顿州当地政府和美国友好团体联合欢迎宴会上的演讲》，中国共产党新闻网，2015年9月23日，http://cpc.people.com.cn/n/2015/0923/c64094-27625724.html。

表1 经济福祉指标体系

一级指标	二级指标	基础指标	属性
经济福祉	经济增长	人均GDP指数	正指标
	就业	城镇登记人员失业率(%)	负指标
	城镇化	城镇人口占年末总人口比重(%)	正指标
	收入	居民人均可支配收入(元)	正指标
		城乡收入比	负指标
	消费	居民人均消费支出(元)	正指标
		城乡消费比	负指标
		食品烟酒占消费支出比重(%)	负指标
		居住支出占人均可支配收入比重(%)	负指标
		居民平均每百户年末家用汽车拥有量(辆)	正指标
		居民消费价格指数	负指标
	抚养压力	总抚养比	负指标

（二）社会福祉

社会福祉重点在于保障和改善民生。第一，在医疗方面，为了提升全民的医疗福祉，需要逐步构建完善的医疗保障服务体系，致力于解决看病贵、看病难等长期存在的挑战，确保人民群众能够共享医疗健康服务。第二，在养老方面，我国已经进入老龄化社会，对完善养老服务体系、提高养老服务质量、提高社保待遇有着日益迫切的需求。第三，在基础设施方面，公共基础设施建设不仅保障居民的基本需求，也为地区的经济、社会、文化、生态等方面的发展提供强有力的支撑。第四，在公共支出方面，把更多财政资金投向保障和改善民生领域，有助于提升人民群众的幸福感和获得感。第五，在公共安全方面，公共安全是最基本的民生，要确保社会安定有序，国家长期稳定发展（见表2）。

表 2　社会福祉指标体系

一级指标	二级指标	基础指标	属性
社会福祉	医疗	每千人口卫生技术人员（人）	正指标
		每千人口医疗卫生机构床位数（床）	正指标
	养老	基本养老保险覆盖率（%）	正指标
		每千老年人口养老床位数（床）	正指标
	基础设施	每千人公共交通车辆数（辆）	正指标
		人均互联网宽带接入端口数（个）	正指标
		平均每一邮政营业网点服务面积（平方公里）	负指标
	公共支出	民生支出占一般公共预算支出比重（%）	正指标
	公共安全	每千人交通事故伤亡人数（人）	负指标

（三）文化福祉

　　共同富裕的文化福祉体现在，当基本物质生活需求得以满足，人民群众能够平等参与并享受社会发展所带来的文化成果，从而进一步满足其日益增长的精神生活需求。为实现这一点，首要的是发展教育。教育兴则国家兴，教育强则国家强。发达的基础教育和高等教育不但是提高国民文化素质的基本保证，而且能够为社会经济发展提供源源不断的人才和智力支持。与此同时，随着经济社会发展和收入水平提升，人们将更多关注精神需求，满足美好生活所必需的文化消费呈现持续增长的态势。文化消费作为现代社会的核心活动之一，不仅为大众提供了丰富多样的休闲娱乐选择，而且在推动文化产业繁荣发展及经济社会全面进步中发挥举足轻重的作用。为了满足人民的精神文化需求，要强化财政资金在基本公共文化服务、文化传承发展和公益性文化事业中的支撑作用，发挥对文化产业发展、社会力量的带动和引导作用。[①] 习近平总书记指出，以高质量文化供给

[①] 《国务院关于财政文化资金分配和使用情况的报告》，财政部网站，2024 年 1 月 3 日，http：//www.mof.gov.cn/zhengwuxinxi/caizhengxinwen/202401/t20240103_ 3924798.htm。

增强人们的文化获得感、幸福感。① 这强调了推动文化产业高质量发展的重要意义（见表 3）。

表 3 文化福祉指标体系

一级指标	二级指标	基础指标	属性
文化福祉	文化教育	每十万人口高等教育平均在校生数（人）	正指标
		小学阶段生师比	负指标
		初中阶段生师比	负指标
		高中阶段生师比	负指标
		文盲人口占 15 岁及以上人口比重（%）	负指标
	文化支出	人均教育文化娱乐消费支出（元）	正指标
		人均文化旅游体育与传媒财政支出（元）	正指标
	文化设施	人均拥有公共图书馆藏量（册）	正指标
	文化产业	文化、体育和娱乐业法人单位数占比（%）	正指标

（四）生态文明福祉

从生态文明的角度出发，共同富裕的内涵不仅涵盖了对人与自然和谐共生关系的维护，还强调了在人类社会中生态资源的公平分配。在新时代的中国社会发展中，实现共同富裕必须关注人与自然的长远可持续发展，同时确保人民能够共同建设并分享生态文明发展的成果，从而不断满足人民群众对美好生态生活的向往和追求。习近平总书记指出，良好的生态环境是最普惠的民生福祉。② 为了增进生态文明福祉，应以治理环境污染作为实现生态文明和环境保护的重要手段，促进天然气在城镇居民生活、发电及交通领域的使用，提高生活垃圾无害化处理能力和工业固体废物综合利用能力等。与此

① 《繁荣发展文化事业和文化产业（认真学习宣传贯彻党的二十大精神）》，求是网，2022 年 12 月 28 日，http://www.qstheory.cn/qshyjx/2022-12/28/c_ 1129237567. htm。
② 《习近平同志〈论坚持人与自然和谐共生〉主要篇目介绍》，求是网，2022 年 1 月 28 日，http://www.qstheory.cn/yaowen/2022-01/28/c_ 1128311284. htm。

同时，还应做好突发环境事件的应急预案，降低突发环境事件给经济社会和人民生活带来的损失和伤害（见表4）。

表4　生态文明福祉指标体系

一级指标	二级指标	基础指标	属性
生态文明福祉	生态环境	森林覆盖率(%)	正指标
		人均公园绿地面积(平方米)	正指标
		建成区绿化覆盖率(%)	正指标
		省会城市空气质量优良天数比例(%)	正指标
	环境治理	生活垃圾无害化处理率(%)	正指标
		工业固体废物综合利用率(%)	正指标
		人均节能环保财政支出(元)	正指标
		燃气普及率(%)	正指标
	生态安全	突发环境事件情况(件)	负指标

（五）治理福祉

治理福祉的核心体现在，通过共享中国政治改革与发展的成果，确保人民群众作为国家主人翁的地位，全面保障人民权利，进而稳步推进中国式现代化。增进共同富裕的治理福祉需要规范法律制度、完善法律体系，鼓励勤劳创新致富。与此同时，市场化改革能够在法治的基础上提供一个公平竞争的舞台，为实现以公平为要义的共同富裕提供保障。这就要求政府具有合理规模，做"有为政府"但不要过度干预经济，建设廉洁政府，提高政府透明度。此外，在数字经济时代，政府需要增强自身的数字化治理能力，提升电子政务水平，促进当地社会的数字化转型发展（见表5）。

表5　治理福祉指标体系

一级指标	二级指标	基础指标	属性
治理福祉	法治环境	司法文明指数	正指标
	市场环境	私营企业法人单位数占比(%)	正指标
		行政收入和罚没收入之和占财政收入比例(%)	负指标

续表

一级指标	二级指标	基础指标	属性
治理福祉	政府规模	一般预算支出/GDP	负指标
	政务环境	政府清白指数	正指标
		政府透明度指数	正指标
	数字化治理	电子服务能力指数	正指标
		每百人使用计算机数（台）	正指标
		有电子商务交易活动企业比重（%）	正指标

三　全国省域共同富裕幸福指数测算

（一）共同富裕幸福指数测算方式

共同富裕幸福指数的测算使用熵值法，基于指标变异性的大小确定客观权重。熵值法源于物理学概念，根据信息熵的定义，在评估某项指标时，熵值被用作衡量指标的离散程度。通常，一项指标的信息熵越低，表示其指标值的变异程度越高，所含信息量也更为丰富，从而在综合评价中占据更显著的地位，权重相应也更大。反之，若某指标的所有值均相等，则该指标在综合评价中不具备显著影响。因此，信息熵成为一个有效工具，用于计算各指标的权重，为多指标综合评价提供科学依据。运用熵值法进行决策时，需要经历以下步骤。

1. 数据标准化处理

为了确保评估结果不受量纲差异的影响，首要步骤是对各项指标进行标准化处理。基于指标的具体含义，可以将指标划分为正向指标和负向指标两类。随后，分别采用如下方法对这两类指标进行标准化处理。

对于正向指标：

$$x'_{ij} = \frac{X_{ij} - \min(X_{1j}, X_{2j}, \cdots, X_{nj})}{\max(X_{1j}, X_{2j}, \cdots, X_{nj}) - \min(X_{1j}, X_{2j}, \cdots, X_{nj})}$$

对于负向指标：

$$x'_{ij} = \frac{\max(X_{1j}, X_{2j}, \cdots, X_{nj}) - X_{ij}}{\max(X_{1j}, X_{2j}, \cdots, X_{nj}) - \min(X_{1j}, X_{2j}, \cdots, X_{nj})}$$

总而言之，需保证标准化后的数据皆为正数。

2. 确定各指标的权重并计算综合评分

在评估第 j 项指标时，计算第 i 个样本在该指标中所占比例，将其视为信息熵计算过程中的概率值。

$$y_{ij} = \frac{x'_{ij}}{\sum_{i=1}^{m} x'_{ij}}$$

根据信息论中信息熵的定义，一组数据的信息熵为：

$$e_j = -K \sum_{i=1}^{m} y_{ij} \ln y_{ij}$$

$$K = 1/\ln m$$

其中 $e_j \geq 0$。若 $y_{ij} = 0$，定义 $e_j = 0$，m 为考虑的影响因素的个数。

在此基础上，确定各指标的权重：

$$W_j = \frac{1 - e_j}{m - \sum_{j=1}^{m} e_j} (j = 1, 2, 3, \cdots, m)$$

最后，计算综合评分：

$$S_i = \sum_{j=1}^{n} y_{ij} W_j$$

（二）全国省域共同富裕幸福指数测算结果分析

本报告表 1~表 5 中基础指标所使用的数据绝大部分来源于 2023 年《中国统计年鉴》。此外，表 5 的"司法文明指数"数据来源于司法文明协同创新中心发布的《中国司法文明指数报告 2020—2021》，"政府清白指数"

"政府透明度指数"数据来源于中国人民大学国家发展与战略研究院政企关系与产业发展研究中心发布的《中国城市政商关系评价报告2022》，"电子服务能力指数"数据来源于武大—北大营商研究联合课题组发布的《中国省份营商环境评估数据库2023》。

由熵值法可得，共同富裕幸福指数中文化福祉权重最高，为28.95%。这显示出当前通过创造精神文化财富来不断满足人民对精神文化生活的向往和追求的重要性。其次是经济福祉（24.83%）。经济福祉占据较大比重，说明物质文明建设在实现共同富裕目标的过程中仍具有重要意义。当前人民群众对美好生活的需要是全方位、多层次的，对物质生活有着比以往更高的要求。剩余一级指标按权重排序依次为治理福祉（18.75%）、生态文明福祉（14.62%）、社会福祉（12.84%）（见表6）。

表6 共同富裕幸福指数五大福祉权重

单位：%

总指标	一级指标	权重
共同富裕幸福指数	经济福祉	24.83
	社会福祉	12.84
	文化福祉	28.95
	生态文明福祉	14.62
	治理福祉	18.75

全国省域共同富裕幸福指数测算结果显示，全国排名前五的省份分别为北京、上海、浙江、天津、江苏。北京共同富裕幸福指数排名全国第一。在构成总指数的五个一级指标中，北京经济福祉指数、社会福祉指数、文化福祉指数、生态文明福祉指数和治理福祉指数均排名第一。由此可见，北京在以上五大领域取得了较好的成绩，不愧为"首善之区"。

四　研究结论及对其他地区的借鉴

（一）主要研究结论

本报告从经济福祉、社会福祉、文化福祉、生态文明福祉和治理福祉五个方面构建了全国省域共同富裕幸福指数指标体系，对全国 31 个省份的共同富裕民生福祉情况进行了测度。主要研究结论如下。

共同富裕幸福指数中文化福祉权重最高（28.95%），其他依次为经济福祉（24.83%）、治理福祉（18.75%）、生态文明福祉（14.62%）、社会福祉（12.84%）。这反映出在物质文明基础之上，当前社会通过创造精神文化财富来不断满足人民对精神文化生活幸福方面的向往和追求。

全国共同富裕幸福指数排名前五的省份分别为北京、上海、浙江、天津、江苏。北京不仅共同富裕幸福指数排名全国第一，经济福祉指数、社会福祉指数、文化福祉指数、生态文明福祉指数和治理福祉指数也均排名第一。

（二）北京经验对其他地区的借鉴

北京在经济、社会、文化、生态文明和治理五大领域取得的经验，可以为全国其他地区提高共同富裕幸福水平提供有益参考。

经济福祉方面，北京消费情况排名全国第一，这与北京的国际消费中心城市建设是密不可分的。2021 年 7 月起，北京率先探索打造国际消费中心城市，完善消费环境，丰富消费供给，提升服务水平，在稳固传统消费的同时，培育新型消费，助推消费潜力释放，更好满足人民美好生活需要。

社会福祉方面，北京医疗养老保障排名全国第一。医疗保障方面，北京持续深化医疗保障制度改革，推进多层次医疗保障体系建设，初步建成了以城镇职工和城乡居民基本医疗保险为主体，医疗救助托底，补充医疗保险、商业健康保险共同发展的多层次医疗保障制度体系。养老保障方面，北京注重基本养老服务体系建设，加强居家社区机构养老服务网络建设，扩大普惠养老服务供给。

文化福祉方面，北京文化教育、文化产业排名全国第一。北京作为全国文化中心，深入推进首都教育现代化，促进学前教育和特殊教育普惠发展、义务教育优质均衡发展、普通高中多样化特色发展，完善职业教育和培训体系，支持在京高校"双一流"建设。文化产业方面，北京秉持"科技赋能文化、文化赋能城市"的文化产业发展思路，以文化领域供给侧结构性改革为牵引，突出高品质、服务性、融合化，加快构建高精尖文化产业体系。

生态文明福祉方面，北京生态安全排名全国第一，北京坚决维护首都生态安全，完善以分级负责、属地管理为主，部门协同为核心的环境应急责任体系，全面提升风险研判的精确度、监测预警的时效性以及应急处置的高效性。同时，强化极端天气的监测预警机制与风险防控措施，确保能够有效预防和化解各类生态环境风险，筑牢首都生态安全屏障。

治理福祉方面，北京市场环境和数字化治理排名全国第一。市场环境方面，北京着力打造首都首善一流市场营商环境，完善商事登记服务体系，加强公平竞争审查，强化竞争领域执法，积极推行柔性执法，稳步扩大规则、规制、管理、标准等制度型开放。数字化治理方面，北京以"以人为本、数据赋能"为发展核心，提高互联网公共服务普及度，推动产业数字化升级，推进城市治理体系和治理能力现代化，取得良好成效。

参考文献

H. Rashida，Z. Uzma，"Multidimensional Wellbeing：An Index of Quality of Life in a Developing Economy," *Social Indicators Research*，2013，114（3）.

F. Noorbakhash，"The Human Development Index：Some Technical Issues and Alternative Indices," *Journal of International Development*，1998（10）.

陈丽君、郁建兴、徐铱娜：《共同富裕指数模型的构建》，《治理研究》2021年第4期。

陈宗胜：《试论从普遍贫穷迈向共同富裕的中国道路与经验——改革开放以来分配激励体制改革与收入差别轨迹及分配格局变动》，《南开经济研究》2020 年第 6 期。

陈宗胜、杨希雷：《扎实推进全体人民共同富裕》，《中国社会科学报》2021 年 6 月 29 日，第 2 版。

董静、李子奈：《修正城乡加权法及其应用——由农村和城镇基尼系数推算全国基尼系数》，《数量经济技术经济研究》2004 年第 5 期。

黄群慧、刘学良：《新发展阶段中国经济发展关键节点的判断和认识》，《经济学动态》2021 年第 2 期。

李金昌：《统计测度：统计学迈向数据科学的基础》，《统计研究》2015 年第 8 期。

李金昌、余卫：《共同富裕统计监测评价探讨》，《统计研究》2022 年第 2 期。

李实：《共同富裕的目标和实现路径选择》，《经济研究》2021 年第 11 期。

李实、朱梦冰：《推进收入分配制度改革　促进共同富裕实现》，《管理世界》2022 年第 1 期。

李雪松：《努力实现"十四五"发展目标及 2035 年远景目标》，《经济研究参考》2020 年第 24 期。

刘培林等：《共同富裕的内涵、实现路径与测度方法》，《管理世界》2021 年第 8 期。

刘世锦主编《读懂"十四五"：新发展格局下的改革议程》，中信出版社，2021。

刘伟、蔡志洲：《如何看待中国仍然是一个发展中国家？》，《管理世界》2018 年第 9 期。

刘伟、陈彦斌：《"两个一百年"奋斗目标之间的经济发展：任务、挑战与应对方略》，《中国社会科学》2021 年第 3 期。

刘伟、陈彦斌：《2020—2035 年中国经济增长与基本实现社会主义现代化》，《中国人民大学学报》2020 年第 4 期。

刘元春：《科学测算和设定 2035 和"十四五"经济增长目标》，《经济展望》2020 年第 6 期。

陆挺：《2035 年我国成为"中等发达国家"需要多快的 GDP 增速》，《企业观察家》2021 年第 3 期。

罗楚亮、李实、岳希明：《中国居民收入差距变动分析（2013—2018）》，《中国社会科学》2021 年第 1 期。

吕光明、李莹：《我国收入分配差距演变特征的三维视角解析》，《财政研究》2016 年第 7 期。

吕光明、徐曼、李彬：《收入分配机会不平等问题研究进展》，《经济学动态》2014 年第 8 期。

闫海琪：《国际组织关于发达国家和发展中国家的界定》，《调研世界》2016 年第 7 期。

阮敬、刘雅楠：《从分享到共享：基于 CFPS 收入数据的发展成果多维共享格局研究》,《财经研究》2020 年第 4 期。

万海远、陈基平:《共享发展的全球比较与共同富裕的中国路径》,《财政研究》2021 年第 9 期。

万海远、陈基平:《共同富裕的理论内涵与量化方法》,《财贸经济》2021 年第 12 期。

习近平:《扎实推动共同富裕》,《求是》2021 年第 20 期。

解安、侯启缘:《新发展阶段下的共同富裕探析:理论内涵、指标测度及三大逻辑关系》,《河北学刊》2022 年第 1 期。

杨盼盼、徐建炜:《实际汇率的概念、测度及影响因素研究:文献综述》,《世界经济》2011 年第 9 期。

周佳雯、陈正芹、吴涛:《"先富共富"的实践困境与战略取向》,《中国浦东干部学院学报》2021 年第 2 期。

席恒、余澍:《共同富裕的实现逻辑与推进路径》,《西北大学学报》(哲学社会科学版)2022 年第 2 期。

周文、唐教成:《共同富裕的政治经济学阐释》,《西安财经大学学报》2022 年第 4 期。

程子非:《OECD 国家打造高品质生活的经验及启示》,《社会政策研究》2019 年第 3 期。

庄丽兰、许智闵:《衡量社会进步的工具——社会进步指数介绍》,《国土及公共治理季刊》2015 年第 1 期。

石彬:《德国品质生活评价指标体系构建及其对上海的借鉴与启示》,《科学发展》2019 年第 6 期。

张玉台等:《我国民生发展状况及民生主要诉求研究——"中国民生指数研究"综合报告》,《管理世界》2015 年第 2 期。

彭雷霆、张璐:《公共文化服务高质量发展评价研究》,《宏观质量研究》2023 年第 2 期。

B.4
北京城乡高质量发展评价分析（2024）[*]

摘　要： 　北京作为京津冀城市群的"一核"，在推动实现共同富裕和民族伟大复兴的战略目标中，肩负着引领城乡高质量发展的时代使命，也承担着城乡融合发展领头羊和桥头堡的历史重任。本报告从物质能量、经济社会、公共服务三个维度，选取 11 项一级指标及 32 项二级指标构建城乡高质量发展指数，科学度量北京城乡高质量发展水平，评价各维度对北京城乡高质量发展的贡献度，同时与其他省份进行比较分析，以期为各地政府探索适应高质量发展要求的城乡融合发展路径提供理论依据和实践经验。主要结论包括：（1）2011~2021 年，北京城乡高质量发展指数排名保持第一，排名前五的省份相对稳定，还包括上海、天津、浙江和江苏。（2）2021 年，北京城乡高质量发展指数物质能量维度排名降至第三，但与排名第二的天津差距较小；经济社会维度排名显著提升，从第四位上升至第一位；公共服务维度排名较稳定，始终保持在第一位。（3）2011~2021 年，北京城乡高质量发展指数从 0.447 提升至 0.523，增幅 17.00%；公共服务取代物质能量成为贡献度最高的维度，经济社会和公共服务维度指数的增长是总指数增长的主要原因。（4）北京信息发展、能源生态指标仍需大力提高，收入分配还要进一步优化和改善，综合服务水平仍需持续提升。

关键词： 　城乡高质量发展　北京市　熵值法

---

* 作者：北京市科学技术研究院高质量发展研究中心。执笔人：李京栋。李京栋，博士，北京市科学技术研究院高质量发展研究中心助理研究员，主要研究方向为高精尖产业、区域可持续发展。

一 选题背景和意义

中国特色社会主义进入新时代，我国社会主要矛盾已经转化为人民日益增长的美好生活需要和不平衡不充分的发展之间的矛盾，其中城乡发展不平衡及农村发展不充分的问题仍较为突出，统筹城乡高质量发展是解决我国当前社会主要矛盾的重要抓手。城乡发展的二元结构一直是困扰我国城乡高质量发展的主要矛盾，我国各级政府也从城乡收入、居民关系、资源配置等方面入手，试图转变我国城乡发展的二元结构体系。近年来，我国城乡居民收入差距不断缩小、城乡要素流动更加平等均衡、农村贫困人口全部脱贫，城乡发展一体化取得了瞩目成就。但由于区域发展不平衡的现状仍然存在，一些资源禀赋相对较差的乡村发展速度缓慢，乡村劳动力流失严重，乡村振兴进展放缓，城乡融合发展质量低，与东部沿海发达地区相比差距仍十分明显。因此，统筹实现城乡高质量融合发展是现阶段推动实现共同富裕战略目标的首要任务。

改革开放以来，我国城乡发展战略经历了从城乡二元发展、城乡统筹到城乡发展一体化再到城乡融合发展的调整及演变过程。党的十六大报告首次提出"统筹城乡经济社会发展"；[1] 党的十八大报告要求"推动城乡发展一体化"；[2] 党的十九大针对新时代城乡发展不平衡、农村发展不充分这一突出矛盾，对城乡发展一体化战略进行了深化，提出了"建立健全城乡融合发展体制机制和政策体系，加快推进农业农村现代化"的战略路径。[3] 城乡融合是指在社会生产力充分发展的条件下，由制度变革、技术进步、需求增长、文化创新等共同引致，形成城乡之间融为一体、水乳交融的良性发展态

---

① 《江泽民同志在党的十六大上所作报告全文》，共产党员网，2002 年 11 月 8 日，https：//fuwu. 12371. cn/2012/09/27/ARTI1348734708607117. shtml。
② 《胡锦涛在中国共产党第十八次全国代表大会上的报告》，共产党员网，2012 年 11 月 8 日，https：//www. 12371. cn/2012/11/17/ARTI1353154601465336. shtml。
③ 《习近平：决胜全面建成小康社会　夺取新时代中国特色社会主义伟大胜利——在中国共产党第十九次全国代表大会上的报告》，共产党员网，2017 年 10 月 18 日，https：//www. 12371. cn/2017/10/27/ARTI1509103656574313. shtml。

势。城乡融合发展则是党和国家关于城乡发展理论的最新成果。现阶段，新型城镇化和农业农村现代化应以高水平的城乡融合发展为重要抓手，同时是解决"三农"问题的根本途径。

北京作为京津冀城市群的"一核"，必须更好地发挥首都功能，展现其在京津冀城市群协同发展中的"北京担当"，在推动实现共同富裕和民族伟大复兴的战略目标中，肩负着引领城乡高质量发展的时代使命，也承担着城乡融合发展领头羊和桥头堡的历史重任。因此，在北京经济高质量发展阶段评价北京城乡融合高质量发展水平十分必要且迫切。本报告尝试立足于高质量发展阶段这一背景，深入探讨评价影响北京城乡融合发展的关键因素，通过分析北京高质量发展与城乡融合发展的关联性，深入理解北京城乡融合发展对实现共同富裕的重要意义，以期为我国城乡高质量发展促进共同富裕研究提供"北京经验"。

本报告的研究结论可以应用于城乡高质量发展的实践。不仅是北京及京津冀城市群，任何城市在践行城乡融合发展理念时，都需要思考如何在高质量发展时期统筹认识城乡关系，并制定城乡高质量融合发展的有效措施，因此本报告又具有研究的普适性。本报告从物质能量、经济社会、公共服务三个维度，基于设施建设、信息发展、能源生态、人口基础、收入分配、财政金融、生活质量、科技资源、教育资源、医疗资源、综合服务等 11 项一级指标，城市建设面积占比、人均运输线路里程数、夜光强度、有效灌溉率、城乡宽带接入用户数之比、城乡邮政投递路线之比、城乡居民移动电话拥有量之比、城乡居民计算机拥有量之比等 32 项二级指标构建城乡高质量发展指数，科学度量北京城乡高质量发展水平，评价各维度对北京城乡高质量发展的贡献度，同时与其他省份进行比较分析，以期为各地政府结合自身经济社会及资源禀赋情况，因地制宜推动城乡高质量融合发展及制定实现共同富裕的战略规划提供实践经验。

二　研究综述

从城乡关系发展研究的相关文献看，城乡发展一体化的相关研究相对较多。首先，多数学者从城乡发展一体化理论出发，认为各要素的平等发展和均衡利用是城乡发展一体化过程的重要特征和表现，并认为消除城市和乡村的基础性差距，将城市和乡村的发展融为一体是城乡发展的首要任务，城市居民和乡村居民拥有平等的权利和发展机会。一些研究也从空间网络系统的视角出发，印证了城乡发展一体化的理论，也有研究重点强调城乡发展关系中，城市发展的最终目的是带动周边乡村的发展。从现有研究看，丰富的文献基于不同视角对城乡发展一体化的内涵、理论重点和发展难点给出了差异化的见解，但城乡发展的二元结构是现有研究讨论所达成的共识，如何改变二元经济结构，实现城乡要素的合理配置是现有研究讨论的重点。

城市和乡村发展评价方面，构建指标体系对城市—乡村发展状况及成效进行评价是最常用的评价方式。其中，"经济—社会—空间—生态"多维指标评价模型是最常用的评价体系；也有研究从地理空间联系和城乡功能联系的角度构建城乡关系评价体系；还有部分研究从差异度和协调度两方面出发，对城乡发展一体化程度进行评价。在评价方法上，主要包括模糊评价、一般综合评价、聚类分析及 DEA 分析等方法。

城乡关系发展的影响因素方面，制度政策实施、基础设施建设、经济发展水平、农村金融支持、科技创新驱动等都是影响城乡关系发展的重要因素。首先，各类城乡相关制度、政策的实施和调整都能显著影响城乡发展的不平衡，如户籍制度、产权制度、土地政策等；交通、通信、教育、医疗、娱乐休闲等基础设施建设和公共资源分配能够明显体现城乡发展的一体化；经济发展水平、产业结构水平、农业农村现代化程度也是影响城乡发展一体化的重要指标，且这些指标都具有正向影响效应，尤其在经济发展水平较高的地区，对应了其较高的城乡发展一体化水平；农村金融可以加速农业农村现代化发展，缩小城乡发展差距，提升农业发展信息化、自动化、数字化水平；科技创新驱动已成为推动城乡融合发展的核心动能，农业大数据、智慧农业等对农业现代化水平提升贡献巨大，并加速了城乡发展一体化的进程。

高质量发展时期城乡关系的研究聚焦新发展理念、新增长方式背景下的城乡融合发展路径。坚持走绿色可持续发展道路是高质量发展时期城乡融合发展的首要任务，共享发展和高质高效是本质要求，城乡协调发展、要素市场化配置是重要保障。通过对城乡关系的相关研究进行总结可以得出，关于新发展时期城乡融合高质量发展的研究仍较少，更是缺乏在经济高质量发展、共同富裕等宏观背景下对城乡高质量发展评价的相关研究。因此，分析城乡高质量发展十分必要且迫切，其可以用于指导城乡高质量发展的实践，在推进城乡发展一体化、城乡融合发展的过程中，探究如何利用城市发展的优势加快乡村全面发展，从而加快农业农村现代化、建设农业强国及实现共同富裕，具有十分重要的理论和实践意义。

三 城乡高质量发展评价指标体系构建

（一）概念界定

城乡融合发展理念，是对城乡统筹、城乡发展一体化理念的发展和深化。党的十九大强调大力实施乡村振兴战略，明确提出走城乡融合发展之路，"建立健全城乡融合发展体制机制和政策体系，加快推进农业农村现代化"。当前我国的城乡二元结构严重阻碍了城乡融合发展，破除城乡二元发展模式，实现城乡融合发展是我国未来城乡建设的首要和重点任务。因此，对城乡高质量发展进行评价应该以城乡融合发展理念为基础构建指标体系。在城乡融合发展的内涵中，城市发展和乡村发展有机结合，在公平公正、开放共享的框架下，实现要素的平等流动、产业的紧密关联、资源的可持续利用、生产生活方式的变革和升级，最终实现人类社会的共同富裕，以及人与自然的和谐共处。因此，城乡融合发展过程中，城市或农村的单极发展理念应被摒弃，取而代之的是协同交融、双向推进的发展模式。现阶段，随着高质量发展、乡村振兴和共同富裕的不断推进，应该打破原有割裂的二元经济体系分析范式，将城市发展和农村发展放在同一个评价框架下进行分析。因此，构建城乡高质量发展评价指标体系进行度量和分析，不仅是检验城市和农村高质量发展成效的重要依据，也是衡量城乡融合发展水平的重要途径。

城乡高质量发展是缩小城市和乡村经济社会发展、生活水平差距的重要途径，也是解决中国快速工业化、城镇化及"三农"问题的有效途径。评价城乡高质量发展应重点关注物质能量要素、社会经济基础和公共服务功能方面。因此，本报告提出城乡高质量发展是具有城乡物质能量的平等利用、城乡经济社会的融合发展和城乡公共服务的均衡提升三个特征的综合性评价。首先，城乡物质能量的平等利用主要表现在基础设施建设、数字产业、能源生态等方面；其次，城乡经济社会的融合发展主要表现在人口基础、收入分配、财政金融、生活质量等方面；最后，城乡公共服务的均衡提升主要表现在科技资源、教育资源、医疗资源、综合服务等方面。

因此，本报告将围绕物质能量、经济社会、公共服务三个维度，通过设施建设、信息发展、能源生态、人口基础、收入分配、财政金融、生活质量、科技资源、教育资源、医疗资源、综合服务 11 项一级指标构建城乡高质量发展指数，进一步聚焦所选择的评价指标，以突出本报告的特色。二级指标的选择依据及具体计算方法将在下文展开分析。

（二）各维度评价指标选择

1.物质能量维度
（1）设施建设

推动城乡基础设施建设平衡均等发展，补齐农业农村发展的基础设施短板，是实现城乡高质量融合发展及共同富裕的必经之路。在推动城乡基础设施建设平衡均等发展方面，应充分考虑农村发展的实际需求，合理配置资源，确保农村基础设施建设与农村经济社会发展相适应；加大对农村基础设施建设的资金投入，通过增加财政拨款等方式，为农村基础设施建设提供稳定的资金来源；不断加强农村信息化建设，推广应用互联网、物联网、大数据等技术，提升农村通信基础设施的管理和服务水平；切实落实城乡资源的自由流动和平等利用原则，注重农业生产及农村生活中重要领域的设施完善，包括农业水利建设、农村道路建设等。因此，本报告选取城市建设面积占比、人均运输线路里程数、夜光强度、有效灌溉率指标，考察城市和乡村在设施建设方面的发展。

（2）信息发展

城乡信息发展是经济高质量发展时期推动城乡融合发展的重要手段。在高质量发展时期，信息技术、数字技术的发展和应用，能够有效促进城乡之间的信息交流、资源共享和优势互补，从而推动城乡融合发展。城乡信息发展能够优化城乡生产过程中的原材料及能源利用，提高生产效率，深化生产模式改革。这不仅有助于乡村生产，也对城市生产产生积极影响。同时，城乡信息发展还能促进城乡生产配套的融合，实现优势互补，提升城乡生产配套水平。城乡信息发展还表现为城乡居民生活需求的实时内在对接，信息化、数字化条件下的城乡生活融合更加注重居民生活的内在需求，通过城乡居民生活信息水平的全面提升和差距缩小，城乡居民生活实现进一步深入融合发展。因此，本报告选取城乡宽带接入用户数之比、城乡邮政投递路线之比、城乡居民移动电话拥有量之比、城乡居民计算机拥有量之比指标，考察城市和乡村在信息化及数字化方面的发展。

（3）能源生态

党的二十大和中央经济工作会议多次提出，以新时代首都发展为统领，推动经济高质量发展，扎实推进疏解整治促提升和城乡生态环境建设，更加精准、更富成效、更有质量地落实各项任务。城乡能源生态高质量发展是实现新时期城乡融合发展的必经之路。首先，能源是支撑城乡经济社会发展的关键因素。提高能源利用效率，意味着在相同的能源消耗下，可以产生更多的经济效益，进而推动城乡经济的快速发展；高效的能源利用有助于缩小城乡差距，通过推广先进的能源技术和设备，乡村地区可以更有效地利用能源，提高生产力和生活水平，逐步缩小与城市之间的差距。其次，生态保护是城乡可持续发展的先决条件。良好的生态环境是城乡发展的共同基础，只有保护好生态环境，才能确保城乡经济的长期稳定发展；生态保护有助于提升城乡居民的生活质量，优美的生态环境不仅可以提高城乡居民的生活满意度，还能吸引更多的人才和投资，进一步推动城乡融合发展。因此，本报告选取城乡居民传统能源消费强度之比、城乡居民电能消费强度之比、乡村生产碳排放强度、森林覆盖率指标，考察城市和乡村在能源生态方面的发展（见表1）。

表1　物质能量维度指标选取

维度	一级指标	二级指标	属性
物质能量	设施建设	城市建设面积占比(%)	正向指标
		人均运输线路里程数(米)	正向指标
		夜光强度(nW cm^{-2} sr^{-1})	正向指标
		有效灌溉率(%)	正向指标
	信息发展	城乡宽带接入用户数之比(%)	正向指标
		城乡邮政投递路线之比(%)	正向指标
		城乡居民移动电话拥有量之比(%)	正向指标
		城乡居民计算机拥有量之比(%)	正向指标
	能源生态	城乡居民传统能源消费强度之比(%)	负向指标
		城乡居民电能消费强度之比(%)	正向指标
		乡村生产碳排放强度(吨/万元)	负向指标
		森林覆盖率(%)	正向指标

2.经济社会维度

（1）人口基础

城乡人口基础差异是导致城乡发展不平衡的重要原因之一。为了缩小城乡差距，需要采取针对性的政策和措施，促进农村地区的经济社会发展，提升人口素质和生活水平。同时，要认识到城乡发展的差异性和互补性，推动城乡协调发展。城市人口规模通常较大，且人口分布较为密集。相比之下，农村地区的人口规模较小，人口密度也较低。这种差异与城市和农村的地理、经济和社会条件有关。城乡人口结构也存在显著差异。城市人口相对年轻，劳动力资源丰富，而农村人口则相对老龄化。因此，本报告选取城镇人口占比指标，考察城市和乡村在人口基础方面的发展。

（2）收入分配

城乡收入分配是制约城乡融合发展的主要因素。城乡居民的收入水平存在显著差异。通常情况下，城市居民的收入水平相对较高，而农村居民的收入水平相对较低。这种差异主要源于城乡经济发展水平的差异、就业机会的差异等。城乡居民的收入结构也存在差异。城市居民的收入来源相对多样化，而农村居民的收入来源相对单一，以农业生产性收入为主。城乡居民的消费水平与结构也存在差异。城市居民的消费水平相对较高，消费结构更加多样化，消费品质也更高；而农村居民的消费水平相对较低，消费结构较为单一，消费品质也较低。这种差异主要源于城乡经济发展水平的差异、消费环境的差异以及居民消费观念的差异等。因此，本报告选取城乡可支配收入之比、城乡消费支出之比、城乡恩格尔系数之比指标，考察城市和乡村在居民收入分配方面的发展。

（3）财政金融

财政金融资源集聚为推动城乡一体化建设、缩小城乡差距提供了重要的资金保障。首先，金融资源集聚有利于提升城乡建设水平。城乡建设需要大量的资金投入，而金融资源的集聚为城乡建设提供了充足的资金来源，从而加速了城乡建设的进程；金融资源集聚通过吸引众多的企业和人才促进经济增长和产业升级，间接地提升了城乡建设水平。其次，城乡金融服务水平也存在明显差异，这可能影响城乡居民的储蓄和投资机会。城市金融机构分布相对密集，金融产品和服务多样化，金融服务覆盖面广。而农村地区则可能面临金融服务不足的问题，影响了农村居民的金融参与和财富积累。最后，金融资源集聚有利于加快农村现代化和城镇化进程，且金融资源集聚能显著提升农业农村现代化建设和乡村企业发展水平，进而缩小城乡发展差距。因此，本报告选取农业财政投资占比、城乡居民储蓄年末余额之比、城乡固定资产投资之比指标，考察城市和乡村在金融投资及应用方面的发展。

（4）生活质量

城乡居民生活质量差距缩小，意味着在承认城乡社会形态、生产和生活方式差异的前提下，通过大力发展生产力，城乡居民可以享受到同等水平的生活条件、社会福利和生活质量。通过资源要素在城乡之间的合理流动，实现城乡人均发展效益均等化和城乡空间平衡，从而使城市生活质量和农村生活质量处于相当水平。生活质量是对人们生活水平的综合评价，包括个人对生活的满意度、内心的满足感和在社会中的自我实现。城乡生活质量是衡量人们生活水平和地位的多维度复合概念，是反映城乡经济发展水平和社会文明程度的重要指标，并直接关系到城乡居民的切身利益和福祉。生活质量研究主要集中在城镇居民和农村居民生活水平、城乡居民比较等方面。因此，本报告选取城乡居民拥有出行工具之比、城乡居民拥有生活电器之比、城乡居民拥有旅游器械之比指标，考察城市和乡村居民在生活质量方面的发展（见表2）。

表 2　经济社会维度指标选取

维度	一级指标	二级指标	属性
经济社会	人口基础	城镇人口占比（%）	正向指标
	收入分配	城乡可支配收入之比（%）	正向指标
		城乡消费支出之比（%）	正向指标
		城乡恩格尔系数之比（%）	负向指标
	财政金融	农业财政投资占比（%）	正向指标
		城乡居民储蓄年末余额之比（%）	正向指标
		城乡固定资产投资之比（%）	正向指标
	生活质量	城乡居民拥有出行工具之比（%）	正向指标
		城乡居民拥有生活电器之比（%）	正向指标
		城乡居民拥有旅游器械之比（%）	正向指标

3. 公共服务维度

（1）科技资源

科技和创新资源集聚促进技术发展，是实现农业现代化和促进城乡融合高质量发展的重要保障。首先，科技和创新资源的集聚，使得城乡发展主体获得更多的创新资源和技术成果，这有助于减少创新交易的成本，也加速了知识和技术的交流，促进创新要素的高效利用和产出。例如，相关专利和技术可以更容易地流入城乡发展的相关产业，尤其是高技术产业和现代农业，从而降低技术门槛，提高生产效率，推动城乡融合发展。其次，科技创新对现代农业发展的正向影响显著。通过计算机网络、数据平台、人工智能等技术和手段，可以建立农业共享网络、平台以及数据库，实现技术更新、资料更新、规模更新等的统一集中管理，不仅提高了农业生产效率，还为农业集约化、现代化、绿色化发展奠定了良好的基础。最后，科技和创新资源集聚为城乡产业发展布局提供了合理规划的依据。根据城乡资源禀赋的差异，推动资源型产品开发、农产品初加工等劳动密集型产业在城乡之间优化布局，推动农业与旅游、教育、文化等产业的融合，增加农村就业机会，推动城乡融合高质量发展。因此，本报告选取农业科研机构数、农业科研机构人数、农业机械化水平指标，考察城市和乡村在科技资源方面的发展。

（2）教育资源

党的十九大报告明确指出，实施乡村振兴战略要高度重视乡村义务教育，发挥乡村教育在乡村振兴中的基础性、先导性、全局性作用。《中共中央 国务院关于实施乡村振兴战略的意见》也着重强调了要优先发展乡村教育事业。首先，教育资源的改善能够培养更多高素质的人才，是推动城乡经济发展的关键力量。通过提供更好的城乡教育，优化教育资源配置，缩小城乡之间的教育差距，促进城乡教育的均衡发展，培养更多具备创新能力和专业技能的人才，为城乡的产业发展、科技创新和社会进步做出贡献。其次，优质的教育资源不仅创造了更多的就业机会，还能提高城乡居民的收入水平。通过教育提升个人技能和知识水平，以获得并胜任更高层次、更高薪酬的工作，从而直接提升乡村居民的收入水平，缩小城乡收入差距。最后，教育资源的改善有助于缓解城乡社会压力，降低失业率，减少社会不稳定因素，同时提高城乡居民的文化素质和道德素养，促进城乡社会的和谐稳定发展。因此，本报告选取居民万人拥有普通高等学校数、居民万人拥有普通高校教职工数指标，考察城市和乡村在教育资源方面的发展。

（3）医疗资源

通过促进资源服务共享、创新医疗诊治融合服务、提升健康咨询服务能力等措施，可以进一步优化医疗资源的配置和利用，提高医疗服务的质量和效率，缩小城乡医疗卫生差距，加速推动城乡融合发展。首先，统筹建立区域内城乡医学检验、医学影像、临床服务等资源共享中心，提高医疗卫生资源的配置和使用效率，优化医疗设施建设布局，提升服务能力，缩小城乡医疗卫生差距，促进城乡居民更便捷地享受高质量的医疗服务。其次，分人群开展疾病预防、筛查、诊治等一体化服务，通过连续、综合的医疗服务提升居民的健康水平，并推动城乡医疗服务的融合发展。最后，依托基层医疗卫生机构试点城乡家庭医生签约服务，提高医疗服务的可及性，提高城乡居民对医疗体系的信任度和满意度。为此，国家发展改革委等多部门联合印发了《"十四五"公共服务规划》，明确提出要加快城乡基本公共服务统筹，增加农村医疗、养老公共服务供给。因此，本报告选取居民万人拥有卫生人员数、医疗卫生机构诊疗强度指标，考察城市和乡村在医疗资源方面的发展。

（4）综合服务

城乡综合服务发展不均衡是阻碍城乡高质量发展的绊脚石。城市的教育资源相对丰富，包括高水平的教师、先进的教学设施、丰富的课外活动等。而农村地区的教育资源相对匮乏，教师的数量和质量以及教学设施都相对不如城市。城市的医疗资源相对丰富，有先进的医疗设备和高水平的医生。相比之下，农村地区的医疗资源有限，设施和医生的数量相对不足、质量相对不高。城市的交通、通信等公共设施都相对完善。而农村地区由于地理、经济等原因，公共设施的建设和维护相对不如城市。城市的物流体系和商业服务网络发达，居民购物和获取服务的选择多样。而在农村地区，由于地理位置和交通等因素的影响，物流和商业服务相对不如城市便利。城市的文化娱乐设施丰富多样，包括博物馆、图书馆、电影院等。而农村地区可能缺乏这些设施，导致文化娱乐活动的开展受限。城市的政府服务相对完善，包括社区服务、公共安全、应急管理等。而农村地区的政府服务覆盖面较窄，服务质量也相对低于城市。因此，本报告选取社会养老保险参保人数占比、最低生活保障人数占比、乡镇文化站拥有量指标，考察城市和乡村在综合服务方面的发展（见表3）。

表3　公共服务维度指标选取

维度	一级指标	二级指标	属性
公共服务	科技资源	农业科研机构数(个)	正向指标
		农业科研机构人数(人)	正向指标
		农业机械化水平(千瓦/公顷)	正向指标
	教育资源	居民万人拥有普通高等学校数(个)	正向指标
		居民万人拥有普通高校教职工数(人)	正向指标
	医疗资源	居民万人拥有卫生人员数(人)	正向指标
		医疗卫生机构诊疗强度(次/人)	正向指标
	综合服务	社会养老保险参保人数占比(%)	正向指标
		最低生活保障人数占比(%)	负向指标
		乡镇文化站拥有量(个)	正向指标

四　评价方法和数据来源

（一）评价方法

为了保证评价结果的科学合理性，本报告采用熵值法得到城乡高质量发展指数各评价指标的权重。

在通过熵值法得到指标权重时，首先要对指标进行标准化处理：

$$a_{ij} = \frac{x_{ij} - \min(x_j)}{\max(x_j) - \min(x_j)}$$

$$a'_{ij} = \frac{\max(x_j) - x_{ij}}{\max(x_j) - \min(x_j)}$$

其中，a_{ij}为正向指标的标准值，a'_{ij}为负向指标的标准值，$i, j = 1$，

$2, \cdots, n$; $\max (x_j)$ 和 $\min (x_j)$ 分别表示在 j 项指标中的最大值和最小值。

$$p_{ij} = a_{ij} / \sum_{i=1}^{m} a_{ij}, e_j = -\frac{1}{\ln(m)} \sum_{i=1}^{m} p_{ij} \ln p_{ij}$$

$$W^a = [w_1^a, w_2^a, \ldots, w_n^a], w_i^a = (1 - e_j) / \sum_{j=1}^{n} (1 - e_j)$$

其中，w_i^a 为第 i 项指标的权重。

（二）数据来源

本报告各项指标数据均来自公开发布的数据资料，主要包括 2012 ~ 2022 年《中国统计年鉴》、《中国农村统计年鉴》、《中国教育统计年鉴》、《全国农业科技统计资料汇编》、《中国能源统计年鉴》、VIIRS-VCMCFG 夜光遥感数据、31 个省份统计年鉴，并采用插值法对个别年份缺失的数据进行补充。

（三）各类指标权重计算结果

根据熵值法可以计算得到各二级指标的权重，并通过分类加总的方式得到 11 项一级指标和各维度的权重（见表 4）。

表 4　城乡高质量发展评价指标权重

维度	权重	一级指标	权重	二级指标	权重
物质能量	0.5100	设施建设	0.3203	城市建设面积占比（%）	0.1321
				人均运输线路里程数（米）	0.0631
				夜光强度（nW cm^{-2} sr^{-1}）	0.0874
				有效灌溉率（%）	0.0377
		信息发展	0.1178	城乡宽带接入用户数之比（%）	0.0303
				城乡邮政投递路线之比（%）	0.0625
				城乡居民移动电话拥有量之比（%）	0.0076
				城乡居民计算机拥有量之比（%）	0.0174
		能源生态	0.0719	城乡居民传统能源消费强度之比（%）	0.0032
				城乡居民电能消费强度之比（%）	0.0245
				乡村生产碳排放强度（吨/万元）	0.0085
				森林覆盖率（%）	0.0357

维度	权重	一级指标	权重	二级指标	权重
经济社会	0.2235	人口基础	0.0113	城镇人口占比（%）	0.0113
		收入分配	0.0346	城乡可支配收入之比（%）	0.0191
				城乡消费支出之比（%）	0.0110
				城乡恩格尔系数之比（%）	0.0045
		财政金融	0.1065	农业财政投资占比（%）	0.0196
				城乡居民储蓄年末余额之比（%）	0.0519
				城乡固定资产投资之比（%）	0.0350
		生活质量	0.0711	城乡居民拥有出行工具之比（%）	0.0272
				城乡居民拥有生活电器之比（%）	0.0122
				城乡居民拥有旅游器械之比（%）	0.0317
公共服务	0.2665	科技资源	0.0994	农业科研机构数（个）	0.0322
				农业科研机构人数（人）	0.0261
				农业机械化水平（千瓦/公顷）	0.0411
		教育资源	0.0892	居民万人拥有普通高等学校数（个）	0.0344
				居民万人拥有普通高校教职工数（人）	0.0548
		医疗资源	0.0464	居民万人拥有卫生人员数（人）	0.0157
				医疗卫生机构诊疗强度（次/人）	0.0307
		综合服务	0.0315	社会养老保险参保人数占比（%）	0.0138
				最低生活保障人数占比（%）	0.0086
				乡镇文化站拥有量（个）	0.0091

五　城乡高质量发展评价结果分析

（一）中国各省份城乡高质量发展评价

1. 总指数变动情况

从 2011~2021 年中国各省份城乡高质量发展指数排名变动情况看，2011 年中国城乡高质量发展指数排名前十的省份依次为北京（0.447）、上海（0.402）、天津（0.341）、浙江（0.338）、江苏（0.303）、广东

（0.267）、山东（0.266）、福建（0.260）、黑龙江（0.249）、河北（0.247）（见图1）。2021年中国城乡高质量发展指数排名前十的省份依次为北京（0.523）、上海（0.438）、天津（0.378）、浙江（0.370）、江苏（0.350）、广东（0.327）、山东（0.309）、福建（0.306）、安徽（0.306）、江西（0.295）（见图2）。2011~2021年，北京始终保持第一的位置，上海、天津、浙江、江苏始终保持第二至第五的位置，排名前五的省份相对稳定。

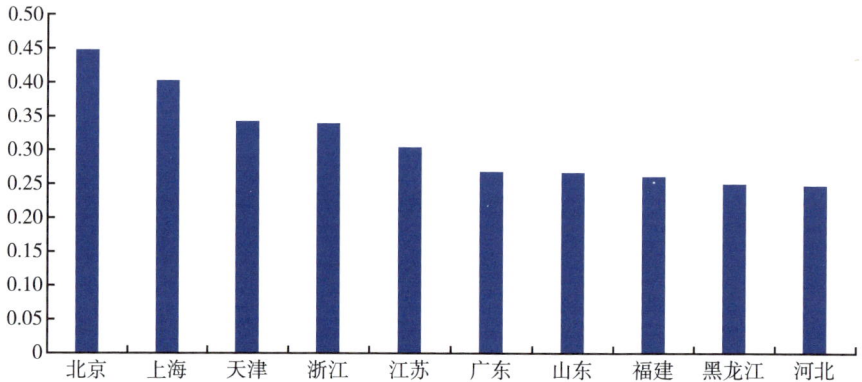

图1 2011年中国城乡高质量发展指数排名前十的省份

资料来源：笔者根据指数计算结果制作。以下图表未注明资料来源的均为笔者自制。

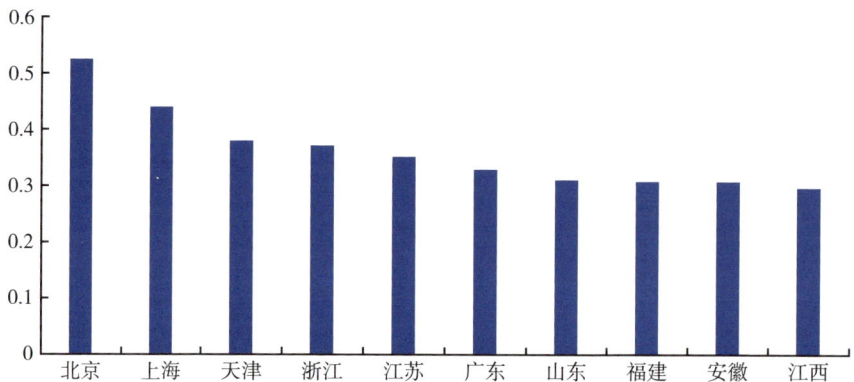

图2 2021年中国城乡高质量发展指数排名前十的省份

2. 各维度变动情况

（1）物质能量维度

2011 年，物质能量维度排名前十省份依次为上海、北京、浙江、江苏、天津、西藏、广东、福建、山东、江西（见图 3）；2021 年，物质能量维度排名前十省份依次为上海、天津、北京、江苏、浙江、广东、福建、山东、西藏、河北（见图 4）。2011～2021 年，上海城乡高质量发展指数物质能量维度排名稳定，始终保持第一位；天津城乡高质量发展指数物质能量维度排名进步明显，由第五位上升至第二位；北京城乡高质量发展指数物质能量维度排名下降，从第二位降至第三位。

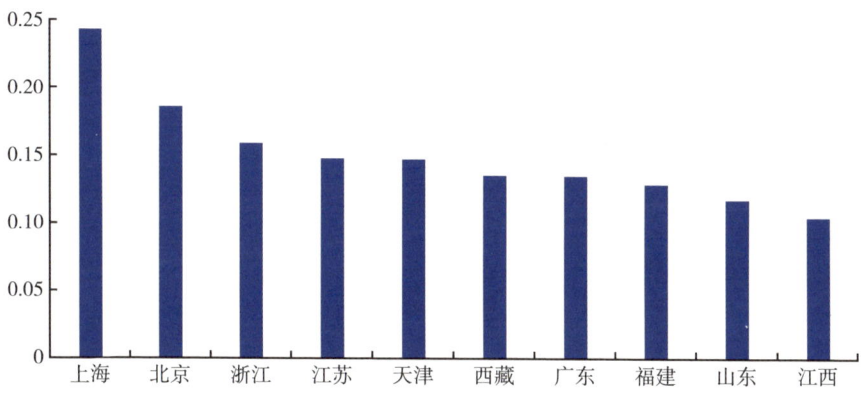

图 3　2011 年中国城乡高质量发展指数物质能量维度排名前十的省份

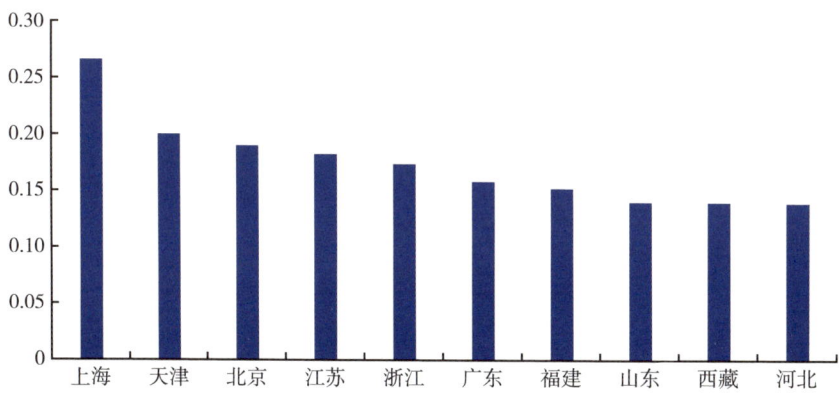

图 4　2021 年中国城乡高质量发展指数物质能量维度排名前十的省份

（2）经济社会维度

2011 年，经济社会维度排名前十省份依次为黑龙江、青海、浙江、北京、吉林、天津、新疆、江苏、河北、宁夏（见图5）；2021 年，经济社会维度排名前十省份依次为北京、黑龙江、浙江、宁夏、四川、辽宁、青海、安徽、吉林、内蒙古（见图6）。2011～2021 年，北京城乡高质量发展指数经济社会维度排名显著提升，从第四位上升至第一位；浙江城乡高质量发展指数经济社会维度排名较稳定，始终保持在第三位；四川城乡高质量发展指数经济社会维度指数从 0.066 上升至 0.082，排名从第十九前进到第五，进步明显。

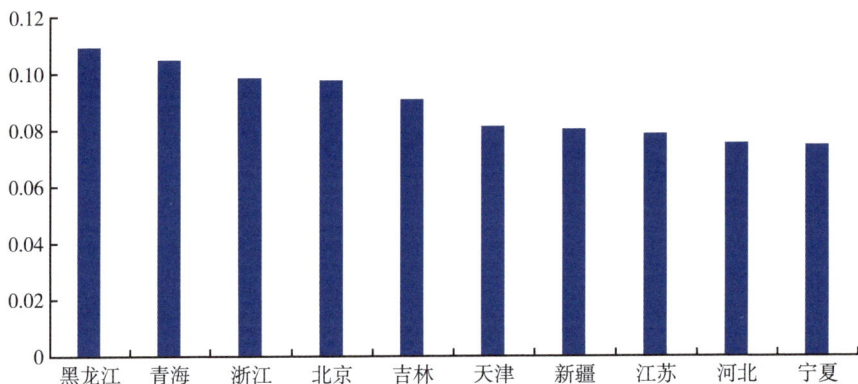

图5　2011 年中国城乡高质量发展指数经济社会维度排名前十的省份

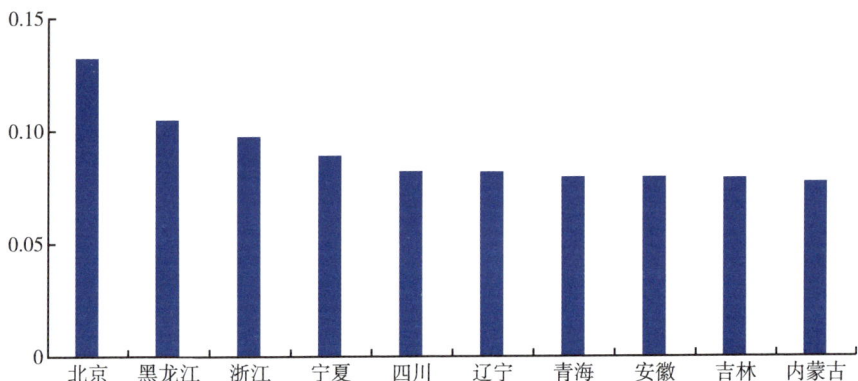

图6　2021 年中国城乡高质量发展指数经济社会维度排名前十的省份

124

（3）公共服务维度

2011 年，公共服务维度排名前十省份依次为北京、天津、上海、山东、浙江、江苏、辽宁、广东、江西、湖北（见图 7）；2021 年，公共服务维度排名前十省份依次为北京、天津、山东、浙江、上海、广东、吉林、河南、江苏、湖北（见图 8）。2011～2021 年，北京城乡高质量发展指数公共服务维度排名较稳定，始终保持第一位；广东城乡高质量发展指数公共服务维度排名明显提升，从第八位上升至第六位；上海从第三位下降至第五位；山东和浙江分别从第四位和第五位，上升至第三位和第四位。

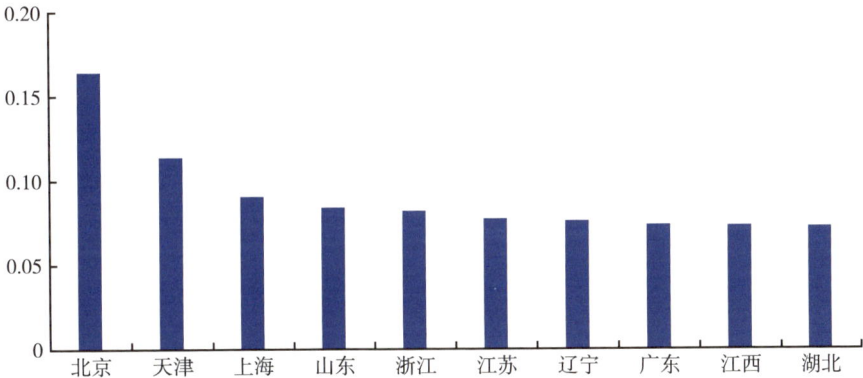

图 7　2011 年中国城乡高质量发展指数公共服务维度排名前十的省份

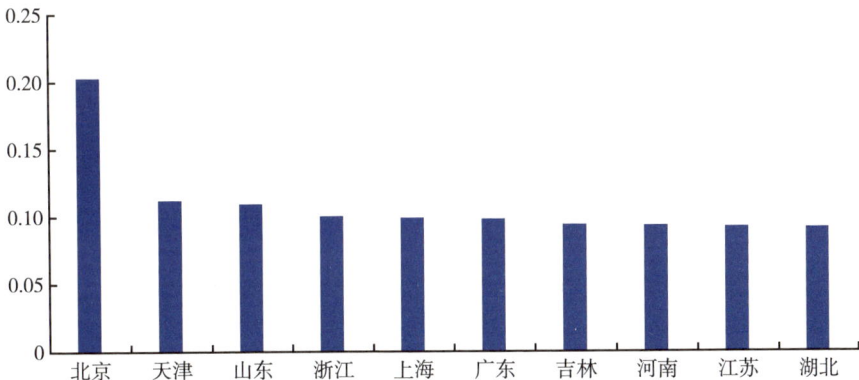

图 8　2021 年中国城乡高质量发展指数公共服务维度排名前十的省份

（二）北京城乡高质量发展评价

1. 总指数变动情况

2011~2021 年，北京城乡高质量发展指数从 0.447 提升至 0.523，增幅 17.00%，尤其是 2013 年之后呈现逐年增长的变动趋势。2011~2013 年，北京城乡高质量发展指数出现小幅度下降，2013 年达到最低值 0.440；2015~2021 年，北京城乡高质量发展指数增幅较大，从 0.456 提升至 0.523（见图 9）。

图 9　2011~2021 年北京城乡高质量发展指数

从各维度的贡献度来看，2011 年物质能量维度、经济社会维度、公共服务维度的贡献度分别为 41.58%、21.77%、36.65%；2021 年物质能量维度、经济社会维度、公共服务维度的贡献度分别为 36.13%、25.19%、38.68%。公共服务取代物质能量成为贡献度最高的维度，经济社会维度、公共服务维度指数的增长是总指数增长的主要原因（见图 10）。

横向比较而言，2021 年，北京城乡高质量发展指数在全国 31 个省份中排名第一。北京在物质能量维度、经济社会维度、公共服务维度均排名前

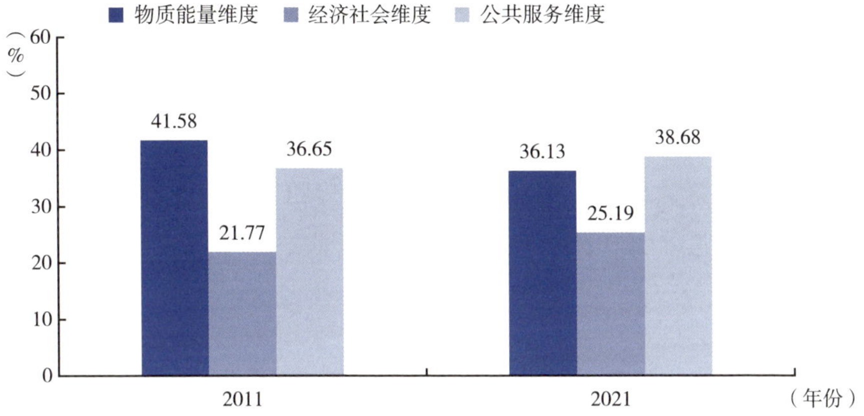

图10　2011~2021年北京城乡高质量发展指数各维度的贡献度

列，其中物质能量维度排名第三，经济社会维度、公共服务维度均排名第一（见图11）。在城乡高质量发展指数排名前六的省份中，相较于上海、天津，北京在经济社会维度、公共服务维度具有比较优势，在物质能量维度具有劣势；相较于浙江、江苏、广东，北京在物质能量维度、经济社会维度、公共服务维度均具有比较优势。

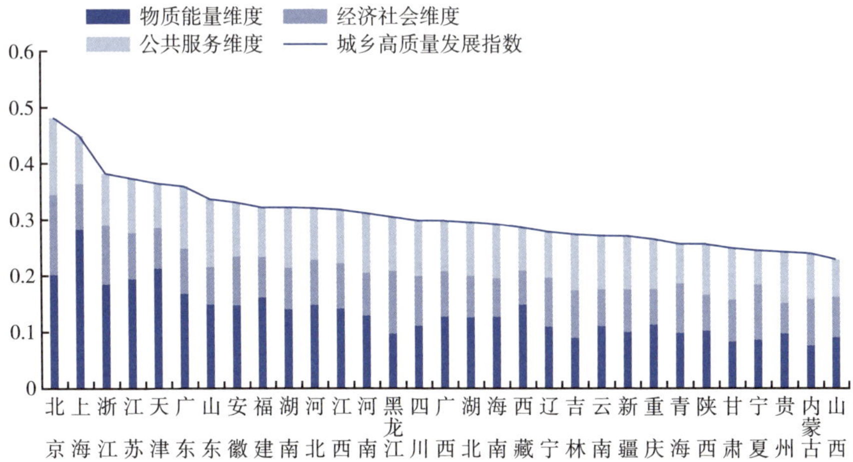

图11　2021年全国31个省份城乡高质量发展指数排名

2. 各维度变动情况

（1）物质能量维度

2011~2021年，北京城乡高质量发展指数物质能量维度指数呈现波动变化的趋势，从0.186波动上升至0.189（见图12）。2013年物质能量维度指数出现明显下降，2014~2020年物质能量维度指数呈现波动变化的趋势，2021年物质能量维度指数上升。

图12　2011~2021年北京城乡高质量发展指数物质能量维度指数变动趋势

从物质能量维度一级指标的贡献度看，2011~2021年，设施建设的贡献度始终最高，能源生态的贡献度明显增长。2011~2021年，设施建设的指标值从0.123小幅下降至0.117，减少了4.88%；信息发展的指标值也从0.028小幅下降至0.027，减少了3.57%；能源生态的指标值则从0.035提升至0.045，增长了28.57%（见图13）。

横向比较而言，2021年，北京城乡高质量发展指数物质能量维度在全国31个省份中排名第三（见图14）。从设施建设、信息发展、能源生态3项一级指标看，北京设施建设排名第三，而信息发展、能源生态排名相对偏低。这反映出，设施建设指标支撑了北京城乡物质能量的高质量发展，而信息发展、能源生态指标仍需要进一步提升。与上海、天津比较，北京信息发展、能源生态指标具有一定比较优势，而设施建设指标具有劣势；与江苏比

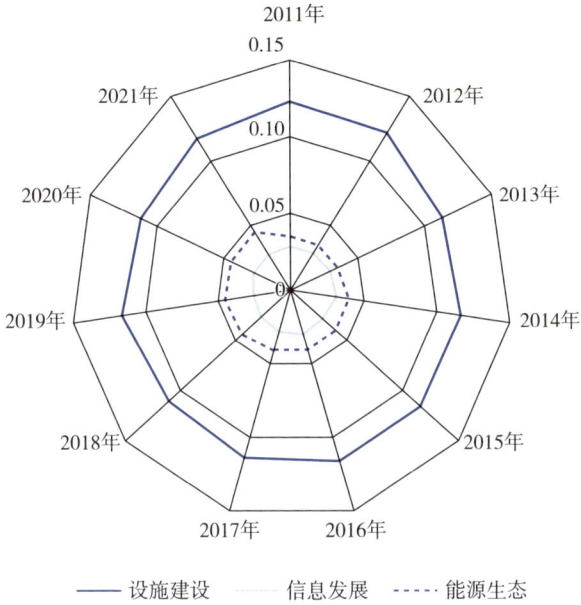

图13　2011~2021年北京城乡高质量发展指数物质能量维度一级指标变动情况

较，北京设施建设、能源生态指标具有一定比较优势，而信息发展指标具有劣势。

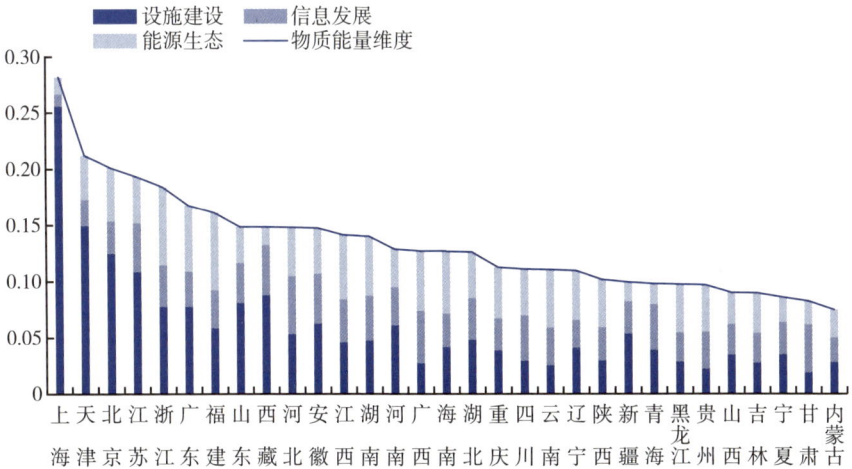

图14　2021年全国31个省份城乡高质量发展指数物质能量维度排名

（2）经济社会维度

2011~2021 年，北京城乡高质量发展指数经济社会维度指数总体呈现增长趋势，从 0.097 增长至 0.132，增幅 36.08%。2011~2014 年经济社会维度指数呈现小幅波动下降趋势，2015~2018 年经济社会维度指数呈现缓慢增长的趋势，2019~2021 年经济社会维度指数大幅增长，从 0.106 增长到 0.132，增幅达到 24.53%（见图 15）。

图 15　2011~2021 年北京城乡高质量发展指数经济社会维度指数变动趋势

从 2011~2021 年北京城乡高质量发展指数经济社会维度一级指标贡献度来看，财政金融超过生活质量成为贡献度最高的指标，其余指标贡献度相对稳定。2011~2021 年，人口基础的指标值保持在 0.011 左右，变动极小；收入分配的指标值从 0.015 提升至 0.017，增长 13.33%；财政金融的指标值从 0.032 提升至 0.066，增长 106.25%；生活质量的指标值从 0.040 下降至 0.038，减少 5.00%（见图 16）。

横向比较而言，2021 年，北京城乡高质量发展指数经济社会维度在全国 31 个省份中排名第一（见图 17）。从人口基础、收入分配、财政金融、生活质量 4 项一级指标看，北京人口基础、财政金融、生活质量指标均排名第一，而收入分配指标排名相对偏低。这反映出，收入分配指标是制约北京

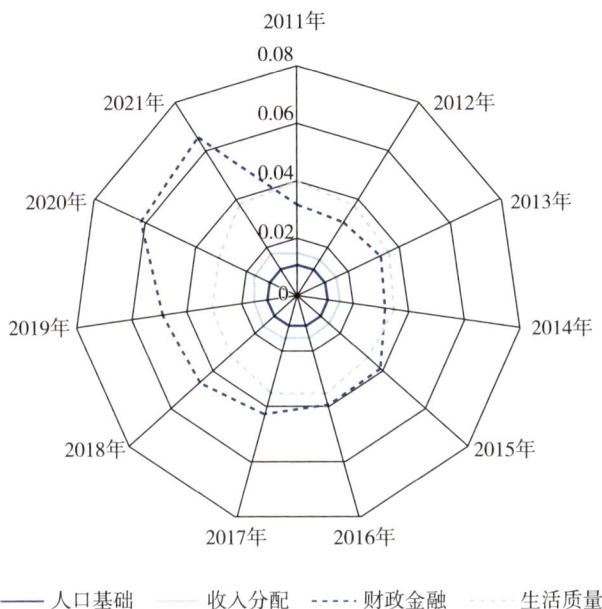

图 16　2011~2021 年北京城乡高质量发展指数经济社会维度一级指标变动情况

城乡经济社会高质量发展的主要因素，改善和优化收入分配更有助于北京城乡高质量发展。相较于黑龙江、浙江，北京人口基础、财政金融、生活质量指标具有一定比较优势，而收入分配指标具有劣势。

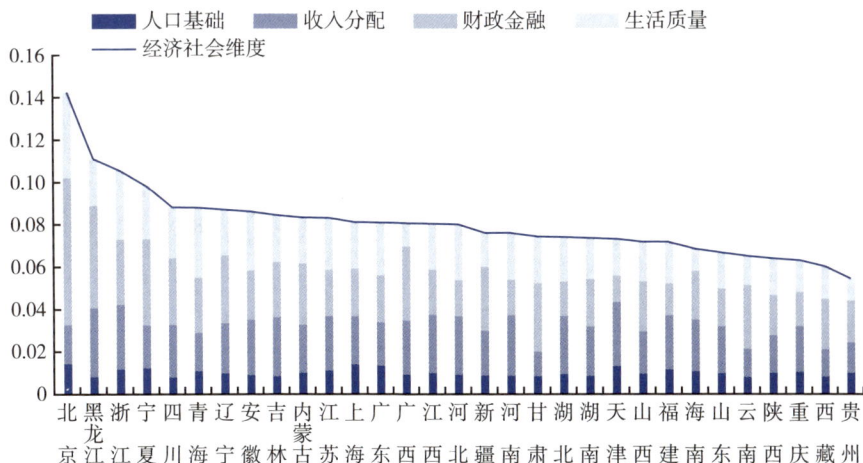

图 17　2021 年全国 31 个省份城乡高质量发展指数经济社会维度排名

（3）公共服务维度

2011~2021 年，北京城乡高质量发展指数公共服务维度指数整体上呈现增长趋势，从 0.164 增长至 0.202，增幅 23.17%，尤其是 2015~2019 年公共服务维度指数增幅较大。2011~2013 年公共服务维度指数增长缓慢，从 0.164 增长至 0.168，仅提高了 0.004；2015~2019 年公共服务维度指数迅速增长，从 0.175 增至 0.203；2019~2021 年公共服务维度指数呈现先下降后上升的趋势，从 0.203 小幅度下降至 0.196 后又上升至 0.202（见图 18）。

图 18　2011~2021 年北京城乡高质量发展指数公共服务维度指数变动趋势

从 2011~2021 年北京城乡高质量发展指数公共服务维度一级指标的贡献度来看，教育资源的贡献度最大；科技资源和医疗资源的贡献度也较大，且两者指标值的快速增长是推动公共服务维度指数大幅增长的主要因素；综合服务的贡献度最小。2011~2021 年，科技资源的指标值从 0.034 提升至 0.056，增幅 64.71%；教育资源的指标值从 0.086 提升至 0.087，增幅 1.16%；医疗资源的指标值从 0.028 提升至 0.043，增幅 53.57%；综合服务的指标值从 0.016 提升至 0.017，增幅 6.25%（见图 19）。

横向比较而言，2021 年，北京城乡高质量发展指数公共服务维度在全国 31 个省份中排名第一（见图 20）。从科技资源、教育资源、医疗资源、综合服务 4 项一级指标看，北京科技资源、教育资源、医疗资源指标均排名

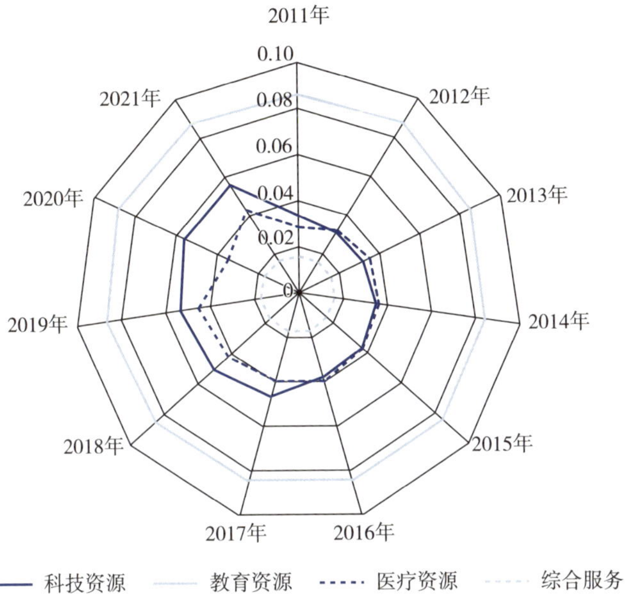

图 19 2011~2021 年北京城乡高质量发展指数公共服务维度一级指标变动情况

前三，而综合服务指标排名相对较差。这反映出，提升综合服务水平是未来北京城乡公共服务高质量发展的重要抓手。与山东比较，北京教育资源、医

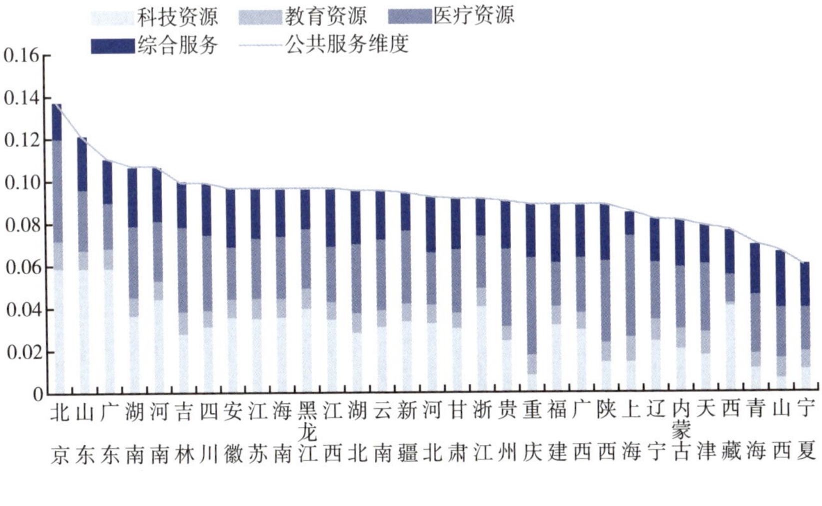

图 20 2021 年全国 31 个省份城乡高质量发展指数公共服务维度排名

疗资源指标具有比较优势，而综合服务指标具有劣势；与广东比较，北京科技资源、教育资源、医疗资源指标具有一定比较优势，而综合服务指标具有劣势。

六　主要研究结论和对策建议

（一）主要研究结论

本报告从物质能量、经济社会、公共服务三个维度，基于设施建设、信息发展、能源生态、人口基础、收入分配、财政金融、生活质量、科技资源、教育资源、医疗资源、综合服务等 11 项一级指标，城市建设面积占比、人均运输线路里程数、夜光强度、有效灌溉率、城乡宽带接入用户数之比、城乡邮政投递路线之比、城乡居民移动电话拥有量之比、城乡居民计算机拥有量之比等 32 项二级指标构建城乡高质量发展评价指标体系，对北京城乡高质量发展水平进行科学度量，并评价各维度对北京城乡高质量发展的贡献度，同时与其他省份进行比较分析，以期为各地政府探索适应高质量发展要求的城乡融合发展路径及制定实现共同富裕的战略规划提供实践经验，主要研究结论如下。

第一，从全国 31 个省份城乡高质量发展指数的结果看，2011~2021 年，北京城乡高质量发展指数排名保持第一，排名前五的省份相对稳定，还包括上海、天津、浙江和江苏。

第二，从城乡高质量发展指数各维度变动的结果看，2011~2021 年，北京城乡高质量发展指数物质能量维度指数增幅较小，排名第三，但与排名第二天津的差距较小；北京城乡高质量发展指数经济社会维度指数显著增长，排名从第四上升至第一；北京城乡高质量发展指数公共服务维度排名较稳定，始终保持第一位。

第三，从北京城乡高质量发展指数的变化情况看，2011~2021 年，北京城乡高质量发展指数从 0.447 提升至 0.523，增幅 17.00%，尤其是 2013 年之后呈现逐年增长的趋势；公共服务取代物质能量成为贡献度最高的维度，经济社会维度、公共服务维度指数的增长是总指数增长的主要原因。

第四，北京城乡高质量发展仍存在一些不足和短板，物质能量维度的信息发展、能源生态指标需要大力提高，经济社会维度的收入分配指标还要进一步优化和改善，公共服务维度的综合服务指标也需持续提升。

（二）对策建议

1. 强化城乡物质能量的平等利用

（1）夯实基础设施建设。城乡基础设施建设是推动城乡高质量发展的重要基础，对于提升城乡居民的生活水平、促进经济高质量增长、增强可持续发展能力等方面都具有重要意义。首先，加大规划管理和投入力度。制定科学合理的城乡基础设施建设规划，明确建设目标、任务和措施，加强规划的执行和监督，确保各项建设工作的有序推进，加大对城乡基础设施建设的投入力度，通过财政预算、专项资金等方式保障建设所需资金。同时，鼓励社会资本参与城乡基础设施建设，形成多元化的投资格局。其次，推进交通、信息和水利基础设施建设。加强城乡交通基础设施建设，完善道路网络布局，提高道路通行能力和安全性。推进公共交通发展，完善公交站点和线路设置，方便居民出行。加强水利基础设施建设，完善防洪排涝体系，提高抗洪抗旱能力。同时，加强水资源管理，推进节水型社会建设。加强信息基础设施建设，完善信息网络布局，提高信息传输和交换能力。推广信息化应用，促进信息技术与经济社会各领域的深度融合。最后，加大投入力度、推进科技创新、注重可持续发展，夯实城乡基础设施建设。

（2）推动数字赋能转型。推动城乡数字赋能转型是实现城乡协调发展的重要途径。数字技术的推广和应用，可以促进城乡产业数字化转型、优化城乡公共服务、提升城乡治理水平等方面的工作。首先，加强城乡数字基础设施建设，包括互联网、物联网、云计算、大数据等设施，提高数字技术的普及和应用水平。同时，加强网络安全保障，确保数字基础设施的安全稳定运行。其次，促进产业数字化转型，鼓励传统产业应用数字技术进行转型升级，提高生产效率和产品附加值。支持新兴数字产业的发展，培育数字经济新动能。加强数字技术的研发和创新，提高自主创新能力。再次，优化城乡公共服务，推广数字化公共服务，提高服务质量和效率。例如，通过数字化手段提供在线教育、远程医疗、智慧社区等服务，满足城乡居民的多样化需求。加强数字技术的普及和应用培训，提高居民的数字素养和技能水平。最后，提升城乡治理水平，运用数字技术推进城乡治理现代化，提高治理效率和透明度。例如，建设数字化政务平台，实现政务信息共享和业务协同。利用大数据分析技术，为政策制定和决策提供科学依据。加强城市管理和应急响应能力，提高城市安全保障和抗灾能力。

（3）优化能源生态利用。优化城乡能源生态利用是实现城乡可持续发展的重要组成部分。首先，提高能源利用效率，加强节能减排工作。推广节能技术和设备，鼓励企业进行节能改造。加强建筑节能设计，提高建筑能效。加强公共场所的节能管理，如公共照明、空调等设备的节能运行。其次，加强能源管理，建立健全能源管理体系，完善能源管理制度和标准。建立能源消耗监测和统计机制，加强对重点用能单位的监管。推广能源审计和能效评估，提高企业和居民的节能意识和能力。再次，促进能源资源循环利用，加强废弃物的回收和利用。鼓励企业发展循环经济，实现废弃物的减量化、资源化和无害化处理。加强污水处理和垃圾处理设施建设，提高城乡环境卫生水平。最后，推动科技创新，加强能源科技创新，推动能源领域的科技进步。鼓励企业加大研发投入，提高自主创新能力。加强国际合作和交流，引进国外先进的清洁能源技术和经验。

2. 促进城乡经济社会的融合发展

（1）优化农村收入分配。优化农村收入分配是促进城乡经济社会融合发展和缩小城乡居民生活水平差距的重要途径。首先，发展特色农业和品牌农业，鼓励农民采用先进技术、设备和管理经验，推动农业生产提质增效。同时，加强农业科技创新和成果转化，提高农产品附加值和竞争力。结合当地资源和市场需求，发展特色农业和品牌农业，提高农产品知名度和市场占有率。加强农产品质量安全管理，保障食品安全和消费者权益。其次，完善农村金融服务体系，满足农民的融资需求。政府引导金融机构加大对农村经济的支持力度，推出适合农民的金融产品和服务。再次，促进农村一二三产业融合发展，推动农村产业升级和农村经济多元化发展，增加农民的收入来源。加强农村市场体系建设，规范市场秩序，保障公平竞争，鼓励农民成立合作社或联合体，提高其组织化程度和市场话语权。最后，北京市政府应进一步加大对农业农村经济的扶持力度，制定优惠政策，鼓励农民创业创新。同时，加强对农村经济的监测和预警，及时解决存在的问题和困难。提高农民的劳动技能水平和素质，增强其就业竞争力和创业能力。政府组织各类技能培训和职业培训项目，帮助农民提升自身素质和就业能力。

（2）提高农村财政金融投入。提高农村财政金融投入需要政府、金融机构和社会各方的共同努力。首先，加大政府财政投入和金融支持力度。各级政府应加大对农村的财政投入，主要用于农业基础设施建设以及农村教育、医疗、社保等方面的支出。此外，设立专项资金用于支持农业科技创新、农民专业合作社等项目。鼓励各类金融机构加大对农村的信贷支持力度，开发适合农村的金融产品和服务。例如，可以推广农业保险、农村小额贷款等业务，为农民提供更多的融资渠道。其次，优化财政资金使用方式，引导社会资本投入。政府应优化财政资金的使用方式，提高资金使用效率。通过设立专项资金，实行财政贴息、税收优惠等政策措施，引导社会资本流入农村，并指导和建议投资的重点产业和领域。通过政府和社会资本合作、股权投资等方式，吸引更多的社会资本投入农村。最后，加强财政金融政策协同和财政金融监管。政府应加强财政金融政策的协同配合，形成政策合力。通过财政贴息、担保等方式，降低金融机构的信贷风险，提高金融机构投放贷款的积极性。建立健全财政金融监管体系，规范金融机构的行为。同时，加强对财政金融政策的绩效评估，确保政策目标的实现。

（3）落实生活质量提升。落实乡村居民生活质量提升需要政府、社会各界和乡村居民共同努力。加强乡村基础设施建设，包括道路、供水、供电、通信等方面。提升乡村道路的通行能力和安全性，保障供水供电的稳定性和可靠性，以提高乡村居民的生活便利度和舒适度。推进乡村住房改造和环境整治，鼓励乡村居民建设具有地方特色的安全、舒适、节能的住房。同时，加强乡村环境卫生治理，完善垃圾处理、污水处理等设施，提升乡村环境质量，提高教育、医疗等公共服务质量。加强乡村学校和医疗机构的建设，提供多样化的文化体育活动，满足乡村居民的基本需求和提高生活质量。推动乡村产业升级和经济发展，通过优化农业产业结构、发展乡村旅游、培育特色产业等方式，提高乡村经济的效益和乡村居民的收入水平。同时，鼓励乡村居民参与乡村经济发展，提供更多的就业机会和增收途径。加强农业科技创新和技术推广，引进先进的农业技术和设备，提高农业生产效率和农产品附加值。通过科技手段推动乡村经济发展，为乡村居民提供更好的生产和生活条件。进一步加大对农业农村发展的支持力度，制定一系列扶持政策，并通过政策引导和资金支持，鼓励社会资本流入乡村，促进乡村经济的可持续发展。加强乡村人才培养和引进工作，提高乡村居民的素质和能力。通过开展技能培训和文化教育活动，提升乡村居民的就业能力和文化素养。同时，引进优秀人才参与乡村建设和发展，为乡村经济社会发展注入新的活力。

3. 实现城乡公共服务水平的均衡提升

（1）加大城乡科技创新投入。加大城乡科技创新投入是推动城乡发展的重要途径。政府、企业和相关机构应加大对科技创新的投入力度，优化投入结构，培养和引进优秀科技人才，以推动城乡高质量发展。一方面，应提高城乡科技创新投入的强度和稳定性。政府通过财政拨款、税收优惠、奖励措施等方式，加大对科技创新的投入力度，鼓励企业增加科技研发投入。同时，应建立健全科技创新投入的稳定增长机制，确保科技创新投入的可持续性。另一方面，应优化城乡科技创新投入的结构。政府和企业应重点关注关键领域和核心技术，加强基础研究和应用研究，推动科技创新成果的转化和产业化。同时，应加强产学研用合作，促进科技创新资源的共享和协同，提高科技创新的整体效能。此外，还应加强对科技创新人才的培养和引进。政府和企业应加大对科技创新人才的培养力度，提高人才的素质和能力。同时，应通过优惠政策和良好的工作环境吸引国内外优秀科技人才参与城乡科技创新活动。

（2）提高城乡人才培育水平。提高城乡人才培育水平需要政府、企业、教育机构和社会各方的共同努力。确保城乡儿童接受良好的基础教育，提高教育质量。增加对基础教育的投入，改善教学设施，提高教师待遇，吸引优秀教师到农村工作。针对城乡劳动力的不同需求，开展各种形式的职业教育和技能培训。例如，为农村青年提供农业技能培训，为城市下岗工人提供职业技能培训。鼓励城乡居民接受高等教育，提高他们的专业水平和综合素质。同时，提供继续教育机会，使劳动力在职业生涯中不断更新知识和技能。促进城乡之间的人才交流，鼓励城市人才到农村开展技术指导和创业支持，引导农村人才到城市学习先进的理念和技术。利用现代信息技术手段，如网络教育、远程培训等，突破时间和空间的限制，使城乡居民更方便地接受教育和培训。通过设立奖励、补贴等政策措施，激励城乡居民积极学习和提升自身能力。同时，创造良好的工作环境，吸引和留住优秀人才。通过与国际组织以及外国政府、企业、教育机构等的合作，引进国外先进的教育理念和资源，提高城乡人才培育的国际竞争力。

（3）扩大医疗健康优势。政府应加大对医疗卫生的投入，提高医疗资源配置水平，优化医疗资源布局，推动优质医疗资源向基层和农村地区延伸。医疗机构应注重提高医疗服务质量，加强医护人员培训和医德医风建设，提高医疗技术和服务水平。同时，加强医疗信息化建设，推广远程医疗等新型服务模式，提升患者就医体验。加强公共卫生体系建设，提高疾病预防控制能力。完善传染病监测预警体系，加强应急救援能力建设，提高应对突发公共卫生事件的能力。加强健康科技创新，鼓励医疗卫生机构与高校、科研院所等开展合作，推动医学科技进步。同时，推广应用数字化、智能化医疗设备和技术，提高医疗服务效率。鼓励社会资本投资健康产业，培育健康服务新业态。支持发展健康保险、健康管理、健康咨询等健康服务业，满足人民群众多样化的健康需求。积极参与国际医学交流与合作，引进国际先进的医疗技术和理念。同时，加强与国际组织和国外政府、企业、教育机构等的合作，共同推动全球卫生事业发展。加强健康教育，普及健康知识，提高居民健康素养。鼓励居民养成良好的生活习惯，倡导健康生活方式，促进全民健康素质的提升。

（4）完善城乡服务体系建设。完善城乡服务体系建设需要政府、企业、社会组织和个人等各方共同努力。应加大对城乡基础设施建设的投入，包括道路、交通、供水、供电、通信等方面，提高基础设施的覆盖率和便利度。优化城乡公共服务设施，提高教育、医疗、文化、体育等服务的水平和质量。加强公共服务人才队伍建设，提高服务人员的专业素质和服务能力。加强城乡社区建设，发挥社区在服务体系建设中的基础作用。完善社区服务体系，提升社区服务能力和管理水平。鼓励居民参与社区事务，增强社区凝聚力和归属感。利用现代信息技术手段，推动城乡服务体系的数字化、智能化发展。建立统一的公共服务信息平台，实现信息共享和业务协同。根据城乡居民的需求和特点，优化服务供给结构。加强养老、托幼、家政等领域的服务供给，满足城乡居民多样化的服务需求。政府应加大对城乡服务体系建设的支持力度，制定优惠政策，提供资金扶持。同时，建立健全相关法规和标准，规范服务行业的管理和运作。鼓励企业、社会组织和个人积极参与城乡服务体系建设，形成多元化的服务供给格局。通过公私合作、共建共享等方式，提高服务体系的运营效率，扩大覆盖面。

参考文献

Y. Feng, H. Yuan, Y. Liu, S. Zhang, "Does New-type Urbanization Policy Promote Green Energy Efficiency? Evidence from a Quasi-natural Experiment in China," *Energy Economics*, 2023, 124.

Q. Ma, F. Shi, "New Urbanization and High-quality Urban and Rural Development: Based on the Interactive Coupling Analysis of Industrial Green Transformation," *Ecological Indicators*, 2023, 156.

M. Zhang, L. Wang, P. Ma, W. Wang, "Urban-rural Income Gap and Air Pollution: A

Stumbling Block or Stepping Stone," *Environmental Impact Assessment Review*，2022，94.

方创琳：《城乡融合发展机理与演进规律的理论解析》，《地理学报》2022 年第 4 期。

涂圣伟：《城乡融合发展开启现代化建设新局面》，《经济日报》2019 年 5 月 21 日，第 11 版。

张克俊、杜婵：《从城乡统筹、城乡一体化到城乡融合发展：继承与升华》，《农村经济》2019 年第 11 期。

王永生、刘彦随：《生态产业化与乡村振兴作用机制及区域实践——以陕西洋县为例》，《地理学报》2023 年第 10 期。

张留记：《城乡一体化之路》，农村读物出版社，1989。

李同升、库向阳：《城乡一体化发展的动力机制及其演变分析——以宝鸡市为例》，《西北大学学报》（自然科学版）2000 年第 3 期。

洪银兴、陈雯：《城市化和城乡一体化》，《经济理论与经济管理》2003 年第 4 期。

姜作培：《城乡一体化：统筹城乡发展的目标探索》，《南方经济》2004 年第 1 期。

任保平：《城乡经济社会一体化：界定、机制、条件及其度量》，《贵州财经学院学报》2011 年第 1 期。

朱善利等：《中国城乡一体化之路：生产三要素市场统一构建与城乡经济社会一体化战略实施》，北京大学出版社，2013。

杨荣南：《城乡一体化及其评价指标体系初探》，《城市研究》1997 年第 2 期。

曾磊、雷军、鲁奇：《我国城乡关联度评价指标体系构建及区域比较分析》，《地理研究》2002 年第 6 期。

顾益康、许勇军：《城乡一体化评估指标体系研究》，《浙江社会科学》2004 年第 6 期。

易纯：《湖南省城乡一体化发展水平及效率评价》，《中国农业资源与区划》2020 年第 8 期。

李志杰：《我国城乡一体化评价体系设计及实证分析——基于时间序列数据和截面数据的综合考察》，《经济与管理研究》2009 年第 12 期。

张庆文等：《城乡一体化综合评价与聚类分析——以北京市为例》，《农村经济》2010 年第 12 期。

汤春玲、马跃如：《基于直觉模糊的中国省域城乡一体化水平测度》，《经济地理》2016 年第 10 期。

郭岚：《上海城乡一体化测度研究》，《上海经济研究》2017 年第 7 期。

韩俊：《以制度创新促进城乡一体化发展》，《理论视野》2010 年第 3 期。

张合林、都永慧：《我国城乡一体化发展水平测度及影响因素分析》，《郑州大学学报》（哲学社会科学版）2019 年第 1 期。

詹学刚：《城乡一体化建设制约因素及路径探索》，《探索》2015 年第 5 期。

徐维祥等：《乡村振兴与新型城镇化耦合协调的动态演进及其驱动机制》，《自然资源学报》2020 年第 9 期。

张峰：《基于城乡一体化的农村金融体系构建研究》，《商业研究》2013 年第 2 期。

张来武：《创新驱动城乡一体化发展的理论思考与实践探索》，《中国软科学》2015 年第 4 期。

宋伟、吴限：《大数据助推智慧农业发展》，《人民论坛》2019 年第 12 期。

翟坤周、侯守杰：《"十四五"时期我国城乡融合高质量发展的绿色框架、意蕴及推进方案》，《改革》2020 年第 11 期。

韩文龙、吴丰华：《新时代城乡融合发展的理论内涵与实现路径》，《马克思主义与现实》2020 年第 2 期。

文丰安、王星：《新时代城乡融合高质量发展：科学内涵、理论基础与推动路径》，《新视野》2020 年第 3 期。

许彩玲、李建建：《城乡融合发展的科学内涵与实现路径——基于马克思主义城乡关系理论的思考》，《经济学家》2019 年第 1 期。

魏后凯、芦千文：《城乡融合视域下扩大农村内需的潜力与路径》，《China Economist》2023 年第 4 期。

方创琳、赵文杰：《新型城镇化及城乡融合发展促进中国式现代化建设》，《经济地理》2023 年第 1 期。

刘彦随、杨忍、林元城：《中国县域城镇化格局演化与优化路径》，《地理学报》2022 年第 12 期。

B.5
数字技术创新促进城乡共同富裕的
作用机制研究[*]

摘　要：　数字技术创新促进城乡共同富裕，体现了在高质量发展中创新成为第一动力、协调成为内生特点、共享成为根本目的的要求。伴随数字技术与农业产业的逐渐融合，乡村振兴和共同富裕必将焕发数字新活力。鉴于此，本报告系统探讨数字技术创新促进城乡共同富裕的作用机制，搭建"数字技术赋能—产业结构升级—社会经济效应"的理论分析框架；利用扎根理论对企业、城市案例资料逐级编码，提出数字技术创新促进共同富裕的基本内涵和实现路径；分析数字技术创新促进城乡共同富裕的实现机制和理论逻辑。研究发现：第一，数字技术创新培育高端生产要素；赋能传统生产要素，提升要素投入产出效率、促进要素流动，推动经济发展并缩小城乡差距。第二，数字技术创新通过普惠均衡机制、匹配升级机制促进城乡共同富裕。第三，数字技术创新通过优化数字化规制、构建良性产业生态、形成城乡新业态，分别在宏观、中观、微观三个层面驱动共同富裕的实现。本报告提出以下政策建议：统筹规划城乡一体化的新型数字基础设施建设，规范城乡一体化的数字治理制度建设，加快构建城乡一体化的数字融合公共服务体系，加强数字经济创新人才队伍建设，加强科技向善价值观引领。

关键词：　数字技术创新　共同富裕　扎根理论

---

* 作者：北京市科学技术研究院高质量发展研究中心。执笔人：谢玲、杨雨萌。谢玲，博士，北京市科学技术研究院高质量发展研究中心课题组成员，遵义医科大学副教授，主要研究方向为风险管理、健康管理；杨雨萌，北京市科学技术研究院高质量发展研究中心博士，主要研究方向为数字经济、高精尖产业。

2021 年 8 月召开的中央财经委员会第十次会议指出，扎实推进共同富裕是中国实现现代化的重要特征，也是社会主义的本质要求。近年来，得益于国家布局调整，我国农村经济发展水平获得了巨大的提升。然而，偏向城市的经济发展政策的长期执行，使得城乡之间的经济差距没有明显缩小。城乡不平衡发展的原因是多样的，体制、政策变动及二元经济结构是导致贫富差距的主要因素。在经济发展水平高的地区，经济增长对平衡城乡收入具有正向作用；反之，在经济发展水平较低的地区具有负向作用，这是经济发展水平对城乡发展不平衡表现出的门槛效应。有研究通过建模证明了农村劳动力的择优转移会扩大城乡收入差距，因为农村劳动力的非均质化，使得部分适宜城市发展的农村劳动力择优向城市转移。经过围绕城乡差距多方面的探讨，可以认为城乡贫富差距是多方面因素共同作用的综合结果。

《中华人民共和国国民经济和社会发展第十三个五年规划纲要》、党的十九大报告以及习近平总书记重要讲话中都曾明确指出，数字经济需要得到快速发展。2020 年，国家发布《中华人民共和国国民经济和社会发展第十四个五年规划和 2035 年远景目标纲要》，将数字化驱动生产、生活、治理方式的现代化定为国家层面的重要战略部署。习近平总书记指出，"打好关键核心技术攻坚战，尽快实现高水平自立自强，把发展数字经济自主权牢牢掌握在自己手中"[1]。基于数字技术具有的高科技、高共享性特征，数字技术创新既为经济规模扩张提供动力，也通过就业岗位创造、公共服务均等化为均衡发展提供技术支持。特别是在数字乡村建设中，数字技术促进乡村绿色发展、经济创新发展、经济共享增长和持续增长，推动城乡融合发展，缩小城乡差距。

当前对于数字经济的研究成果较多，对数字经济发展与城乡收入差距的研究大多立足于政府行为。数字经济是一种新型经济，以数据资源为主要的基础生产要素，充分利用互联网信息通信技术有效优化经济结构，提高经济

---

[1] 《习近平主持中央政治局第三十四次集体学习：把握数字经济发展趋势和规律　推动我国数字经济健康发展》，商务部网站，2021 年 10 月 19 日，https://www.gov.cn/xinwen/2021-10/19/content_ 5643653. htm。

发展质量和效率，是促进现代经济发展的重要驱动力量。有学者对 284 个地级市的数据进行统计分析，聚焦经济的中介效应，发现其对缩小地区经济差距有明显的正向作用。对中国营养与健康调查数据进行基于无条件分位回归模型的分布分解后发现，互联网的普及能够提高中等收入群体的人均工资水平，缩小不同人群之间的收入差距。互联网普及对产业的集聚具有显著作用，促进了产业结构的合理优化，缩小了收入差距。

关于共同富裕的研究显示，国际主流是从反贫困、包容性增长、人的全面发展等与共同富裕内涵类似的角度制定测量办法，如联合国开发计划署和牛津大学贫困与人类发展中心构建的多维贫困指数从健康、教育和生活水平三个角度衡量贫困。世界经济论坛构建的全球包容性发展指数包括增长和发展、包容性、代际公平和可持续性三大维度。在国内已有研究中，多数学者认同以富裕度和共享度来衡量共同富裕水平的方式，富裕度的测度主要包括经济发展、人均收入或消费等生活文化类指标，共享度的测度则包括城乡经济发展、居民收入、公共服务等发展差距性指标。

目前，已有研究对数字经济推进城乡共同富裕的机制与路径进行了分析和讨论。有文献基于 2012～2021 年我国 30 个省份面板数据，分析了数字经济、资源要素配置和城乡协调发展三者之间的关系，数字经济能够显著促进城乡协调发展，能够通过优化资源要素配置促进城乡协调发展，且在高经济发展水平、高教育水平以及高城镇化水平地区更为明显。数字化显著提高了城乡居民整体收入水平，但这种积极作用并非动态均衡的，在数字经济发展早期确实存在城乡"数字鸿沟"现象，但随着数字化进程的深入，城乡"数字鸿沟"开始逐步弥合，并且这种弥合效应在时间线上呈现逐步强化的趋势。针对数字经济与共同富裕间关系的研究发现，数字经济发展可缩小城乡收入差距，产生共同富裕效应；数字经济对农村居民的增收效果优于城镇居民。

在数字经济创新研究方面，有研究在经典理论与现有研究的基础上，提出数字经济创新是能够支撑数字经济发展新理念、新技术和新模式产生及应用的技术经济活动。也有文献结合区块链技术，以数字经济理论创新为指引，提出"经营生态—数字赋能—高质量发展"三位一体递进性的理论分析框架,从理论与实践的多维角度探索数字经济助力中国经济行稳致远的规律。在国内大循环为主体、国内国际双循环相互促进的新发展格局下,数字经济创新是战略性力量,要使中国经济实现更高质量的发展,则需实施夯实战略底座、推动万物互联、践行数实共生和厚植产业生态四大战略。数字经济创新体系包括数字知识创新、数字技术创新、数字知识传播和数字知识应用,这一体系的构建是推进中国式现代化的重要保障。也有研究定量测度后发现,2010~2020 年中国数字产业创新创业水平总体呈提升趋势,但区域间差异较大;中国数字经济创新的研发阶段效率较高,但科技成果转化阶段效率低,阻碍了创新效能的充分发挥。

现有文献关于数字经济创新的研究较为丰富且扎实,为本报告奠定了基础且提供了实证依据,但目前大部分研究是从微观层面研究数字经济发展对城乡共同富裕整体的效应,且数字经济创新对城乡共同富裕作用方面的研究还相对较少。实现数字经济创新发展,需要推动数字科技基础理论突破,提高关键数字软硬件供给能力,扩大高水平数字创新人才供给,促进数字经济与实体经济融合创新发展。在当前的新发展格局下,研究数字经济创新推动城乡共同富裕的作用机制,特别是数字经济创新如何推动乡村产业转型升级,促进乡村在农业、交通、医疗、教育、新能源、智慧养老等领域的高质量发展,对实现数字经济创新的高质量发展具有现实意义。

一 典型案例分析

在推动共同富裕的进程中,科技向善的理念扮演着至关重要的角色,这不仅是科技发展的内在准则,更是实现社会公平与共同富裕的关键路径。值得注意的是,科技的进步对于共同富裕的影响具有双重性。习近平总书记曾深刻指出,"新一轮科技革命和产业变革有力推动了经济发展,也对就业和收入分配带来深刻影响,包括一些负面影响,需要有效应对和解决"[①]。尽管这

---

① 习近平:《扎实推动共同富裕》,《求是》2021 年第 20 期。

些技术革新能有效提升发展效率，进而提高民众的生活水平，并有助于实现共同富裕的愿景，但需要警惕的是也可能加剧社会收入的不平等，从而在一定程度上阻碍共同富裕的实现。因此，需在积极拥抱科技发展的同时，审慎应对其可能带来的挑战，确保科技真正为社会的全面进步和共同富裕服务。

在当今科技飞速发展的背景下，诸多科技公司秉持着向善的初衷。然而，现实中的生存和竞争压力往往使得这些公司将社会公益性质置于较低位置。新一代信息技术的崛起使得不同地域、行业和企业之间在信息和网络技术的拥有、运用以及创新上产生显著差异。这种差异不仅加剧了信息获取的不平等，也加剧了贫富差距的扩大。与此同时，技术的不断进步也带来了新的问题。技术的替代效应导致劳动力需求的降低，进而增加了失业风险。而技术的溢出效应和信息的过载现象，也在一定程度上削弱了社会的稳定性。这些问题都暗示着技术进步在实现共同富裕过程中可能构成的障碍。从技术的本质属性来看，技术发展对经济社会既有积极的推动作用，也存在潜在的消极影响。因此，发展负责任的技术，避免其潜在的负面影响，成为推动社会进步和发展的必然选择。鉴于此，深入研究企业通过数字技术创新推动共同富裕的机制、模式以及具体路径，不仅具有重要的理论价值，也对实践具有深远的指导意义。

（一）企业案例

1. 研究方法

为了进一步阐释企业数字技术创新促进共同富裕的机制，本部分对企业相关行为进行内容识别。

（1）分析资料的选择

在探讨民营企业推动共同富裕和科技向善的路径时，通常以自驱式市场导向模式为主。以阿里巴巴和腾讯等科技巨头为例，两者不仅发布了旨在促进共同富裕的系列计划，而且在实际行动中践行了共同富裕和科技向善的理念。如在理念层面，腾讯郑重提出投资 500 亿元实施"可持续社会价值创新"战略,深入探索基础科学研究、教育创新、乡村振兴、碳中和、养老科技以及公益数字化等多个领域。腾讯基于此战略,以科技为使命,通过产品创新、技术创新等多种形式,实现社会价值的共享与传递,从而增进人民福祉。在行动层面,腾讯充分利用其在信息技术领域的优势,为低收入群体提供技能培训,确保他们获得平等的教育机会,并通过"授人以渔"的方式,有效增强他们的财富创造能力。而阿里巴巴则通过加入"无障碍行动"计划,推出多款针对老年人等特定用户群体的应用程序,致力于解决"数字鸿沟"问题,确保更多群体能够平等享受数字服务。此外,阿里巴巴还在地球数字化和绿色计算等领域持续探索,积极运用技术解决未来可能面临的挑战,以推动科技进步。

本报告选定 2019~2023 年阿里巴巴、华为、腾讯等公司发布的关于企业科技向善方面的文件作为企业数字技术创新促进共同富裕的材料。

选择这些文件的原因主要是:第一,公开文件是由大公司编写、发布,具有较强的权威性。第二,文件反映了企业数字技术创新推动共同富裕的具体措施。虽然我国对于民企科技向善也已出台一定措施,但是出台的文件更多是在宏观层面对加强科技伦理治理做出系统部署。对于如何通过企业数字技术创新推动共同富裕以及具体怎么操作涉及较少。所以企业的相关规划文件更适合作为企业数字技术创新推动共同富裕内容识别的材料。第三,这些文件具有一定的普适性。由于上述企业在数字经济发展的头部城市均有布局,相应文件措施并非仅仅针对某一区域。第四,这些文件具有相对的完整性、系统性、全面性。

(2) 内容识别过程

本报告主要通过质化内容分析的方法对企业数字技术创新推动共同富裕内容进行识别。

质化内容分析是一种深入理解和诠释文本数据内容的研究方法,其侧重于通过系统的编码归类、主题识别和形态模式提炼实现研究目标。实现过程并非简单地对单词进行计量,而是将繁复的文本数据系统化地划分为若干具有相似意义的有效类目。通过精心设计的编码体系和分类框架,质化内容分析能够精准地捕捉文本中的主题或模式，进而深入阐释文本数据的核心内容和潜在意义。这种研究方法不仅有助于更好地理解文本数据，还能为后续的学术分析和研究提供有力的理论支撑。[①] 本报告运用质化内容分析的方法，对阿里巴巴、华为、腾讯发布的相关文件进行编码，[②] 由于材料内容较多，本报告借用扎根理论三级编码的思路，并使用 Nvivo11 软件协助进行编码。第一步，开放式编码。逐字逐句对原始资料进行分析，从原始资料中对初始范畴进行系统总结和提炼。第二步，主轴式编码。在对初始范畴总结提炼的基础上，厘清各个范畴间的内在逻辑，并基于此确定主、副范畴。第三步，选择性编码。对主范畴进行归纳得到核心范畴，基于前述各个范畴间的内在逻辑，构建理论分析框架。第四步，理论饱和度检验。利用剩余的小部分资料，检验基于大部分原始资料构建而成的理论的饱和度。如果无新的范畴生成，说明此前构建的理论框架饱和；若发现新的范畴，则重复开放式编码、主轴式编码和选择性编码，进一步完善理论框架。第五步，信度评估。由于质化内容分析的主观性比较强，为尽量排除主观性带来的错误，提高研究信度，可由多名相关领域的学者对资料进行完整的编码分析，然后对结果进行比较分析。

2. 阿里巴巴促进共同富裕的案例分析

（1）企业背景

1999 年，阿里巴巴创立于浙江杭州，其初衷是运用互联网平台提供商品交易服务。经过多年发展，阿里巴巴成功构建了一个全面覆盖消费者的数字化生态系统，该系统汇聚了平台商家、品牌持有者、零售商、战略合作方等多元主体。在集团的核心业务领域，淘宝、天猫以及 1688 交易平台占据了举足轻重的地位，不仅为消费者提供了丰富的商品选择，更为商家搭建了一个高效、便捷的交易渠道。此外，阿里巴巴还不断拓展技术领域，阿里云等技术数据平台和菜鸟等物流平台应运而生，为阿里巴巴生态系统的稳健运

---

① 刘伟：《内容分析法在公共管理学研究中的应用》，《中国行政管理》2014 年第 6 期。
② 姜红等：《基于政策工具视角的中国产教融合政策适配性研究——77 份国家层面政策文件的量化分析》，《吉林大学社会科学学报》2023 年第 1 期。

行提供了强有力的技术支撑和物流保障。这些平台与服务的不断完善，进一步巩固了阿里巴巴在数字经济领域的领先地位。

（2）基于扎根理论的促进机制分析

首先，进行开放式编码。开放式编码是一个系统性的过程，它涉及对原始资料中的语句和片段进行逐句审视，并以新的逻辑结构和含义进行重新组合。为确保提取的初始概念与企业发展的真实情况紧密相关，本报告在运用开放式编码方法时，特别注重依据企业材料的原始表述进行精确提炼，以此为基础形成贴合实际的概念框架。这一做法旨在确保编码结果的真实性和有效性，为后续的深入分析和研究奠定坚实基础。最终得到 22个初始概念作为"自由节点"，并进一步将其归结为相关的 8 个初始范畴（见表 1）。

表 1　阿里巴巴开放式编码结果（部分）

初始范畴	原始资料	资料来源
科技研发资金投入	加大科技投入，扶持欠发达地区数字化建设。如设立科技产业基金，设立科技人才基金和奖励计划等	阿里巴巴助力共同富裕十项行动
欠发达地区创新平台建设	阿里云在河北张北、贵州贵安等地都部署了数据中心，在浙西南山区的丽水，建成阿里云创新中心。大数据、云计算、数字营销，这些看似"高大上"的产业，也开始走进那些昔日偏远的地方，给欠发达地区带来增长新动能	阿里巴巴助力共同富裕十项行动
助推农业产业化建设	联合地方政府，建设农产品集采中心，打造一批区域公用品牌等	阿里巴巴助力共同富裕十项行动
乡村扶贫商品销售工作帮助贫困县创收	利用数字平台技术支持履行社会责任，2020年响应国家号召，推进乡村扶贫商品销售工作，帮扶的国家贫困县多达 832 个，贫困县帮扶活动为阿里平台实现商品销售累计达2700 亿元	《2020—2021 阿里巴巴集团社会责任报告》
数字技术支持中小企业	2020 年启动"春雷计划"，为中小公司构建国内"双循环"市场提供技术支持	春雷计划

初始范畴	原始资料	资料来源
共建新型基层医疗	专项投入建设村级医疗站,打造云上"医共体"等	阿里巴巴助力共同富裕十项行动
为欠发达地区培养数字化人才	为广大县域的中职学生进行职业规划,培养他们的兴趣与技术能力,未来希望能为欠发达地区培养超过 20 万名数字化人才,让他们有机会成为专精尖人才	"技术普惠人才培养计划"
派驻技术专家	派驻"乡村振兴技术官"到田间地头去,通过送技术下乡"授人以渔",希望为县域提供技术保障、培训与支持,为乡村提供更有力的技术人才支撑	派驻员项目
助推农业产业化建设	阿里巴巴数字乡村事业部"AI+农业"项目与广西灵山合作的模型,融合了视觉模型和机理模型的多模态以促进农产品增收	"AI+农业"项目

其次,进行主轴式编码形成主、副范畴(见表2)。

表2　阿里巴巴主轴式编码结果

主范畴	副范畴	初始范畴
数字技术创新激活效应	创新基金	科技研发资金投入
	创新平台	欠发达地区创新平台建设
数字技术创新协同效应	技术协同	数字技术支持中小企业
	产业协同	助推农业产业化建设
	业务协同	乡村扶贫商品销售工作帮助贫困县创收
数字技术创新普惠效应	教育普惠	为欠发达地区培养数字化人才
	医疗普惠	共建新型基层医疗
	技术普惠	派驻技术专家

最后,经过选择性编码,得到典型关系结构(见表3)。

表 3　阿里巴巴选择性编码结果

典型关系结构	结构描述
数字技术创新激活效应→促进共同富裕	数字经济头部企业通过数字技术创新激发各种要素的积极性,加快创造社会财富,以此促进共同富裕
数字技术创新协同效应→促进共同富裕	数字经济头部企业通过数字技术创新的协同效应构筑共富机制,促进包容性增长,有利于均衡发展
数字技术创新普惠效应→促进共同富裕	数字经济头部企业通过数字技术创新普惠效应助力合理分配社会财富,以此构筑共享机制,促进共同富裕

综上可知,企业通过数字技术创新的激活、协同和普惠效应,进一步推动农村产业实现"链条扩张和效益提升",并助力优化分配方式,以此构筑共享机制,促进共同富裕。完善的产业链是连接供应、需求、资源分配和消费等多个环节的关键,为农民提供了增加收入和家庭财富的有力支持,有助于解决农村内部发展的动力不足问题。阿里巴巴通过数智化手段畅通产供销全链路,发挥数字化特长,帮助农业产业链补短板。例如,数字化果园通过数字化智能设备监控水分、养料等,进行科学化、标准化种植,并提供仓储、冷藏、物流、销售等多方面服务。阿里巴巴除了数字技术赋能产供销全链路,还提供数字基础的多重解决方案,为农产品生产端解决了销售顾虑,让生产端可以全身心地投入生产,各个环节之间的衔接顾虑得到了处理,农产品质量也得到了更高的重视。通过这种方式整合生产、加工和销售等多个环节,成功构建了一个以集约化、生态可持续化和集群效应为主导的综合性产业布局网络。这一网络的建立不仅优化了资源配置,提高了生产效率,还实现了生态友好与产业集聚的有机统一,为产业的可持续发展奠定了坚实基础,进一步缩小城乡之间的信息差距,为农民提供更多的工作机会,提升农村居民和村集体的经济回报,确保农村、产业和生态之间的和谐共生。

3. 华为促进共同富裕的案例分析

(1)企业背景

华为公司创立于 1987 年,总部位于深圳,作为全球 ICT(信息通信技术）基础设施和智能终端领域的佼佼者，其以卓越的技术实力和市场影响力，确立了在全球范围内的领先地位。2022年，华为坚持聚焦战略，致力于打造领先的行业数字化、智能化、低碳化解决方案及工业互联网平台，持续加大投入。华为公司包含以下几种业务。

一是ICT基础业务。华为持续投入连接和计算两大产业，全面深化布局无线网、云核心网、光领域，聚焦多样性计算和数据存储产业布局，深度支撑运营商和政企客户的运营运维数智化转型。

二是云计算业务。华为云通过基础设施即服务、技术即服务和经验即服务，帮助客户加速释放数字生产力。

三是数字能源业务。华为数字能源业务持续推动能源行业绿色低碳转型，提供绿色、智能的差异化产品与解决方案。

四是智能终端业务。华为"1+8+N"战略引领五大场景持续创新，带来万物智联的全场景智慧生活。

五是智能汽车业务。华为的智能汽车业务深度聚焦智能网联汽车产业的创新关键组件，致力于推动汽车产业电动化、网络化、智能化全面升级，以实现更高效、更智能、更环保的出行方式。

（2）基于扎根理论的促进机制分析

首先，进行开放式编码。对收集到的12份文本资料进行格式转化与初始整理。根据研究问题并结合文本信息，对文本资料中的陈述语句进行概念化归类。通过开放式编码，本报告初步得到7个初始范畴，原始资料及对应的初始范畴见表4。

表4　华为开放式编码结果（部分）

初始范畴	原始资料	资料来源
欠发达地区成立数字经济创新中心	华为(贵阳贵安)数字经济创新中心,将通过加强与贵州本地高校合作,以校企合作、产教融合等多种方式加强创新型人才培养,全方位为贵阳贵安输送人才	贵阳市大数据发展管理局网站新闻

初始范畴	原始资料	资料来源
数字能源产业技术创新	华为数字能源秉承持续增比特、减瓦特、降排放的理念，打造数据中心能源、站点能源等新型数字产业能源基础设施，让单位比特的能耗和碳排放持续下降。在数字化、智能化技术的加持下，这些能源基础设施除了关键供电的作用之外，还可以融入源网荷储协同互动的城市能源智能体，不仅作为能源的消费者，也可成为能源生产和电力系统的调节器。数字能源产业是生态型产业，华为数字能源将坚持在技术和产品方面持续创新，与产业和生态伙伴一起，携手构建数字能源产业生态	2023 国际数字能源展
成立创新联合体	华为云与亿邦智库、国联股份、中航供应链、益模科技、携汇智联共同发起应用现代化产业联盟之工业数字化创新联合体。该联合体连接产业数字化领域领先企业和产业运营商，推进工业领域应用现代化进程，构建工业数字化创新联合体，支撑区域产业集群融通升级	2023 华为云城市峰会
为中小企业数字化转型提供交易平台	为了更好地满足中小企业数字化转型的需求、支持分销伙伴业务拓展，华为发布了面向分销市场的子品牌——"华为坤灵"，提供一站式的交易平台，以电商式的体验实现交易的全程数字化	华为中国合作伙伴大会
与欠发达地区政府开展数字经济合作	华为与部分欠发达地区政府开展数字经济合作，通过在线承保的方式沉淀大量农业保险数据，为数字普惠金融促进乡村产业融合发展提供了先期探索经验和有益参考	《彭州市人民政府华为技术有限公司数字经济合作协议》
IdeaHub 加入智慧医疗队伍	华为 IdeaHub 结合 5G、华为云加入智慧医疗队伍，实现"智慧医疗"的过程将被加快。基于华为 IdeaHub 远程诊疗解决方案，乡镇医院可以很方便地与三甲医院"实时连线"，上级医院的专家资源被更充分地利用起来应对各种处理不了的疑难杂症。华为 IdeaHub 能够让远程医疗实现医疗资源更广范围的覆盖，让偏远地区也能享受到优质医疗资源，同时让智慧医疗、远程医疗成为普惠医疗，实现更多社会价值	华为远程医疗解决方案
WeLink 为特岗青椒计划提供平台级解决方案	华为云 WeLink 为特岗青椒计划提供平台级解决方案，充分发挥数字化连接器的作用：连接团队、连接业务、连接设备，以及连接知识。一端连接北师大优秀的教授和专家，一端连接最需要成长和知识养分的乡村教师，为乡村教师提供一个智能、开放、协同的学习平台，帮助乡村教师、北师大专家在学习和培训中更加畅快地沟通、交流和互动	特岗青椒计划

其次，进行主轴式编码。在初始范畴的基础上进一步进行主轴式编码，形成主、副范畴（见表5）。

表5　华为主轴式编码结果

主范畴	副范畴	初始范畴
数字技术创新激活效应	技术创新	数字能源产业技术创新
	创新平台	欠发达地区成立数字经济创新中心
数字技术创新协同效应	产学研用协同	成立创新联合体
	业务协同	为中小企业数字化转型提供交易平台
数字技术创新普惠效应	教育普惠	WeLink 为特岗青椒计划提供平台级解决方案
	医疗普惠	IdeaHub 加入智慧医疗队伍
	金融普惠	与欠发达地区政府开展数字经济合作

最后，进行选择性编码，编码结果见表6。

表6　华为选择性编码结果

典型关系结构	结构描述
数字技术创新激活效应→促进共同富裕	数字经济头部企业通过推动信息、技术、资金、人才等要素的流动，汇聚创新要素盘活欠发达地区资源，深化城乡产业关联与融合，以此推进共同富裕
数字技术创新协同效应→促进共同富裕	以龙头企业牵头，通过创新联合体、中小企业融通等模式推动数实深度融合发展，以此推进共同富裕
数字技术创新普惠效应→促进共同富裕	数字经济头部企业依托数字技术推动"互联网+教育"、智慧医疗等新业态发展，更多更好地惠及全体社会成员，以此推进共同富裕

综上可知，数字经济头部企业通过数字技术创新的激活、协同和普惠效应，促进乡村信息、技术、资金、人才等要素流动，以此推进共同富裕。农村地区的高质量发展一直受到人才短缺的制约。随着我国经济进入新常态，

乡村振兴战略的提出对解决"三农"问题具有重要意义。乡村空心化导致了一系列复杂的社会问题，包括治理能力的削弱、乡村产业人才断档以及土地资源的非有效利用，构成了当前亟待解决的重大现实难题，严重制约了乡村的可持续发展和共同富裕目标的实现。华为通过数字技术创新盘活乡村的人才技术资源，如2020年华为WeLink加入特岗青椒计划，通过数字技术创新提供平台级解决方案，发挥数字化连接器的作用，帮助该计划连接团队、业务、设备、知识。一端连接北京师范大学等一流高校的优秀教授和专家，一端连接最需要成长和知识养分的特岗教师，为特岗教师提供一个智能、开放、协同的学习平台，促进特岗教师、助教、教育专家在学习和培训中沟通、交流和互动。

4.百度促进共同富裕的案例分析

（1）企业背景

百度是拥有强大互联网基础的领先人工智能（AI）公司，凭借独有的"超链分析"技术专利，成功将中国置于全球搜索引擎技术的前沿，与美、俄、韩并列，成为全球仅有的4个掌握搜索引擎核心技术的国家之一。百度坚持运用创新技术，聚焦社会问题，履行企业社会责任。2020年6月，百度积极布局，旨在5年内培养500万名人工智能人才，目前已培养超过300万名。在环境、社会及治理（ESG）方面，百度的MSCI ESG评级在两年内连升3次到达BBB，在全球234家互联网软件及服务企业Sustainalytics ESG风险评级中名列第18，百度还是MSCI净零排放报告中仅有的两家中国公司之一。

（2）基于扎根理论的促进机制分析

首先，进行开放式编码。对收集到的15份文本资料进行格式转化与初始整理。根据研究问题并结合文本信息，尽可能对文本资料中的陈述语句进行概念化归类。通过开放式编码，本报告初步得到12个初始范畴，部分原始资料及对应的初始范畴见表7。

表7　百度开放式编码结果（部分）

初始范畴	原始资料	资料来源
欠发达地区成立创新中心	2020年10月23日，百度与贵州省贵阳市政府正式签署战略合作协议，打造中国工业互联网新标杆。百度还将成立"百度智能云（贵阳）创新中心"，遴选并聚集工业互联网各环节的生态合作伙伴，用技术和资金对生态合作伙伴进行赋能，形成全面的工业互联网生态体系	《贵阳又添IDC公安部备份数据中心、百度大数据安全研究中心签约》
人工智能技术创新赋能自动驾驶、生命科学等其他行业升级	百度百舸·AI异构计算平台整合了百度自研的AI芯片"昆仑芯"，在AI计算、存储、加速、容器方面进行系统优化，发挥算力的最佳性能和效率。百度百舸·AI异构计算平台已为自动驾驶全链路研发提供支持，并加速生命科学领域相关企业的智能化升级	2022云智峰会
"百度飞桨人工智能产业赋能中心"深化产学研协同合作	一方面，"百度飞桨人工智能产业赋能中心"携手上海以及长三角地区重点高校、科研院所，深化产学研协同合作，促进科研成果应用转化；另一方面，针对AI核心技术创新需求，开展相关具有重大价值意义、符合行业发展趋势的课题研究，提高我国在人工智能关键技术领域的创新能力	—
为中小企业提供资金、流量	为中小企业提供2亿元专项扶持资金、超3亿元专项扶持流量等多重支持，升级本地生活、综合电商两大解决方案，同时启动"2022百度城市大会"助力区域经济发展	2022共度计划
通过技术赋能为农村金融机构和农户提供信贷服务	百度智能云通过技术赋能，助力金融机构和农户实现"敢贷愿贷能贷会贷"。通过数据类工具、隐私计算、神经网络等技术帮助农户实现信贷数据规整，让金融机构不再犯难实现"敢贷"，减少农村中小微企业融资难题；帮助菜农实现"智能种植"，让菜农"愿贷"；利用人工智能、云计算、物联网、区块链技术实现贷前、贷后等过程的风险控制，使更多金融机构"能贷"；通过AI优化线上流程，对绿色农业、农村特色产业提供创新类金融服务，提升"会贷"综合能力	2022金融街论坛年会
帮助基层医生更好承担任务	爱助医提供"智能随访服务"功能，借助专业医疗知识积累、语音交互等技术，利用智能机器人自动采集和理解患者病情数据、自动回答预置的患者问题，帮助基层医生更好地承担随访任务	百度智慧医疗"爱助医"基层医疗整体解决方案
提升农业智能化水平以促进乡村振兴	在"中国蔬菜之乡"山东寿光，百度智能云结合当地蔬菜农业支柱产业，与当地政府以及合作伙伴联合打造了寿光大脑。这是国内领先、技术一流的县域城市大脑，对寿光基层社会治理、民生服务、设施农业、社区医疗、工地安全等进行全面的智能化升级。例如，在AI技术加持下，只需2名工作人员加1个App，就可以管理数十个蔬菜大棚	寿光市人民政府网站

其次，进行主轴式编码，结果见表8。

表8　百度主轴式编码结果

主范畴	副范畴	初始范畴
数字技术创新激活效应	技术创新	人工智能技术创新赋能自动驾驶、生命科学等其他行业升级
	创新平台	欠发达地区成立创新中心
数字技术创新协同效应	产学研协同	"百度飞桨人工智能产业赋能中心"深化产学研协同合作
	业务协同	为中小企业提供资金、流量
数字技术创新普惠效应	技术普惠	提升农业智能化水平以促进乡村振兴
	医疗普惠	帮助基层医生更好承担任务
	金融普惠	通过技术赋能为农村金融机构和农户提供信贷服务

最后，进行选择性编码，编码结果见表9。

表9　百度选择性编码结果

典型关系结构	结构描述
数字技术创新激活效应→促进共同富裕	数字经济头部企业通过加快传统产业的数字化转型升级,重塑组织和流程,推进传统企业低碳、绿色、数字化转型,以此推进共同富裕
数字技术创新协同效应→促进共同富裕	以龙头企业为牵引,推进数字化产业集群建设,通过产业内的协同和深化,以及企业之间的知识溢出,发挥数字经济的空间集聚和辐射效应,推动集群的线上化、数字化、智能化进程,以此推进共同富裕
数字技术创新普惠效应→促进共同富裕	企业依托数字技术推动了公共服务的全民共享,推动了公共产品的多元化和公共服务的发展,以此推进共同富裕

基于以上三大数字经济头部企业编码结果，本报告认为数字经济具有创新、互联和一体化等属性，是知识和技术密集度较高的领域。随着互联网和大数据技术的发展进步，数字经济通过创新和共生效应培育创业和创新生态系统，培育高端生产要素，降低生产成本。同时，通过赋能传统生产要素，不断提高各种要素的投入和产出效率，降低搜索和交易成本。一方面，促进

信息、技术、资本、人才等要素的流动，有助于集聚创新要素，激活农村资源，深化城乡产业对接融合，促进区域生产力提升；另一方面，通过提高数字化生产创新水平，重塑新商业模式、新经济业态，使得物信结合以及新发展模式中要素融合、匹配更加精准有效。这不仅有利于优化资源配置，提高全要素生产率，也有利于放大、叠加和促进经济增长乘数效应，实现共同繁荣和逐步繁荣。

企业数字经济创新促进城乡共同富裕的作用机制如图1所示。第一，数字经济创新通过普惠均衡机制促进城乡共同富裕。例如，数字化普惠金融为资金短缺的创业者提供资金援助，使劳动者能够真正地拥有生产资料，并为社会创造更多的工作机会。此外，数字技术也对传统行业产生巨大影响，推动产业结构优化与转型。数字经济的发展带有明显的普惠属性，通过技术普惠、金融普惠、医疗普惠，不断扩大数字经济成果的共享范围。

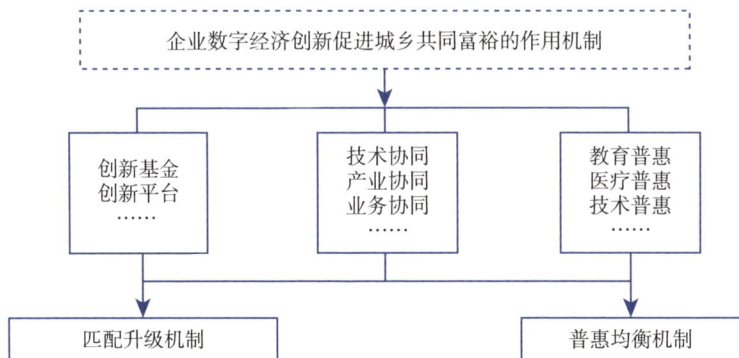

图1　企业数字经济创新促进共同富裕的作用机制

第二，数字经济创新通过匹配升级机制促进城乡共同富裕。在数字化产业持续演进及产业数字化深入发展的过程中，数据的核心地位越发凸显，而资本的影响力则相对减弱。数据生产者作为新时代生产要素的掌控者，与生产工具直接相连，从而赋予了劳动者直接获取劳动成果全价值的可能性。同时，劳动形态亦面临深刻变革，体力劳动与脑力劳动的界限日益模糊，专业化的分工正逐渐朝融合与重构的方向发展，界限模糊与产业化分工进一步促进了城乡融合和共同富裕。

（二）城市案例

本报告选取北京、上海等数字经济头部城市进行案例研究，从数字创新、数字产业、数字治理、数字基础设施建设、科技向善普惠机制等五个方面阐述分析其典型特征。同样运用前文质化内容分析的方法，对相关文件、新闻等进行描述性编码，归纳总结数字技术创新促进城乡共同富裕的相关实践。

1. 北京促进城乡共同富裕的案例分析

（1）城市数字经济创新概况

近年来，北京大力推进全球数字经济标杆城市建设，提出打造中国数字经济发展的"北京模式"和全球数字经济发展"北京标杆"。首先，北京数字经济在全国占据领先地位，北京数字经济增加值大幅提升，占GDP比重居全国首位。数字技术赋能显著提升了实体经济的质量和效率：数字基础设施不断完善，构建了新型高速泛在互联网基础设施，推进智慧城市基础设施建设，在一些领域实现标杆引领。其次，数字技术产业正在加速培育，六大工程的引领作用日益凸显，新业态、新模式不断涌现。标杆技术突破创新，逐步形成自主可控、产学研结合、软硬件协同的技术创新体系。最后，数字经济人才优势明显，北京数字人才市场活跃，在人工智能等领域具有人才优势，配套政策趋于完善。

（2）基于扎根理论的促进机制分析

首先，进行开放式编码。对收集到的20份文本资料进行格式转化与初始整理。根据研究问题并结合文本信息，对文本资料中的陈述语句进行概念化归类。通过开放式编码，本报告初步得到12个初始范畴，部分原始资料及对应的初始范畴见表10。

表10 北京开放式编码结果（部分）

初始范畴	原始资料	资料来源
建设北京人工智能公共算力中心、北京数字经济算力中心	将新增算力建设项目纳入算力伙伴计划,加快推动海淀区、朝阳区建设北京人工智能公共算力中心、北京数字经济算力中心,形成规模化先进算力供给能力,支撑千亿级参数量的大型语言模型、大型视觉模型等研发	《北京市促进通用人工智能创新发展的若干措施》
统筹数字经济发展与安全	树立包容审慎监管理念,建立健全数字经济市场监管体系,完善平台企业垄断认定、数据分级分类收集使用管理、消费者权益保护等方面的监管措施,完善数字经济治理体系	《北京市关于加快建设全球数字经济标杆城市的实施方案》
实施法规标准引领战略	加快推进数字经济地方立法,制定配套实施办法,针对数据权属、数据交易规则、数据跨境流动、预防平台垄断等关键问题建立规则体系	《北京市关于加快建设全球数字经济标杆城市的实施方案》
数字技术提升农村金融服务质量	整合数据信息,构建乡村大数据分析平台,运用大数据进行风险识别,降低运营成本,缓解信息不对称,以合理成本付出和风险分担扩大金融服务覆盖面	《关于做好2022年全面推进乡村振兴重点工作的实施方案》
数字技术助力提供更加精准的医疗服务	平谷区卫生健康委与中国移动合作,助力全区266个行政村及部分标准社区安装"智能取药柜",全力支持平谷区互联网诊疗平台,切实让百姓享受到科技信息化带来的红利,由"人等药"向"药等人"转变,实现常见病、慢性病拿药不出村,让老百姓24小时都能买到应急药、放心药	北京平谷智慧基地养老项目
数字智能化强化农业科技支撑以促进乡村振兴	制定农业机械化行动方案。推进智能农机装备示范应用,打造3个农业机器人应用场景,创建1个设施农业全程机械化示范区	《关于做好2022年全面推进乡村振兴重点工作的实施方案》
数字农业农村工作在数字底座和基础支撑方面取得成效	北京市农村地区固定宽带通达率和光纤网络行政村通达率均达到100%,涉农区菜田信息化应用覆盖率超30%。朝阳区、海淀区国家数字农业创新应用基地已经完成建设	《北京市加快推进数字农业农村发展行动计划（2022—2025年）》

其次，进行主轴式编码。在初始范畴的基础上进一步进行主轴式编码，形成主、副范畴（见表11）。

表 11　北京主轴式编码结果

主范畴	副范畴	初始范畴
数字治理	数字经济立法	实施法规标准引领战略
	统筹数字经济发展	统筹数字经济发展与安全
数字基础设施建设	信息网络基础设施	数字农业农村工作在数字底座和基础支撑方面取得成效
	算力基础设施	建设北京人工智能公共算力中心、北京数字经济算力中心
科技向善普惠机制	技术普惠	数字智能化强化农业科技支撑以促进乡村振兴
	医疗普惠	数字技术助力提供更加精准的医疗服务
	金融普惠	数字技术提升农村金融服务质量

最后，进行选择性编码，结果如表 12 所示。

表 12　北京选择性编码结果

典型关系结构	结构描述
数字治理→促进共同富裕	依托大数据、云计算、物联网、区块链、人工智能等现代技术手段，政府主导、公众参与、多元协同，共同降低公共事务成本、提高公共事务效率、优化公共事务体验，以此推进共同富裕
数字基础设施建设→促进共同富裕	加快新型基础设施建设，促进数字基础设施体系化发展和规模化部署，推进产业数字化转型，通过信息技术的创新力量，推动各行业的转型升级，提高信息消费水平，并优化社会民生服务，从而为实现共同富裕提供坚实的技术支撑和动力源泉
科技向善普惠机制→促进共同富裕	发挥科技向善的技术、金融、医疗普惠作用，以此推进共同富裕

2. 上海促进城乡共同富裕的案例分析

（1）城市数字经济创新概况

《中国城市数字经济发展报告 2022》显示，北京、上海、深圳位列数字经济竞争力指数前三。《上海市数字经济发展"十四五"规划》提出，到 2025 年底，上海数字经济发展水平稳居全国前列，增加值力争达到 3 万亿元，占全市 GDP 比重大于 60%。上海作为数字经济发展的综合引领型城市，要打造具有全球影响力的数字经济发展高地。上海作为我国经济发展最活跃、开放程度最高、创新能力最强的城市之一，一直致力于建设具有全球影响力的科创中心城市，产业基础雄厚、科技资源丰富、研发能力强大，拥有扩展现实（XR）、区块链、云计算、数字孪生等重点新技术开发、转化、应用的突出优势。

（2）基于扎根理论的促进机制分析

首先，进行开放式编码。对收集到的 20 份文本资料进行格式转化与初始整理。根据研究问题并结合文本信息，尽可能地对文本资料中的陈述语句进行概念化归类。通过开放式编码，本报告初步得到 12 个初始范畴，部分原始资料及对应的初始范畴见表 13。

表 13 上海开放式编码结果（部分）

初始范畴	原始资料	资料来源
夯实数字农业农村云平台底座	以农业数字底图和若干专题数据库为基础，通过开发 N 类综合业务应用场景（种植、蔬菜、畜牧、渔业、农机、安全监管等）和整合多个业务子系统（神农口袋、畜牧业管理、农产品网格化监管等），构建而成的数字农业管理平台，主要为上海市农业农村部门的管理工作提供数据支撑	农业农村部网站《数字化农业加持，嘉定把农作物种上"云端"》
构建了"3+1+N"的算力网络调度体系	上海已初步构建"3+1+N"的算力网络调度体系，率先上线试运行全国首个算力交易平台，全生命周期算力监管体系等方面取得显著成效	"算力浦江"行动计划
指导有关方面加强人工智能在经济、生活、城市治理等领域的应用	上海市国家机关、事业单位、国有企业和其他法律、法规授权的具有管理公共事务职能的组织应当率先落实人工智能示范应用清单，根据需要优化采购制度，健全交易机制，采购和使用安全、可靠的人工智能相关产品和服务	《上海市促进人工智能产业发展条例》
将数据领域相关改革创新经验转化为制度成果	全面推进数字化转型是实现超大城市治理体系和治理能力现代化的必然要求，也是一项事关全局、事关长远的重大战略决策。上海有必要通过制定综合性数据法规，以更好地体现上位法精神和国家政策，将数据领域相关改革创新经验转化为制度成果，为上海全面推进城市数字化转型提供基础性制度保障	《上海市数据条例》

续表

初始范畴	原始资料	资料来源
数字技术助力提供更加精准的医疗服务	以社区卫生服务中心为载体,承担对社区网点、农村服务站、家庭的医疗服务支撑任务,提供更适宜、更规范、更便捷的基本医疗服务。在金山区太平村,"5G+数字养老健康融合平台"实现村内老年人健康档案100%覆盖。在村民家门口建起的"健康小屋",实现村民各类健康指标的自主测量,并提供健康数据分析与病情提醒服务,解决村内老年人看病烦琐、慢性病防治困难的痛点	"5G+数字养老健康融合平台"
数字智能化强化乡村治理以促进乡村振兴	通过"人文向化"小程序,村民可以随时随地向村镇提建议、寻帮助,乡镇工作人员受理处置流程更规范、核查分析更智慧。崇明区向化镇非诉讼争议速调快处中心工作人员表示:"有了这个平台,辖区群众反映问题、咨询建议更加便捷高效了。"	"人文向化"小程序
数字技术提升农村金融服务质量	大力发展数字普惠金融,运用金融科技整合各类涉农主体数据,探索业务申请、身份认证、支付结算和实时授信等全流程在线操作的金融服务	《关于印发〈关于促进金融创新支持上海乡村振兴的实施意见〉的通知》

其次,进行主轴式编码,结果见表14。

表14 上海主轴式编码结果

主范畴	副范畴	初始范畴
数字治理	条例指导应用	指导有关方面加强人工智能在经济、生活、城市治理等领域的应用
	出台制度化成果	将数据领域相关改革创新经验转化为制度成果
数字基础设施建设	信息网络基础设施	夯实数字农业农村云平台底座
	算力基础设施	构建了"3+1+N"的算力网络调度体系
科技向善普惠机制	技术普惠	数字智能化强化乡村治理以促进乡村振兴
	医疗普惠	数字技术助力提供更加精准的医疗服务
	金融普惠	数字技术提升农村金融服务质量

最后,进行选择性编码,结果见表15。

表15　上海选择性编码结果

典型关系结构	结构描述
数字治理→促进共同富裕	数字治理有助于畅通多元治理主体的参与渠道，使利用数字技术打通基层社会治理堵点成为可能，逐渐形成自治、法治、德治、智治"四治融合"的城乡社区治理体系，推动智慧共享、和睦共治的新型数字社区建设，以此推进共同富裕
数字基础设施建设→促进共同富裕	将工业互联网、云计算中心、大数据中心等数据和算力资源注入传统经济模式的基础设施建设环节，形成数字基础设施，以此推进共同富裕
科技向善普惠机制→促进共同富裕	发挥科技向善的技术、金融、医疗普惠作用，以此推进共同富裕

　　头部城市数字技术创新促进共同富裕的实现路径主要包括：第一，推动农业数字化发展，将数字技术应用于农业生产全流程，推动农产品电商零售额增长等。第二，释放农业数据活力，推动农业数据价值化。将农业数据广泛应用于多样化场景，以最大化数据价值。在这一过程中，关注数据资产的保值与增值，旨在通过优化数据管理与应用，不断催生更多的数据资源，同时进一步优化公共服务，拓宽农产品销售渠道，并为社会带来显著的经济价值和深远的社会价值。第三，数字化治理提高乡村治理效能。通过物联网、人工智能、大数据等，提供精准的农业发展建议和更好的公共服务，拓宽农产品销售渠道，创造经济价值和社会价值。北京在农业产业数字化方面保持领先地位，注重数字化基础设施建设，而上海则更注重盘活农业数据资源，释放农业数据活力。

　　基于对两大数字经济头部城市编码结果的梳理，数字技术创新促进城乡共同富裕的机制概括如下。

　　第一，数字技术创新通过普惠均衡机制促进城乡共同富裕。随着数字经济蓬勃发展与创新驱动力的增强，农村地区居民得以跨越地域限制，享受更为卓越的公共服务，这一趋势间接推动了公共服务均等化的深入实践。与此同时，数字化政府的构建不仅极大提升了政府行政管理的效率，还显著强化了公民对政府工作的监督能力，确保公共服务更加精准地响应并满足广大民

众的实际需求，从而构建更加高效、透明的政府服务新体系。另外，科技向
善的技术、金融、医疗普惠作用有助于降低各区域间发展不平衡程度，惠及
广大农村地区。

第二，数字技术创新通过匹配升级机制促进城乡共同富裕。政府通过加
大数字基础设施建设力度和推进数字治理，积极促进传统基础设施的数字化
转型和升级，提高落后和偏远地区的互联网普及率。通过信息化手段提高农
村地区教育质量，培养农民的创新精神，促进农业现代化。促进农林牧渔业
的基础设施和生产设备智能化和自动化发展，确保脱贫攻坚成果与乡村振兴
有效衔接。

二 数字技术创新赋能共同富裕的作用机制

（一）互联网创新

1.互联网对数字技术创新的影响

互联网是信息技术发展的产物。当前，互联网发展越来越迅速，有效
解决信息不对称的问题，社会分工也更加专业化，互联网的快速发展使得
每天产生海量而及时的数据流和信息流，由此带动了人力、技术以及产业
等要素快速流动。同时，不断升级的互联网等信息技术，使得人们处理大
数据的能力不断增强，这不但能使社会交易成本极大地降低，还能让资源
配置效率提高，从而推动社会生产力快速发展和经济高质量发展。互联网
也是市场发展的产物，作为社会资源配置的第三只手，促进经济社会
发展。

互联网的出现推动传统的实地商业模式和创新模式快速革新。首先，互
联网营造出一个个虚拟的场景，使得各种产品信息快速推广和扩散。产品和
服务相关流程都能在网上实现，极大地提高了产品的转化效率。其次，互联
网虚拟化了产品的生产制造环节，使生产更加智能化、数字化和网络化，由
此带来产品生产效率的极大提升，大大缩短新技术的转化周期，提高了创新

的转化效率。最后，互联网的出现使得传统的个体创新变为群体创新，开放式的群体创新让更多利益相关者加入了创新活动，"互联网+农业""互联网+教育""互联网+医疗"等新业态不断涌现，真正实现"大众创业、万众创新"的新态势。

数字技术创新以互联网为载体，构建了适应数字生产力进步的生产关系。数字技术提高了市场资源配置的效率，同时互联网创新以数据资源为核心，在数字化、网络化、智能化的驱动下，数字产业化、产业数字化又将带来新一轮的数字技术创新。因此，以数字技术为基础，数字技术创新提升互联网创新的生产力；同时，在实现全面深化改革和经济社会高质量发展方面，互联网创新也让数字技术成为最大和最有效的方式之一。

2.互联网推动数字技术创新的作用方式

数字技术创新以互联网为载体、以信息技术作为基础平台、以数字信息为生产要素，提高了信息通信业、电子信息制造业等相关产业的产量，因此，数字技术有效提升传统产业的竞争优势，促进社会治理和政府管理效率的提高。与此同时，互联网技术已经成为重塑现代社会结构和运行机制的关键力量，使传统产业的质量和效率得到不同程度的变革，从而在数字产业化和产业数字化两个方面推动数字技术创新发展。当下，数字经济与实体经济深度融合，加速企业数字化转型、行业数字化转型以及产业生态数字化转型，由点、线及面体系化推动数字技术创新发展。

（1）数字经济改变了传统产业的生产理念和管理方式，创新制造方式

数字经济的快速发展主要得益于技术的突破和创新，特别是大数据、云计算、物联网等技术的广泛应用，打破了时空限制。互联网也支持各种设备之间进行数据共享，云办公使企业各个部门之间实现信息协同和作业协同，使企业的产品设计制造等实现数字化和智能化。

基于数字技术的加持，互联网提高了企业的生产效率和品质控制能力，帮助企业进行精细化运营和个性化服务，满足消费者多样化的需求。此外，数字经济还催生了新的管理理念和模式，如平台经济、数据驱动的决策等。

（2）数字经济改变了传统的社会治理和政府治理模式

互联网技术的应用帮助实现点对点同步精准服务和精准管理。政务部门覆盖面宽、服务对象广，云计算、大数据等互联网技术的引入促进服务资源整合优化，从而打破政府部门的职能界限，形成多级联动的一站式政务办事大厅，政府办事效率大大提升。

依托本级政府门户，加强数字基础设施关键环节的能力提升，使得政府的工作方式更加便民和利民。通过实体行政服务中心构建网上政务服务中心，实现线上线下的服务融合，由此产生了大量的政务服务数据，辅以数据挖掘技术手段来开展数据化的政务服务，促使治理方式从"一元主导"转向"多元协同"，优化了行政服务资源，提高了政府治理的效率。

（3）数字经济改变了消费方式和消费理念

由于数字技术的普及和应用，服务业与互联网深度融合，服务模式创新和互联网服务平台创新发展，主要体现在科技金融、教育医疗、交通旅游等领域。

在服务模式创新方面，数字技术创新满足了消费者的多样化需求，拓宽了企业的服务边界。新兴的电商企业依托互联网技术拓展了海外市场，实现了商品的全球化交易，丰富了产业链条。近年来，农村电商的大力发展，也为乡村振兴注入了新的活力。此外，数字技术的发展让服务业与传统产业充分融合，依托互联网技术，打破传统产业的边界、整合多边要素资源，从而创造了更多的服务业新模式和新业态，跨界融合的产业联盟也由此产生。

在互联网服务业平台的推动下，传统服务业如餐饮、医疗、养老等领域的企业正经历深刻的转型，通过集成管理、营销和服务于一体的互联网经济模式，显著提升了服务效率与质量。互联网服务平台不仅能帮助传统服务业企业实现效率与质量的双重提升，还能促进整个行业的创新与升级，为消费者带来更加多样、便捷以及高质量的服务体验。同时，共享经济平台逐步扩大互联网服务业平台的品牌效应，提高市场信息传递和反馈效率，提升用户体验，推动了教育、医疗、交通、金融等领域的变革和创新。

（二）作用机制

数字经济时代，产业数字化、数字产业化、数据价值化和治理数字化四大趋势，使得城乡关系深度重塑和一体化发展。通过对数字经济头部企业和城市案例的分析可以发现，数字技术创新促进城乡共同富裕的作用机制包括以下两个方面：一是城乡共享数字经济科技向善带来的数字红利，二是科技向善为城乡共同富裕提供了均衡发展的机会（见图2）。

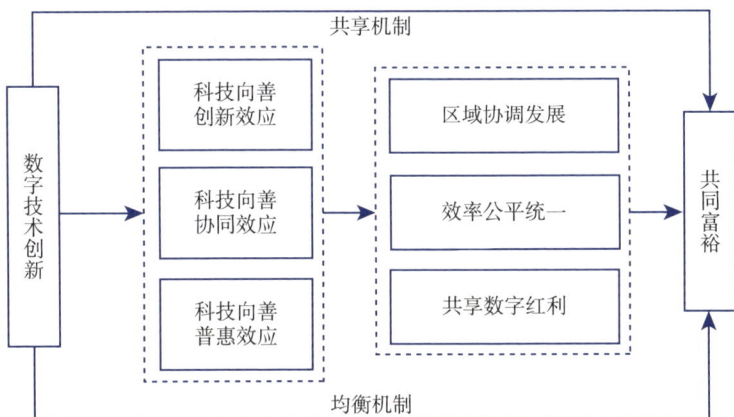

图2 数字技术创新促进城乡共同富裕的作用机制

1.共享机制

共享发展强调发展成果应惠及全体人民，是推动经济社会高质量发展的目标要求和行动准则。共享体现了以人民为中心的发展思想，共同富裕旨在通过合理的制度安排和政策导向，缩小地区与群体间的发展鸿沟，确保所有人都能参与发展过程，再使发展成果惠及全体人民，让每个社会成员都能享受自由普惠的数字生活，从而促进社会的整体进步和共同繁荣。

一方面，数字技术创新发展能够加速信息流动，从而使城乡居民能够更加及时地获取政策、产品、服务等各种信息，数字技术的发展使得政府工作更加公开透明，也打通了数字治理的"最后一公里"，提高了城乡居民的福利水平。另一方面，数字基础设施的建设改变了传统的经济社会运行模式，形成了线上线下融合互动的社会服务供给体系。科技向善创新技术使得"互联网+"教育、医疗、养老等领域覆盖面积更加广泛，有效保障低收入群体、进城务工群体及其子女平等共享城市的各种公共服务。

数字生态系统的运行需要各类要素主体的共同参与。数字基础设施的辐射效应促进了数字产业链的利益增长，为各类主体在开放包容的数字环境中共同发展提供了条件。一方面，数字基础设施有利于就业创业、副业创新，使得各种社交软件、音视频网站、创客等新型平台成为新个体经济的最佳选择，增加灵活就业人员的就业选择，提高从业者收入。另一方面，数字技术创新打破了时空限制，由此有更多农产品销售渠道可以提供给农民，从而农产品的存储和运输费用以及积压风险都能得到一定程度的控制。同时，数字技术让农业变得智能，扩大了农业的生产经营规模，促使农民能够享受数字技术创新带来的红利，缩小城乡之间的发展差距。

数字经济代表着未来发展的新趋势，在共享数字经济红利的同时，也要把实现更高质量、更加公平、更可持续的发展作为第一要务。处理好发展与共享的关系，加快各类生产要素流通和运行，提升各类要素的投入与产出效能，两手抓推进共同富裕，在发展中实现共享，并在共享中进一步推进发展，不断夯实实现共同富裕的物质基础。

2. 均衡机制

共同富裕既要避免平均主义也要避免两极分化。有学者研究指出，未来共同富裕的主要挑战是收入分配的均衡性，而不是以经济增长为基础的总体富裕。当前，我国收入分配体系仍不完善，收入不平等现象依然显著，基于要素贡献进行分配的市场化机制尚未成熟，三次分配机制的效果有待改善。

首先，通过有效的数字治理手段，兼顾公平和效率统一原则，均衡城乡居民收入。一方面，数字经济的迅猛发展，促进了监管机构信息搜集途径的拓展，有效遏制甚至根除了不正规和非法收入的产生。此外，这种增长还通过产业链的传导作用影响了劳动要素市场，加快了劳动力的区域间流动，提高了就业率和福利保障水平。另一方面，作为各种数字平台的使用者和参与者，个体所产生的数据要素具备参与价值分配的能力，进而实现数据要素的价值化，从而有效提高各类平台用户的收入。

其次，在数字经济环境中，企业能够以较低的成本对不同的消费者采取差别定价策略，这在一定程度上减少了由收入不平等引起的生活质量差异。数字经济对于缩小城乡收入差距的影响程度，与各个地区的数字化发展程度密切相关，尤其是在数字化发展滞后地区，企业为扩大生产规模可能实行差异化定价策略。政府随后通过第二次和第三次收入分配的调整机制，提升了农村地区和低收入群体的收入水平，这在一定程度上有助于平衡城乡之间的收入水平。

最后，通过引入科技向善创新技术，显著提升了政府工作的透明度与城乡区域发展的均衡性。第一，数字经济形成了新型生产要素，数字基础设施建设使得各区域要素禀赋、产业政策等信息在各主体间更加充分地流动与连接，进一步优化了市场资源配置。第二，数字经济加强了区域间经济活动的关联，缩小了区域差距，促进了区域与产业的协调发展。第三，数字技术创新会加快新市场的产生和旧市场的退出。数字经济不仅能依托新行业、新业态、新模式衍生新市场，而且能优化现有市场，在一定程度上打破行政垄断、地区分割和行业规制，使企业在共同富裕均衡机制下获得更多市场准入机会和公平竞争环境。第四，数字基础设施的建设、科技向善的创新技术使得民生需求分析更加精准。通过将数字经济创新与再分配过程相融合，准确辨识出弱势群体对基础公共服务的具体需求，然后通过提升供需对接的精确度、减少交易成本以及扩大服务范围等方法提高公共服务的对接效率和质量，从而实现公共服务均等化。

（三）实现路径

1. 宏观层面：优化数字化规制

党的二十大报告明确提出，必须坚持科技是第一生产力、人才是第一资源、创新是第一动力。在新发展阶段、新发展理念下，创新驱动正逐步取代生产要素驱动，不断塑造发展新动能新优势。根据马克思的社会再生产理论，经济活动是包含"生产、分配、交换、消费"四大环节的有机整体。

要厘清数字技术创新驱动城乡共同富裕的作用机理，需结合生产、分配、交换、消费各环节的运行规律和发生机制展开详细分析。因此，本报告以马克思社会再生产四环节的辩证关系原理为指导，分析如何通过数字技术创新驱动城乡共同富裕。

数字技术创新驱动产业转型提质增效，为社会生产注入更多新动能，提升了社会财富创造能力。以数字技术创新为根本动力，以供给侧结构性改革为主线，利用互联网、人工智能、大数据和区块链等先进技术，加速前沿科技向现实生产力转化，为消费提质升级提供产品质量支撑，从而激发内需增长活力。随着数字技术的飞速发展，传统生产模式正经历深刻的变革，实现了生产过程的网络化、协同化和高效化。这一转变不仅强化了国内市场的竞争优势，还显著提升了国内产品的品质和生产效率，为实现共同富裕提供了坚实的支撑和强大的动力。同时，数字技术的应用也极大地提高了社会财富的创造能力，带动了财富积累速度的显著加快，使得财富总量持续增长，为社会的繁荣稳定奠定了坚实的基础。

数字技术创新驱动收入分配方式多元化，并进一步优化收入分配结构，使得全体人民能够共享数字红利。互联网、人工智能、大数据和区块链等先进技术进一步推动了战略性新兴产业发展，并提供了相应的新就业形态岗位。新职业、新岗位以其包容性和灵活性丰富了就业市场，是缓冲就业市场波动和保障就业质量的重要途径。与此同时，创新驱动的高新技术发展能够提升知识、信息和数据等的共享水平，进而推动实现包容性增长，缩小收入差距。随着数字信息技术的日臻成熟和数字基础设施的广泛普及与完善，在东部、中部、西部等不同区域以及同区域城乡间等不同维度，各类差距正逐渐缩小，值得注意的是，农村和偏远地区的发展势头尤为显著。这一变化不仅促进了总体经济的稳健发展，同时为实现全体人民共享数字红利奠定了坚实基础。

数字技术创新驱动建设高效顺畅的流通体系，推进商品要素资源畅通流动。通过互联网、人工智能、大数据和区块链等先进技术，推动商品流和信息流的快速整合，提高流通效率。由此，产品通过发达的流通网络销售到全国各地，生产要素的供给者和需求者实现快速的信息匹配，降低交易成本。在农村地区，数字技术的深度应用显著释放了农业劳动力，极大地促进了社会流动性的提升。这些被释放的劳动力在政府的引导下，有序流向第二、第三产业，不仅有效扩充了这些产业的劳动力供给，还显著提高了中等收入群体的比重。这一转变不仅推动了社会结构向更为稳健的橄榄型发展，同时满足了消费需求的日益增长，进一步释放了财富创造效应，为经济的可持续发展注入了新的活力。

数字技术创新驱动消费的新产品、新业态和新模式产生，培育和满足了新型消费需求。促进消费是实现共同富裕的重要抓手。新消费是在我国经济社会快速发展的背景下，在消费需求升级、消费空间扩大和消费关系重塑的驱动下，通过信息技术和媒体技术形成的新的消费行为过程。信息技术的应用丰富了消费者的购物体验。现代科技的重大进步为新消费的发展提供了坚实的技术支撑，推动了新消费的不断发展，通过促进居民"能消费""敢消费""愿意消费"，形成绿色循环的消费模式，进而缩小贫富差距，实现稳定的共同富裕。

在数字经济的发展过程中，为了推动城乡共同富裕，需要强化创新激励的制度供给。在这一过程中，确保创新活动的持续进行是关键，因此需要将有为的政府角色与有效的市场机制相结合，对与数字经济发展不相适应的制度安排进行优化和调整。具体而言，需要完善创新主体的补贴制度。这一制度的完善应遵循市场经济和创新发展的内在规律，利用数字技术精准识别并分类创新主体。在此基础上，针对不同创新主体所在的行业、研发技术类型以及研发进度的差异，实施模块化管理，确保补贴政策的针对性和有效性。同时，采取差别定价的方式制定补贴政策，以更加精准和灵活的方式支持创新主体的研发活动，从而进一步扩大补贴的覆盖范围，激发创新活力，为城乡共同富裕提供坚实支撑。

为构建适应多样化、多层次、动态化需求的数字经济供给体系，需致力于建设供需精准匹配的制度，从而优化数字产品的供给结构，并显著提升供给质量。在此基础上，构建符合异质性多元主体需求的制度、规范，以助力共同打造与数字产品高度适配的新型商业关系。在数字技术创新的过程中，不同主体的创新目标、创新资源、创新周期和管理体制等方面各不相同，差异化的诉求会降低其参与技术创新和商业变现的意愿，因此需要政府构建符合异质性多元主体需求的制度、规范。不同主体之间天然的异质性差异使其很难实现完全的"亲密无间"，但可通过完善的制度和管理手段，推动不同主体之间"衡宇相望、时相过从"。

2.中观层面：构建良性产业生态

中国数字技术创新发展推动新业态新模式的发展主要有四个趋势。首先，新兴的在线服务模式迅速崛起，为消费市场注入了新的活力。诸如大数据、人工智能等前沿技术正在生产、物流、零售、教育、医疗以及城市管理等众多领域得到快速推广和应用，极大地简化了人们的日常工作和生活流程，同时提升了社会治理和服务的效能。其次，随着产业数字化转型的加速，实体经济获得了新的增长动力。"云端数智"行动进一步推动了实体经济的数字化转型，激发了生产、管理和服务环节的创新与变革。工业互联网、智慧园区、智能仓储以及个性化定制生产等方面的发展已经初现规模，为实体经济增添了强大的新动力。再次，新兴个体经济部门的快速崛起为消费和就业领域拓展了新的发展前景。自营职业、副业创新和弹性就业的活力进一步激活了市场主体的内在创新、创业和创造动力。随着越来越多的新兴个体从业者通过互联网进行设计、生产、推广和服务，他们能够实现自我就业和价值创造。2020年10月，国家发展改革委创新和高技术发展司与国家互联网信息办公室信息化发展司共同指导发布的《数字经济百项应用场景报告》显示，以外卖和本地快递为代表的实时物流快速增长，已经超过快递行业总量的1/4。最后，共享经济的多样化形态持续出现，创新了生产要素的供给模式。随着共享生活应用场景的广泛传播，以及共享生态数据创业孵化平台、协同制造平台等共享生产应用场景的兴起，数据要素价值的创造对生产力发展产生了重要影响。越来越多的产业链上下游企业正围绕数据共创，建立相互利好、共同发展的数字生态系统。

第一，数字技术赋能生态系统。科技创新驱动为城乡共同富裕发展注入新的活力，进而推动城乡融合发展。数字经济不仅是经济发展的新动力，同时是促进传统产业转型升级的关键。推进数字化、绿色化协同转型发展，是实现"双碳"目标的关键抓手。中国信息通信研究院预测，2023年数字化降碳贡献度将达到12%~22%。[①]

第二，以绿色低碳转型为导向，推进生态安全、节能环保产业数字化融合工程，培育"数字+生态环保"新兴产业，构建绿色低碳循环经济体系。促进政产学研用相结合，培育一批节能环保专精特新"小巨人"企业，积极推动绿色低碳新技术和低碳环保设备广泛应用。推进数字技术改造传统产业，创建绿色低碳智慧产业园区。促进省级现代农业智慧园的数字基础设施建设，确保资金政策的实施和科技人才的供应，从而推动相关中小型企业进行数字化转型，促进能碳协同管理，建设一批近零碳产业示范园区。

第三，推进资源环境要素市场化配置，规范资源环境要素数字化管理。资源环境要素属于不动产资源，应巩固乡村自然资源资产的确权登记基础工作，将具有交易性质的集体资源资产信息统一纳入农村产权交易市场的备案管理体系，完善农村产权交易的相关制度和技术规范，优化确权、登记、抵押、流转等配套管理措施。以产权交易为核心，推动信息流、数据流、资金流等多方面的汇聚。拓展资源环境要素数字化交易，促进生态环境权益市场和绿色金融市场之间的业务融通、信息共享。

第四，践行科技向善，寻找科技可为善的领域与产品定位，主动解决产品带来的社会问题，并将解决方案转化为实际行动，将科技向善落到实处。第53次《中国互联网络发展状况统计报告》显示，截至2023年12月，我国网民规模达10.92亿人，互联网普及率达到77.5%。科技的发展可以降低生产成本，提高社会生产效率，丰富商品种类，提高生活质量。从一定程度上讲，科技发展带来的社会进步就是科技"善"的体现。然而，科技以及数字经济的发展是一把双刃剑，只有在正确引导使用下才会推动经济发展和

[①] 《加快工业绿色低碳转型步伐》，工业和信息化部网站，2023年3月28日，https://www.miit.gov.cn/threestrategy/dtzx/zhzx/art/2023/art_86229d52c95543c2bd293d522e7c56d8.html。

社会进步。科技向善的"善"是一套完整的规范和机制。这种机制不是单一的、短暂的，而是成体系的、长期的。这种机制不是以约束性为唯一目的，而是在建立最低约束标准条件下的一种促进和反馈。这种机制不是企业或政府单一建立的，而是企业、政府、公众社会组织多主体共同参与制定和遵守的。

3. 微观层面：形成城乡新业态

（1）工业互联网

工业互联网已成为中国建设制造业强国的关键因素。通过结合新一代信息技术，工业互联网将促进数字经济产生质的变革。数字经济与实体经济的深度融合，是实现社会经济效益最大化的关键所在。工业互联网是产业数字化的基础设施和载体，正在全过程融入经济社会发展各领域，发展数字经济已成为各国把握新一轮科技革命和产业变革新机遇的战略选择。然而，现阶段大多数企业数字化水平相对较低，工业互联网的产业基础还相对薄弱。国内工业软件主要侧重于业务管理，用于工业目的、专用场景的高端工业软件相对稀缺。再者，工业互联网的商业模式尚不明确。不同的服务和场景对数字资源的需求不同，影响运营商的运营和维护，保护体系的复杂性要求也各不相同，在商业模式未明确之前，产业链上中下游的价值传递和创造对工业互联网的干预要保持谨慎态度。最后，高端人才和领军人才缺乏。跨学科、多技术领域的工业互联网涉及不同行业，复合型、专家型互联网专业人才短缺制约产业互联网的应用和关键技术的研究。

数字技术创新能够推进数字技术与制造业深度融合，提升制造智能化水平；推进制造业领军企业构建工业互联网平台，通过资源配置、模式转型和提质增效，构建面向商业需求的制造业新生态体系。与此同时，可以分层次有序推进中小企业数字化转型，建立中小企业数据标准体系和数据融通共享机制，通过引进高端复合型人才进一步支撑工业互联网平台发展。

（2）智慧教育

共同富裕包括物质和精神两个层面。在物质层面，人民群众的衣食住行和民生保障，是共同富裕的首要任务和基本内涵。在精神层面，对生活温暖的需要，是反映共同富裕必不可少的有机组成部分。精神富裕是实现共同富裕的一大主题，符合文化自信和文化强国建设目标。确保人民群众能够获得优质教育，不仅是实现共同富裕的关键组成部分，也是推动共同富裕目标实现的重要驱动力。首先，通过加强智慧教育服务平台体系建设，重点打造数字乡村，建设智慧教育服务示范平台。其次，按照需求驱动、深度融合、精准智能、高度灵活的原则，建立智慧教学应用体系、智慧管理服务体系、智慧培训服务体系、智能产教融合体系，形成示范引领效应。最后，打造乡村智慧教育数字化环境，选取一批智慧教育与数字乡村建设深度融合的典型案例，推进农村教育资源要素数字化改革，构建教育资源数字化公共服务体系，着力通过教育赋能数字农村技术研发，保障农村教育数据资源共建共享，实现跨区域、跨领域精准合作，形成可复制、可推广的典型示范。

（3）数字普惠金融

数字普惠金融能够克服传统金融服务覆盖范围有限、门槛偏高、受时间和地点限制等问题，缩小城乡之间的收入差距，使低收入群体能够更加公平地获得金融服务。此外，数字普惠金融有助于提高农村居民的可支配收入，优化收入分配格局。财政政策要协助构建初次分配、再分配和第三次分配相协调、相匹配的基本制度。支持小微市场主体创新创业和可持续发展，增强其参与市场竞争的能力，提高其在初次分配中的地位，为减少收入不平等创造有利条件。充分利用市场的主导功能，通过金融市场为小型和微型企业拓宽融资途径。充分发挥金融在破解城乡二元结构中的作用。持续改进和提升农村金融服务体系，推动城市与农村之间的金融服务更加平衡和便捷。围绕财富创造和增值，盘活农村资源和资产，创新金融产品和服务体系，增加农民财产性收入。利用金融在推动区域重要战略和协调发展策略中的关键作用，根据不同地区的具体情况制定策略，精准发力，全面推动区域金融改革的深入发展。利用数字技术，迅速提升对老年人、残疾人、农民工、大学生等群体的金融服务水平，有效支持关键民生领域，助力创业增收，合理促进消费，探讨如何通过支付结算为第三次分配提供金融支撑、慈善信托和其他服务。

（4）互联网医疗

医疗保险不仅是推动经济增长的有力工具，也承担着重新分配社会资源的职能，是实现共同富裕的关键性制度设计。此外，推动共同富裕旨在增进社会公正、促进人的全面发展，而医疗保险在促进公众健康和解决因病致贫方面发挥着重要作用。因此，在价值目标上，医疗保险与共同富裕具有高度统一性。通过先进数字技术，统筹城乡和区域医疗资源配置，促进医疗服务供给均等化，提高可及性。医疗资源的分配以及医疗服务的使用对于医疗保险体系的有效运作具有显著影响。因此，强化医疗服务供给方面的联合改革，不仅要确保医疗保险系统内部的公正性，还需通过均衡城乡和区域之间的医疗资源分配，减少城乡和区域之间在医疗服务资源和服务能力上的差异，从而推动所有人能够平等且便捷地享受医疗保障。

（5）智慧交通

普惠交通彰显交通的人文关怀与社会福祉价值。着重关注物理空间中的西部与乡村等偏远地区，以及产业空间中的农业等经济弱势领域，并广泛覆盖非交通工具拥有者等多样化出行群体。一直以来，共享出行常被忽视的实质之一是普惠交通。以人为本是智慧交通生态、交通强国建设的根本原则。通过数字技术的发展，促使交通工具、路线网络、物流人流全面智能化，尤其是"车、路、行"三位一体的陆路智慧交通，是未来的重要发展方向。

（6）电子政务

创新措施如"互联网+政务服务"、"互联网+村务"、"互联网+基层党建"、"雪亮工程"、"四治融合"和"互联网+应急管理"等，共同推动了社会治理的现代化。全国正在快速推进"互联网+政务服务"平台扩展至乡镇，农业行政审批流程的电子化改革已取得初步成果。数字化平台使"三资"管理变得更加透明，农村宅基地和承包地信息管理平台已基本建成。部分地区已建立较为完整的"电子村务"平台，便于村民通过手机随时了解和监督村务。各地也在积极创新"互联网+党建"、"移动会议厅"和"互联网+公共法律服务"等形式。"雪亮工程"的覆盖面持续扩大，为数字乡村治理和平安乡村建设提供了坚实的支撑。

三　主要研究结论与对策建议

（一）主要研究结论

第一，数字技术创新水平的提升能够推动经济发展并缩小城乡差距，并通过"数字技术赋能—产业结构升级—社会经济效应"的路径推进共同富裕。数字经济具有创新、互联和一体化的属性，是知识和技术密集度高的领域。随着互联网和大数据技术的发展进步，数字技术创新能够培育高端生产要素，降低生产成本。同时，通过赋能传统生产要素，不断提高各种要素的投入产出效率，降低搜索和交易成本，促进信息、技术、资本、人才等要素的流动，有助于集聚创新要素激活农村资源，深化城乡产业对接融合，产生经济社会效应，促进区域生产力提升。

第二，数字技术创新通过普惠均衡机制和匹配升级机制促进城乡共同富裕。企业科技向善理念的深化，使得乡村获得更多科技向善普惠项目的支持，促使居民共享数字技术创新发展带来的红利，同时加速区域内外生产要素流动，增加各产业人员的就业机会和收入，促进城乡居民的全面发展和社会全面进步，逐步实现全民共享富裕和均衡富裕。

第三，数字技术创新从宏观、中观、微观三大层面驱动共同富裕实现。宏观层面的数字技术创新驱动建设高效顺畅的流通体系，驱动收入分配方式多元化，驱动产生可供消费的新产品、新业态和新模式；中观层面驱动产业生态良性构建；微观层面则在工业互联网、智慧教育、数字普惠金融、互联网医疗、智慧交通和电子政务等多方面深度赋能，推动城乡共同富裕。

（二）对策建议

本报告从科技向善入手，通过企业案例分析了科技向善三大效应对实现共同富裕的作用，通过城市案例分析了数字治理以及数字基础设施建设对实现共同富裕的作用。从以上理论分析和案例研究中，本报告总结提出了以下几个方面的建议供参考。

1.统筹规划城乡融合的新型数字基础设施

在乡村振兴战略的背景下，全面布局5G、人工智能等新型数字基础设施和新型应用场景建设，推动传统产业基础设施的智能化改造升级，使区域获得均衡发展的机会。以"新基建"为抓手，推动新老基础设施的有效衔接，优化服务改革，尤其是面向困难群众、底层民众和弱势群体的帮扶服务，构建普惠的生活数字化融合设施，以"服务型政府"确保特殊群体能够均等享受数字经济为生活带来的便利。同时，推动数字技术融合政务，通过第三方公开测评等网络监督措施提升政府工作公开透明度。

2.规范城乡一体化的数字治理制度建设

做好数字经济发展的顶层设计，建立健全数字经济发展基本政策体系，规避数据篡改、个人信息泄露等潜在风险。加强数据平台的监管，厘清主体责任与义务，突破监管瓶颈，构建动态、科学的监管体系。维护数字平台和企业之间的公平公正秩序，综合制定相关政策为企业科技向善的实现护航，重视重大科技创新设计与运用，秉持底线思维，规范"与数字使用和行为有关"的数字能力法规准则。根据城乡实际，因地制宜制定和调整数字治理制度，培育优质数字产业和企业，使区域、城乡居民都处于该数字产业链条之中，能够共享数字产业带来的红利。规范平台劳资关系，制定平台劳资关系的基本处理准则，保护平台从业者的基本权益。

3.加快构建融合城乡的数字化公共服务体系

推动数字技术与信息消费、社会民生等领域的整合，利用数字技术的互通性和平台经济的联动效应，打造覆盖城乡的就业、教育、医疗、社会保障等公共服务体系。通过构建政府公共服务大数据中心和平台，以服务半径和服务人口为依据，有效增加文化、教育、医疗、旅游、体育等领域的数字化供给和网络化服务，把城市里的优质公共资源，如教育和医疗资源，导入农村地区的学校教育和医疗服务领域。统筹乡村的资源禀赋、民俗民风和传统文化，搭建生产生活生态深度融合的数字平台，以此为基础建设集科研、试验、孵化、休闲、生态于一体的田园综合体、农业公园等农业休闲产业园区，最大限度挖掘资源利用价值和提高资源利用效率，促进城乡居民共享优质的公共服务。

4. 加强数字经济创新人才队伍建设

注重培养数字化人才，构筑人力资本优势。加强对劳动者的数字技能培训与人才培养，形成人才集聚的"磁场效应"。引导大量高技能劳动力主动流入，产生高技能劳动力的空间集聚效应，促进区域劳动力就业结构的优化，推动"人口红利"向"人才红利"迈进。

5. 加强科技向善价值观引领

完善科技向善概念体系建设，深挖科技向善内涵。研究科技向善与社会动态主体的作用机制，多元整合技术发展，破解伦理难题。探究主体科技向善的动机，探索科技向善在本土的数字治理应用。利用新兴技术做好数智化和多元技术融合使用，使企业主动转型升级，基于科技向善提升竞争力、强化社会价值创造、促进公平正义及增进社会福祉。

参考文献

吴忠民：《中国现阶段贫富差距扩大问题分析》，《科学社会主义》2001 年第 4 期。

陈宗胜、武洁：《收入分配差别与二元经济发展》，《经济学家》1990 年第 3 期。

R. J. Barro, "Inequality and Growth in a Panel of Countries," *Journal of Economic Growth*, 2000, 5.

匡远凤：《选择性转移、人力资本不均等与中国城乡收入差距》，《农业经济问题》2018 年第 4 期。

申雅琛、吴睿：《数字经济推动区域经济高质量发展的影响研究》，《商业经济研究》2022 年第 14 期。

段博、邵传林：《数字经济加剧了地区差距吗？——来自中国 284 个地级市的经验证据》，《世界地理研究》2020 年第 4 期。

李雅楠、谢倩芸：《互联网使用与工资收入差距——基于 CHNS 数据的经验分析》，《经济理论与经济管理》2017 年第 7 期。

胡浩然、张盼盼、张瑞恩：《互联网普及与中国省内工资差距收敛》，《经济评论》2020 年第 1 期。

高明、李小云、李鹏：《全面脱贫后农村多维贫困测量研究》，《农村经济》2021年第7期。

叶璐、王济民：《多维城乡差距与中国经济包容性增长》，《华南农业大学学报》（社会科学版）2021年第2期。

刘培林等：《共同富裕的内涵、实现路径与测度方法》，《管理世界》2021年第8期。

樊梦瑶、张亮：《数字经济、资源要素配置与城乡协调发展》，《西南民族大学学报》（人文社会科学版）2023年第5期。

杨珂、余卫：《共同富裕进程中城乡"数字鸿沟"的检验与测度》，《统计与决策》2023年第7期。

金殿臣、邓国琴：《数字经济与共同富裕：基于城乡收入差距的视角》，《贵州社会科学》2022年第9期。

张森、温军、刘红：《数字经济创新探究：一个综合视角》，《经济学家》2022年第2期。

温军、邓沛东、张倩肖：《数字经济创新如何重塑高质量发展路径》，《人文杂志》2020年第11期。

吴绪亮：《新发展格局下数字经济创新的战略要点》，《清华管理评论》2021年第3期。

任保平、何厚聪：《中国式现代化新征程中我国数字经济创新体系的构建》，《上海经济研究》2022年第12期。

戴若尘、王艾昭、陈斌开：《中国数字经济核心产业创新创业：典型事实与指数编制》，《经济学动态》2022年第4期。

宋培等：《中国数字经济创新发展的技术选择与效果评估》，《科学学研究》2023年第8期。

周翔：《传播学内容分析研究与应用》，重庆大学出版社，2014。

刘伟：《内容分析法在公共管理学研究中的应用》，《中国行政管理》2014年第6期。

姜红等：《基于政策工具视角的中国产教融合政策适配性研究——77份国家层面政策文件的量化分析》，《吉林大学社会科学学报》2023年第1期。

战略报告 ⧈

B.6
新质生产力的要义、核心要素
及创新发展路径*

摘　要：　新质生产力是新时代生产力出现的新质态，是实现中国式现代化的根本前提，需要立足发展阶段的时代语境把握其内涵。本报告从理念层、制度层、操作层分析新质生产力的核心要义及其促进经济增长的理论逻辑，提出新质生产力的五大关键要素与创新发展路径。研究表明：新质生产力的核心要义，在理念层表现为以科技创新引领战略性新兴产业和未来产业技术跃迁进程，实现战略转型与变革发展；在战略层要求深入实施创新驱动发展战略、军民融合发展战略、科教兴国战略、人才强国战略、数字中国战略；在操作层体现为在生产方式上强调技术和创新在生产过程中的关键作用，在生产目标上注重产品（服务）质量、个性化程度以及高质量发展，在生产布局上

---

* 作者：北京市科学技术研究院高质量发展研究中心。执笔人：贾品荣。贾品荣，博士，北京市科学技术研究院高质量发展研究中心主任、研究员、"北科学者"、高精尖产业研究学术带头人，北京市习近平新时代中国特色社会主义思想研究中心特邀研究员，主要研究方向为高质量发展、高精尖产业。

侧重对生产过程的精细化管理。新质生产力有五大关键要素——提高全要素生产率、提升自主创新能力、深度融入绿色化、打造数字核心及释放人才活力。推动新质生产力创新发展的路径有：整合式创新跃迁路径、开放式创新跃迁路径、颠覆式创新跃迁路径。本报告提出以下对策建议：释放数据活力，以创新的知识生产方式推进生产力发展；构建开放创新生态，深化各级科技创新合作；促进数实融合，重点面向数字经济领域稳步发展融合基础设施。

关键词： 新质生产力　中国式现代化　五大关键要素

习近平总书记指出："积极培育新能源、新材料、先进制造、电子信息等战略性新兴产业，积极培育未来产业，加快形成新质生产力，增强发展新动能。"[1] 新质生产力以科技创新为主导，通过技术革命性突破、生产要素创新性配置、产业深度转型升级等方式，催生新的产业、模式和动能，从而成为推动高质量发展的内在要求和重要着力点。新质生产力具有高科技、高效能、高质量特征，符合新发展理念的要求，是对马克思主义生产力理论的继承与发展。深入领会这一重要思想，有助于全面科学地认识新质生产力发展和进一步适应高质量发展阶段的新要求。新质生产力强调了新技术新应用的重要特征，与传统生产方式相比，新质生产力更加灵活、高效，能够更好地适应快速变化的市场环境。高质量发展离不开先进生产力，准确领会新质生产力对于促进全球经济新增长具有重要的理论和实践意义。

一　新质生产力的核心要义

"新质生产力"根植于时代背景，以科技创新促进生产力发展，以生产

---

[1] 《第一观察丨习近平总书记首次提到"新质生产力"》，央广网，2023 年 9 月 12 日，https://news.cnr.cn/native/gd/sz/20230912/t20230912_526416651.shtml。

力发展成果支撑科技进步，为生产力跃升和科技进步提供了新思路。"新质生产力"内涵要义，需从理念层、制度层、操作层三个层面分别进行阐述。

首先，"新质生产力"的核心要义在理念层表现为以科技创新引领战略性新兴产业和未来产业技术跃迁，实现战略转型与变革发展。具体而言，战略性新兴产业和未来产业必须不断创新发展，积极向"第二曲线"即未来的新赛道跳跃。美国未来学院的院长莫里森在研究了全球众多知名企业的成长和发展模式后，于1996年出版的《第二曲线》一书中对"第二曲线"理论进行了深入解读和阐述。"第二曲线"代表了未来的主导力量。在产品生命周期的不同阶段，主导力量都会经历从萌芽到成长，再到鼎盛和衰落的不同发展路径，这与产品生命周期曲线有相似之处，因此被称作"曲线"。所指的"第二"是与"第一"比较而言的，即将在未来占据优势地位的主导力量。根据康德拉季耶夫的长波理论和技术经济范式的转换特点，由数据驱动的新一波科技和产业变革已经进入第六次技术革命浪潮技术经济范式的初始爆发阶段，全球范围内创新要素的更新速度日益加快。为加速形成新质生产力，在理念上必须将创新视为首要任务，将数字赋能和可持续发展放在核心位置，才能适应时代的发展需求。随着数字经济时代的到来以及创新驱动、绿色发展趋势的影响，西方发达国家已经开始规划新的产业调整方向，推动全球范围内的产业链、供应链、价值链改革和重组。我国要实现高质量发展，必须在加快转变发展方式方面迈出更新步伐。"十四五"期间，我国经济高质量发展的关键方向是从扩大规模转向加强数字化和智能化技术的创新与应用，以此来推动经济动力的转型。"新质生产力"将马克思主义政治经济学的思想与中国的实际情况和时代特色相融合，在面对新的挑战、解决新的问题和应对新的形势时，深入地解答了战略性新兴产业和未来产业实现战略转型与变革发展的重要理论和实践问题。当前世界经济正经历转型期，传统增长动力衰退，而新技术对经济的推动作用尚未充分显现，全球经济增长面临新挑战。新质生产力为换挡期经济转型的时代命题从理念层指明了前进方向和战略思路。

其次，"新质生产力"的核心要义在战略层要求深入实施创新驱动发展战略、军民融合发展战略、科教兴国战略、人才强国战略、数字中国战略，以开创发展新领域和新赛道，塑造新优势和新动能。第一，创新驱动这一概念最早由美国学者迈克尔·波特在《国家竞争优势》一书中提出。创新驱动的核心是利用先进的科技和知识来驱动经济增长。为了实现这一目标，国家需要通过市场化和网络化手段，将科技与经济紧密结合，从而促进产业的集中发展。创新驱动的内涵是在技术创新基础上产生新产品，或者是一种新的生产方式或组织形式。创新驱动意味着在创新活动中把技术创新、制度创新和管理创新结合起来，从而产生新的生产力并带动整个社会经济的快速发展。创新驱动颠覆了传统的由生产要素和投资驱动的观点，它是知识经济发展的必然选择。与生产要素和投资驱动相比，创新驱动主要依赖科技创新、提升劳动力的整体素质和管理的创新。在党的十九届五中全会上，创新驱动发展被进一步置于所有规划任务的核心位置，强调了创新在我国现代化进程中的中心作用，在加速形成新质生产力的过程中，必须坚定地走创新驱动的发展道路。第二，2015年军民融合发展正式提升为国家战略，该发展战略能够打破传统上军民资源和技术体系的隔阂，打通交流协作的通道，充分利用军民双方的优势。军民融合发展战略是加速生产力发展的关键动力。"二战"后美国政府的曼哈顿计划、国家纳米计划和《创新与竞争法案》等多个重大项目、工程和政策法案，均体现了军民融合创新的战略模式。深入实施军民融合发展战略，推动创新资源优化配置，是形成新质生产力的关键所在。第三，党的二十大报告中强调了科教兴国战略的战略性支撑作用，明确提出要"实施科教兴国战略，强化现代化建设人才支撑"。在加速形成新质生产力的进程中，需要加快攻克战略性新兴产业和未来产业领域"卡脖子"核心技术，如半导体产业在EDA设计方面、光刻机技术层面等都面临"卡脖子"的挑战，必须强化国家战略科技导向，优化创新资源配置，实现关键核心技术突破，方能实现"弯道超车"，促进生产力发展。第四，积极推进新时代人才强国战略，加速打造全球人才集聚地和创新中心，创造一个有利于人才创新的生态环境，汇聚全球的杰出人才，最大限度地激发科技工作者的积极性、主动性和创造力，在人才国际竞争中建立相对优势，在形成新质生产力的进程中占据先机。第五，数字中国战略。数字中国战略旨在通过数字技术体系提高国家的整体信息化程度，为制造、质量、航天、交通和网络等领域的建设提供了坚实的基础。当前，数据作为生产要素的价值得到了充分体现，而数字产业化已经成为新时代我国经济增长的新引擎。深入实施数字中国战略是提高产业链和供应链现代化水平，加速形成新质生产力的必然要求。

最后，"新质生产力"的核心要义在操作层的阐述则具体到新的生产方式、新的生产目标和新的生产布局重点。传统生产力和新质生产力在具体的操作层多个方面存在显著区别。一是生产方式的区别。传统生产力侧重于以大量的生产要素投入为基础，主要通过规模扩大和资源密集型的生产方式提高生产效率——这通常包括大规模的生产线、大量的劳动力投入和大规模的资本投资；新质生产力强调技术和创新在生产过程中的关键作用，更加注重如何通过技术创新、数字化应用以及敏捷生产方式来提升生产效率和产品质量。二是生产目标的不同。传统生产力的核心目标在于实现经济利益的最大化，通常着眼于产品数量和利润的最大化；新质生产力的核心目标则在于通过技术创新、数字化应用等手段，提升产品和服务的质量、个性化程度，实现包括经济、社会、生态多个维度的高质量发展。三是布局重点的区别。传统生产力主要关注生产过程中的资源配置、生产要素投入和规模效应的利用，侧重于提高生产效率以实现成本控制；新质生产力更加注重知识、信息和技术的运用，通过新兴技术的应用实现对生产过程的精细化控制和优化，从而提升产品和服务的质量及附加值。

二 新质生产力促进经济增长的理论逻辑

首先，新质生产力推动了经济的增长。通过引入先进的数字化技术和创新的生产方式，企业能够大幅提升生产效率和产品质量。以华为公司为例，其持续引入先进的生产技术和高水平人才，使得生产效率大幅提升，从而推动了企业盈利能力的提升。有关技术促进经济增长的研究由来已久，如索洛模型阐述了技术进步是经济持续长期增长的主要驱动力，但在该理论中技术被视为一个外生变量。新增长理论在索洛模型的基础上进行了拓展，提出通过增加技术研发的投资提高生产效率，将技术内化为核心生产要素。吴敬琏在《中国增长模式抉择》中提出，1970 年之后，信息技术成为推动经济增长的主要动力，新质生产力通过引入先进的数字化技术和创新的生产方式推动经济增长可视为在本土化新增长理论观点基础上的改革实践。

其次，新质生产力推动经济结构的升级和产业的转型。随着新技术的广泛应用，传统产业得到了深度改造，新兴产业蓬勃发展，这使得整体经济结构更加现代化和高效。譬如，中国的互联网行业迅速崛起，通过数字化和互联网技术的引入，改变了传统产业的商业模式，推动了整体经济结构的升级。新质生产力推动经济结构的升级和产业的转型也具有深刻的学理内涵，从新结构经济学视角分析颇具解释力。新结构经济学提出经济的持续增长依赖技术的创新和产业的升级，而决定产业和技术发展水平的关键因素是各种要素的内在禀赋，不同时期的要素禀赋及其结构是动态的，生产力发展带来的时代变革影响着要素禀赋的结构变化。

再次，新质生产力的提升为就业市场带来了积极的影响。随着生产过程的智能化和高效化，企业对高技能、高素质的劳动力需求增加。国际劳工组织的数据显示，拥有数字技能的劳动者相对于传统劳动者，平均薪资水平提高了 15% 以上，这直接促进了劳动者的收入水平提升。[①] 根据格兰诺维特的新经济社会学理论，所有的经济活动都是社会结构的一部分，包括求职和就业行为也不例外。所有的劳动力都深深嵌入特定的社会结构并受到其限制，劳动力并不是完全自由流动的，而是存在多种形式的隔离。新质生产力发展的同时构建了一个"信息高速通道"，大大减少了市场供需双方的搜索成本，提高了劳动力市场的匹配效率，带来了新的产品和服务，为社会创造了更多的工作机会，并促进了劳动者的收入水平提升。

---

① International Labour Organization，https：//www.ilo.org/global/lang--en/index.htm.

最后，新质生产力的不断提升增强了企业的竞争优势，为企业创造了更广阔的市场空间。根据加里·格雷菲的全球价值链理论，高附加值主要在产品的研发设计和关键零部件的生产中产生。新质生产力的发展能够提供健全的技术供应体系和高水平的技术支持，能在全球价值链中增强企业的竞争优势和市场影响力。通过提供更具竞争力的产品和服务，企业能够在国际市场中获得更大的份额，推动国际贸易和经济全球化发展。如德国汽车制造商大众集团通过不断推出具有领先技术和绿色环保特性的汽车产品，成功在国际市场上赢得了大量市场份额。

三　新质生产力的关键要素

新质生产力有五大关键要素——提高全要素生产率、提升自主创新能力、深度融入绿色化、打造数字核心及释放人才活力。

关键要素之一：提高全要素生产率。当前，我国经济正处于由高速增长阶段转向高质量发展阶段的关键时期，简单以 GDP 增长率论英雄的时代已渐成历史。党的二十大报告强调了"着力提高全要素生产率"的发展方式。全要素生产率是国民经济增长的主要推动力，亦是我国未来提升新质生产力的主要方向。提升全要素生产率的途径，包括营商环境改善、增加研发投入、强化技术创新能力、加快市场化改革、提高教育质量等。

关键要素之二：提升自主创新能力。我国经济体系虽规模庞大但竞争力尚显不足，主要症结在于部分产品仍徘徊在价值链的低端。为扭转这一态势，我国亟须加大自主创新力度，以增强整体经济的核心竞争力。科技部门筛选了在高端制造业中，与国外有较大差距并依赖进口的关键材料、设备、元器件和软件等，包括光刻机、高端芯片、人工智能传感器、手机射频器件、手机和电脑操作系统、燃料电池和关键材料、重型燃气轮机、高档汽车发动机等多项"卡脖子"的关键技术。克服高端制造业的技术短板，核心在于提升自主创新能力，增强先进制造业的核心竞争力，真正掌握自主发展权，提升新质生产力水平。

关键要素之三：深度融入绿色化。新质生产力必然具备绿色可持续发展的内在特征，以维持生态平衡、促进人与自然和谐发展为前提，以实现社会、经济、生态共同繁荣为目标。为推进产业结构的高端化转型，我国正致力于积极发展新能源、新能源汽车及节能环保等新兴产业，构建高效且生态友好的产业集群。同时，将先进技术融入传统高耗能产业的改造，以实现产业结构的优化升级，进而跃升至价值链的高端，为我国经济的可持续发展注入新动力。

关键要素之四：打造数字核心。当前全球正处于第三次产业革命末期与新一代产业革命的孕育期。第四次产业革命继承了第三次产业革命中的信息技术，并在此基础上衍生了以物联网、云计算、大数据、3D 打印技术为代表的数字技术创新。数字技术与其他技术领域的融合创新往往需要打破行业的边界，实现跨界与协同。数字技术创新将通过数字网络和智能算法对未来的生产流程、生产模式、管理方式产生颠覆性影响。

关键要素之五：释放人才活力。高层次创新人才是新质生产力发展的重要支撑。习近平总书记在 2021 年中央人才工作会议上强调，到 2025 年，"在关键核心技术领域拥有一大批战略科技人才、一流科技领军人才和创新团队"[1]。加快培养能够引领战略性新兴产业、未来产业发展的创新型高层次人才，壮大新兴产业人才群体，让创新人才转化为新质生产力发展的引领者、推动者。

四　新质生产力的创新发展路径

新质生产力发展需要深度整合创新链、产业链、供应链、价值链、人才链、政策链等多个链条，需要通过国内外创新要素、创新活动、创新产出相互集成共同推进，发挥全量式创新因素作用，调动一切创新方式，全

---

[1] 《习近平：深入实施新时代人才强国战略　加快建设世界重要人才中心和创新高地》，中国法院网，2021 年 12 月 15 日，https：//www.chinacourt.org/article/detail/2021/12/id/6435598.shtml。

方位破除创新壁垒，推动人才创新、知识创新、技术创新等，盘活创新局面，推动新质生产力形成。具体而言，新质生产力的创新发展路径包括以下三条。

（一）整合式创新跃迁路径

整合式创新即在原有创新方式基础上，通过整合技术创新、知识创新，合力推动新质生产力形成。战略性新兴产业、未来产业发展需要多个领域和不同的参与者共同合作，优化创新生态要素已经成为推动新质生产力创新发展的关键路径。与此同时，传统产业的升级发展也依赖人才、技术、知识创新的合力支撑，例如制造业的转型升级并非仅限于产值比重的提升，更涉及与先进技术的深度融合，以及与服务型制造的协同度，旨在通过增强复杂产品的制造能力和快速响应消费者个性化需求的能力，重塑制造业的竞争优势。从更深层次看，知识、技术、产业与人才的创新整合对于推动战略性新兴产业、未来产业的崛起以及传统产业的深度转型起着决定性作用。这种综合性的变革是推动制造业等传统产业转型升级并实现长远发展的关键所在。

突出知识集成与知识管理。钱学森提出的开放的复杂巨系统理论，突出知识基础和管理对科技创新和生产力发展的重要作用。加速形成新质生产力，必须通过知识创新来实现。目前数据元素和数据的人工智能化促使人类从一般的物质生产和服务生产迅速转变为朝着知识的创造方向发展。随着数据要素在知识生产和消费中所占的份额逐渐增加，人们开始采用人工智能和自动化技术。通过机器人和物联网的应用，物质生产效率得到了持续提升，同时减少了物质对人类的限制，并缩减了人们所需的劳动时间，以便更有效地分配资源，增加更多的时间来消费广泛的知识，进而推动知识创新。

充分发挥先进技术在新质生产力提升中的关键作用。人工智能、大数据分析以及物联网等先进技术为新质生产力的提升提供了有力支持。它们使得生产过程更加智能化、高效化，也为企业提供了更广阔的决策信息和监控能力，从而推动了生产力的不断提升。通过机器学习和深度学习等技术，制造企业可以实现生产过程的自动化和智能化。自动化的生产线能够高效地完成重复性工作，减少了人力成本，提高了生产效率。同时，人工智能还可以实现对生产过程的实时监控和预测，及时发现和解决问题，保证生产的稳定运行。此外，大数据还可以帮助企业优化生产过程，提升生产效率。物联网技术的应用也为生产力的提升带来了显著的效果。通过将各类设备和系统连接在一起，实现实时数据的传输和互联互通，企业可以实现生产过程的全面监控和协同。物联网还可以帮助企业实现设备的预测性维护，减少停机时间，提高生产效率。

提升科技成果转化率。根据技术转移体系理论，底层共性技术的突破创新成为短期之内快速形成新技术应用亮点、突破性产品亮点和技术壁垒要素的必由之路。积极推动科技成果转化应用、提高科技成果转化率是战略性新兴产业发展的内在动力。

推进科教结合、产教融合协同育人模式。高层次创新人才的培育是新质生产力发展的重要支撑。随着高质量发展阶段中国战略性新兴产业、未来产业的快速发展，高水平科技人才的培养滞后已成为制约中国战略性新兴产业、未来产业发展的关键问题。"十四五"期间，我国把关注焦点集中在基础研究、技术革新及产业提升的关键人才培养上，积极探索并解决在人才评估、培育自主性、科学研究支持、创新激励、收益分配、人才吸引与流动、团队组建、项目管理、成果转化、资金运用、职位编制、院士选拔和相关管理等方面存在的问题，进一步激发国家战略人才队伍的活力并提高其创新能力。

（二）开放式创新跃迁路径

在数字经济时代，合作不是一个线性关系而是多个合作伙伴同时合作的过程，共同拓宽国际化视野、彼此互鉴、共同创造的过程。通过开放式创新，辅以区块链、人工智能等信息技术的加成，汇聚全球的力量，利用各方的力量推动新质生产力发展。这就要求不仅要重视国内创新，更要注重国际交流合作。"开放创新"的理念是在开放合作的背景下增强创新实力，激励国内外的创新实体进行互动与合作，推动创新元素的自由流通，并促进创新成果在国际上的应用。

从企业层面来说，仅依赖封闭式的创新方式，使得它们难以满足外部不断变化和复杂竞争环境的需求。开放式创新为新质生产力的发展提供了新的途径。企业可以通过与科研机构、供应商、客户等多方合作，共同进行研发和创新活动，充分利用各方的资源和技术优势，实现创新成果的共享和互补。

（三）颠覆式创新跃迁路径

颠覆式创新通常起源于前沿领域的重大研究成果，或者是跨学科和跨领域技术的综合研究。颠覆式创新产品通常从边缘市场或新兴市场切入，随着技术性能和功能的持续改进和完善，以及市场环境的逐渐变化，它们最终将替代现有的主流技术，催生新的产业和巨大的市场潜力，从而引发产品制造模式和产业的变革，组织的运作方式和商业的操作模式都将经历深刻的改变。

为加速形成新质生产力，颠覆式创新可通过以下三个方面来推进。第一，加强新型基础设施建设，为颠覆式创新技术应用提供良好条件。新型基础设施是企业利用先进前沿技术实现跨越式升级发展的基础条件。新型基础设施的新颖之处在于有潜力与经济和社会中的各个行业以及生产和生活的各个方面相结合，能够利用新技术促进传统产业数字化、智能化转型，赋能生态、医疗、金融等多样化的领域，促进多种技术、产品和行业的协同发展。例如，5G与卫星互联网等前沿通信基础设施的崛起，极大地提升了信息传输的迅捷性和稳定性，为市场信息的快速处理与架构建设奠定了坚实的基础。同时，人工智能等先进技术基础设施则有效增强了生产环节中资本、劳动力、技术等关键要素的协同匹配能力，为产业升级和经济发展注入了新的活力，提高了市场匹配的质量，有利于进一步推动新质生产力发展。第二，全面激发更优"数字生产力"。发展数字经济，建设数字中国，已上升为国家发展战略。推进数字技术持续研发创新，以保持中国的数字技术长期处于全球领先水平，在产业格局未定的关键窗口期，通过颠覆式创新抢占先发优势和有利位置，全面激发更优"数字生产力"，加快形成新质生产力。第三，推动技术与商业模式的变革。制造业格局发生了颠覆性变化，要持续更新运营模式，推动技术与商业模式的变革，将实体经济和数字技术、绿色创新相融合，从而实现生产力的跃升。

五　主要研究结论及对策建议

（一）主要研究结论

本报告从理念层、制度层、操作层分析新质生产力的核心要义及其促进经济增长的理论逻辑，提出新质生产力的五大关键要素与创新发展路径，主要研究结论如下。

新质生产力在理念层表现为以科技创新引领战略性新兴产业和未来产业技术跃迁，实现战略转型与变革发展；在战略层要求深入实施创新驱动发展战略、军民融合发展战略、科教兴国战略、人才强国战略、数字中国战略，以开创发展新领域和新赛道，塑造新优势和新动能；在操作层的阐述则具体到新的生产方式、新的生产目标和新的生产布局重点。

新质生产力促进经济增长，不仅提升企业生产效率和产品质量、扩大经济总量，推动经济结构升级和产业转型，也为就业市场和企业竞争带来积极影响。

新质生产力具有五大关键要素。一是全要素生产率。提升途径包括营商环境改善、增加研发投入、强化技术创新能力、加快市场化改革、提高教育质量等。二是自主创新能力。这是克服高端制造业技术短板、增强先进制造业核心竞争力、真正掌握自主发展权的核心。三是绿色化。发展节能环保产业、打造高效生态产业集群，将技术运用于传统高耗能产业改造都是促进我国产业结构优化升级、实现产业跃迁价值链高端的必由之路。四是数字技术。数字技术对生产流程、生产模式、管理方式产生颠覆性影响，且与其他技术融合创新，打破行业边界，实现跨界与协同。五是人才活力。高层次创新人才是新质生产力发展的重要支撑。

新质生产力的创新发展路径包括三个方面。一是整合式创新跃迁路径。突出知识集成与知识管理，充分发挥先进技术在新质生产力提升中的关键作用，提升科技成果转化率，并推进科教结合、产教融合协同育人模式。二是开放式创新跃迁路径。不仅重视国内创新，更要注重国际交流合作。在企业层面强调与外部科研单位多方合作，实现创新成果的共享和互补。三是颠覆式创新跃迁路径。通过加强新型基础设施建设，为颠覆式创新技术应用提供良好条件，全面激发更优"数字生产力"，推动技术与商业模式的变革。

（二）对策建议

释放数据活力，以创新的知识生产方式推进生产力发展。积极布局以创新成果产业化为目标的新型研发机构和创新平台，而非简单追求专利数量，提高对企业创新成果应用落地支持的精准性，以缩小研发与应用之间的鸿沟，推动将科技成果转化为实际生产力，加快形成新质生产力。完善高校高水平科技人才培养的学科体系建设，深化产学研一体化，以产业技术发展的最新成果推动人才培养改革，推进科教结合、产教融合协同育人模式发展，培养更多适应新质生产力发展需要的高水平复合型人才。

构建开放创新生态，深化各级科技创新合作。在国际上，提高我国在全球科技治理中的影响力和规则制定能力。瞄准全球主要创新大国和关键小国，结合我国的各类创新需求，精准选择合作领域，开辟多元化科技合作渠道。促进更加开放包容、互惠共享的国际科技创新交流，激发科技要素流动活力。在企业层面，支持组建创新联合体和布局新型共性技术平台。特别是鼓励民营科技型骨干企业联合上下游、产学研力量，研究提出前沿性、颠覆性技术问题需求清单。

促进数实融合，重点面向数字经济领域稳步发展融合基础设施。打造多层次工业互联网平台，推动交通、物流、能源、市政等基础设施智慧化改造，建设远程医疗、在线教育等民生基础设施。积极推动互联网、大数据、人工智能与工业、农业、服务业等传统产业的深度融合。深化工业数字化转型，推动工业互联网发展，引导制造业生产设备上云上平台和业务系统云化改造，引导上下游企业加强供应链数字化管理和一体化协同。提升互联网和移动互联网的服务能力，在现有网络基础设施建设的基础上，拓展部署空间信息基础设施和物联网。

参考文献

〔美〕莫里森：《第二曲线》，团结出版社，1997。

黄阳华：《工业革命中生产组织方式变革的历史考察与展望——基于康德拉季耶夫长波的分析》，《中国人民大学学报》2016年第3期。

孙磊华等：《军民深度协同对企业关键核心技术突破的影响》，《科技进步与对策》2022年第23期。

樊春良、李东阳：《新兴科学技术发展的国家治理机制——对美国国家纳米技术倡议（NNI）20年发展的分析》，《中国软科学》2020年第8期。

黄先海等：《新发展格局下数字化驱动中国战略性新兴产业高质量发展研究》，《经济学家》2023年第1期。

吴敬琏：《中国增长模式抉择》，上海远东出版社，2013。

林毅夫：《新结构经济学的理论基础和发展方向》，《经济评论》2017年第3期。

由笛、姜阿平：《格兰诺维特的新经济社会学理论述评》，《学术交流》2007年第9期。

徐铮、张其仔、孙琴：《不同投入来源制造业数字化对全球价值链分工地位的影响》，《科技进步与对策》2023年第9期。

韩啸：《钱学森系统论思想下新型举国体制的内涵与构建》，《中国软科学》2022年第6期。

靳宗振、刘海波、曹俐莉：《新时期我国技术转移体系发展思考与建议》，《软科学》2021年第5期。

王子丹、袁永、邱丹逸：《颠覆性技术创新促进机制及国内外经验研究》，《科学管理研究》2021年第2期。

B.7
北京加快形成新质生产力的若干战略[*]

摘　要： 为了贯彻落实习近平总书记提出的"牢牢把握高质量发展这个首要任务，因地制宜发展新质生产力"，本报告以北京为例，提出以十五大战略推动形成新质生产力。研究结果表明，加快形成新质生产力，一是需要落实微观战略——多元化创新主体战略、龙头企业带动战略、"专精特新"企业发展战略、数字化转型战略、绿色化转型战略；二是需要落实中观战略——先导产业发展战略、产业集群战略、培育科技服务业战略、都市圈协同创新战略、市场推动战略。三是需要落实宏观战略——比较优势发展战略、差异化发展战略、自主创新战略、融合创新战略、开放创新战略。本报告提出以下对策建议：筛选和培育具有创新潜力和自主知识产权的龙头企业，加强政策扶持和人才政策优化；整合数字化与产业资源，提升产业数字化水平和竞争力；促进创新、绿色转型，推动产业向资源地区集聚；识别、聚焦重点领域，补齐产业链、创新链短板，推动京津冀协同创新发展。

关键词： 新质生产力　微观战略　中观战略　宏观战略

　　自新质生产力这一时代命题被提出以来，学界、业界均围绕这一全新概念做出积极响应。新质生产力是创新起主导作用，摆脱传统经济增长方

---

　　* 作者：北京市科学技术研究院高质量发展研究中心。执笔人：贾品荣、窦晓铭。贾品荣，博士，北京市科学技术研究院高质量发展研究中心主任、研究员、"北科学者"、高精尖产业研究学术带头人，北京市习近平新时代中国特色社会主义思想研究中心特邀研究员，主要研究方向为高质量发展、高精尖产业；窦晓铭，博士，北京市科学技术研究院高质量发展研究中心研究人员，主要研究方向为"双碳"战略、可持续发展。

式、生产力发展路径，具有高科技、高效能、高质量特征，符合新发展理念的先进生产力质态。作为生产力跃迁的代表，新质生产力的"新"内在地表现为新劳动力、新劳动对象、新劳动工具、新基础设施等生产要素创新，以及生产要素创新性配置关系；外在地表现为技术革命性突破、产业深度转型升级，加速摆脱传统经济增长方式和生产力发展路径。这既是应对大国竞争加剧、国际环境不确定性上升，国内劳动力成本增加、资源减少、发展模式转变的必然选择，也是实现高水平科技自立自强、支撑引领高质量发展的必然要求，与到 2035 年基本实现社会主义现代化目标具有内在一致性。

为了贯彻落实习近平总书记提出的"牢牢把握高质量发展这个首要任务，因地制宜发展新质生产力"①，本报告以北京为例，提出以十五大战略推动形成符合首都定位、彰显创新优势、厚植绿色底色、深化区域协同、充满发展活力的新质生产力发展格局。

一　加快形成新质生产力的五大微观战略

（一）微观战略之一：多元化创新主体战略

多元创新主体之间资源共享和优势互补，为新质生产力的形成提供了多元化的动力来源和创新支持。多元创新主体涵盖了高校、科研院所、政府部门、企业以及社会公众等各具优势的创新主体。其中，高校和科研院所是我国传统科技创新主体，通过产学研合作将科研成果转化为实际应用技术，推动新质生产力的形成。政府部门通过制定创新政策、提供资金支持、建设创新平台等方式，为创新活动指引方向并提供有力保障。企业研发机构作为科技创新主体，相较于高校、科研院所等传统科技创新主体，有着雄厚的资金

---

① 《学习进行时｜发展新质生产力，习近平总书记强调"因地制宜"》，央广网，2024 年 3 月 8 日，https://news.cnr.cn/native/gd/sz/20240308/t20240308_526620595.shtml。

背景、更有效的人才集聚体系，以及更广泛的产品销售和应用渠道，在项目推进和产品应用上有着其他科研主体无法比拟的效率优势。社会公众通过需求和反馈为企业提供市场导向。同时，社会公众的参与也能够推动创新文化的形成。

多元化创新主体战略的重点在于，一是重点支持以企业研发机构为重点组建创新联合体。企业把创新作为自身生存和发展的内在需要，服务于获取市场竞争优势，追求利润回报。相较于高校、科研院所等传统科技创新主体，企业有着雄厚的资金背景、更有效的人才集聚体系，以及更广泛的产品销售和应用渠道，在项目推进和产品应用上有着其他科研主体无法比拟的效率优势。二是大力培育新型研发机构。应加强科研设施建设，以先进的实验室和设备为科研人员开展研究提供良好的条件；建立科学化的研发组织体系和内控制度，根据实际需求自主确定研发选题、研发团队、研发设备、研发进程等；探索建立有进有出的动态培育机制，对发展较好的新型研发机构分批次进行重点培育。

（二）微观战略之二：龙头企业带动战略

发展新质生产力的根本目标是实现产业深度转型升级，以科技创新带动产业创新，最终形成具体产业和产业链应用格局。从纵向看，把科学技术转化成生产力，离不开由龙头企业引领产业链上下游创新。日本的雁阵理论即通过主导产业、引领产业带动产业升级。龙头企业，一是通过自主研发和引进先进技术不断提升自身技术水平和核心竞争力，同时搭建创新平台共享和推广技术支持、人才培训乃至先进技术成果，带动产业链上下游企业共同提升技术水平，形成技术引领和示范效应；二是通过整合产业链资源，与供应商、合作伙伴等建立长期稳定的合作关系，优化产业生态，推动上下游企业之间的紧密合作和协同发展；三是主导或参与制定行业标准，推动产业链上下游企业按照统一的标准进行生产和研发，提升整个产业的质量和竞争力。以北京集创北方科技股份有限公司为例，其与中芯国际合作布局高端工艺，拉动制造工艺技术发展，突破40nm、28nm等显示芯片高端制程工艺，以安全自主供应链全力保障京东方等国内客户的显示芯片供应，实现开发区内显示环节产业链上下游协同联动，完善开发区显示产业生态。

从横向看，北京科技园区众多，以中关村科技园区为首的科技园区发挥集聚效应、辐射效应，引领经济结构的升级和转型。科技园区，一是发挥集聚效应促进创新资源的集中和优化配置。科技园区内汇集大量科研机构、高校和企业，形成紧密的创新网络。这种集聚不仅提高了创新资源的利用效率，还加速了科研成果的转化和应用，为新质生产力的形成提供了强大的支撑。二是发挥辐射作用推动区域创新协同发展。通过技术转移、人才培养、产业合作等方式，科技园区与周边地区形成了紧密的创新合作关系，为新质生产力的形成创造了良好的外部环境。例如，北京亿华通科技股份有限公司目前在京津冀的布局现状可概括为"1+2+1+N"空间格局："1"即位于海淀区的亿华通企业总部；"2"即位于昌平区和大兴区的两个厂区，承担氢燃料电池发动机的研发、测试和制造业务；"1"即位于张家口的亿华通动力科技有限公司，是燃料电池的生产制造基地；"N"即在京津冀区域的投资和技术研发孵化成果，主要布局金属板燃料电池以及固体氧化物燃料电池等产品。

（三）微观战略之三："专精特新"企业发展战略

"专精特新"企业是发展新质生产力的"排头兵"，在探索新质生产力演进方向和现实进路方面发挥着关键作用。"专精特新"企业指具有"专业化、精细化、特色化、新颖化"特征的工业中小企业，是我国对专注于细分市场、生产技术在国内乃至国际领先、在行业内占有较高份额并拥有较强"领导力"和"话语权"的中小企业的特有称谓。其中，"专精特新"的"新"，强调产品内含的技术水平，往往指具有知识产权的高新技术产品。同时，由于"专精特新"企业技术创新及其开放式价值共创对国计民生以及全链条技术、产品创新的影响，"专精特新"企业发展也决定着相关产业的规模扩张与质量提升。截至2023年底，北京市累计培育"专精特新"企业 7180 家，其中国家级专精特新"小巨人"企业 795 家。①

"专精特新"企业发展战略的重点：一是继续重视企业工艺和产品的投入程度、专业程度和创新程度，并将长时间深耕专业领域和优化工艺及产品等作为重要战略选择。近年来，工业和信息化部不断强化政策和财政资金支持，为"专精特新"企业技术和产品研发做好保障，并引导市场规范运行。例如，获得国家级专精特新"小巨人"称号的北京卓翼智能科技有限公司多年来一直专注于智能无人系统及行业应用的研发及生产，承担了多项国家重大专项课题，链接了全国 300 余所高校及研究机构，打造了行业标杆性的"产学研用"一体化智能科研生态平台。二是加强"专精特新"企业的开放创新合作。虽然与"专精特新"企业合作的企业数量增长速度加快，但与高校、科研机构合作的企业数量增速显著放缓，这表明在"专精特新"企业所在的领域，新兴技术比较难跨越创新链上游—中游—下游的完整链条实现成果转化，基础研究与市场应用之间存在较大脱节。这正是发展新质生产力的重点。三是"专精特新"企业应加强对国产替代的关注，主动响应国际形势和抓住中国制造业转型的战略机遇。

（四）微观战略之四：数字化转型战略

2024 年国务院政府工作报告将"大力推进现代化产业体系建设"列为政府工作任务，以下三个方面将是落实任务的核心内容：一是以数字科技为创新引擎，加快推动新质生产力发展；二是以数字化为破局之法，进一步推动传统产业转型升级；三是以数字化解决方案为重要支撑，落实产业绿色化转型。由此可见，数字经济是发展新质生产力的关键支撑要素之一，数字赋能、数字化转型是加快发展新质生产力的重要抓手。

为加速形成新质生产力，需要将数字赋能放在核心位置。我国是全球首个将数据作为生产要素的国家。数据、数字技术本身即为新型生产要素，具

---

① 《市经济和信息化局：截至去年底，北京已累计培育专精特新企业 7180 家》，北京市经济和信息化局网站，2024 年 1 月 22 日，https://jxj.beijing.gov.cn/jxdt/gzdt/202401/t20240123_3543661.html。

有规模报酬递增、非竞争性和低成本复用的特征。对数据、数字技术的使用不会消耗其本身，也不会降低其价值，反而能够随着数据、数字技术的质量、多样性和关联性的提高，发挥更大的作用。一是数据获取渠道广泛，在生产过程中具有广泛的应用场景；二是云计算、大数据、人工智能等先进信息技术，为企业提供了强大的数据处理能力和智能化决策支持。这都帮助企业识别风险，精准把握市场需求，优化生产流程，提高生产效率。北京已有103家数字化车间和智能工厂[①]，人工智能、区块链、北斗、网络安全等新兴产业规模排名全国前列。年产千万台高端手机的小米智能工厂在昌平投产，高度智能化的生产体系自主研发比例接近100%。

发展新质生产力着眼于将数字资源与实体经济高度整合。这种整合是数字技术和实体经济之间深层次双向动态互动的过程，而非二者的简单叠加组合。一方面，数字技术的持续创新为实体经济注入活力并提供了潜在的优化机会。随着信息技术的快速发展，数据已经渗透到生产、流通、消费等各个环节，数字网络和智能算法等数字技术体系也提高了整体信息化水平，为制造、质量、航天、交通和网络等领域的建设提供了坚实的基础。另一方面，实体经济的更新换代也促进了数字技术的广泛应用和发展。2023年8月，工业和信息化部等四部门印发的《新产业标准化领航工程实施方案（2023—2035年）》，进一步框定了新质生产力发展所依托的八大新兴产业与九大未来产业。北京深入推进"新智造100"工程，支持中小企业开展数字化转型诊断、上云用数赋智。同时，加大高质量数据资源、算力、融资和场景供给，推动制造业垂类大模型开发、落地，加速数字技术赋能产业转型升级。

（五）微观战略之五：绿色化转型战略

新质生产力必然具备绿色可持续发展的内在特征，以维持生态平衡、

---

① 《凝心聚力　奋勇争先　携手推进全球数字经济标杆城市建设》，北京市人民政府网站，2023年12月1日，https://www.beijing.gov.cn/ywdt/zwzt/2024bjlh/js/szjjbg/202401/t20240117_3538210.html。

促进人与自然和谐发展为前提，以实现社会、经济、生态共同繁荣为目标。新质生产力是在第四次科技革命和产业革命浪潮下顺势而生的概念，数字化、智能化与绿色化、低碳化协同，是锚定新质生产力所必须具备的特征。习近平总书记指出，新质生产力本身就是绿色生产力。[①] 发展新质生产力不是忽视、放弃传统产业，而是用新技术改造提升传统产业，积极促进产业高端化、智能化、绿色化转型。北京市坚决贯彻落实好"双碳"战略，动态完善节能、节水、清洁生产等工信领域绿色标准体系，着力发展绿色能源产业。2020年以来，北京市给予20余个项目绿色技术改造资金支持，补贴资金近5000万元。作为"链主"企业，北京奔驰通过采购低碳钢等方式建立绿色伙伴式供应商管理机制，带动供应链上下游企业减排降碳。

在绿色化转型以加快形成新质生产力方面，一是企业识别出环境友好型产品和服务，优化资源配置，减少能源消耗和废弃物产生。2023年，北京市的风力发电机组、新能源汽车产量同比分别增长68.8%、35.6%。二是企业更好地优化资源配置和供应链管理。截至2023年8月，全市国家级绿色工厂[②]数量已达112家，京东方等越来越多北京工厂逐"绿"而行。三是企业改进产品设计和生产流程，推动资源高效利用和环境污染的减少。例如，2023年，ABB工厂利用大数据和人工智能实现设备的监测和管理，温室气体排放量较3年前减少65%；悦康药业实现锅炉余热再利用，每天节省热量数千千瓦时。[③] 四是企业更好地了解市场需求和消费者偏好的变化，满足绿色消费的需求，促进市场需求的绿色变革。

---

① 《新质生产力本身就是绿色生产力（专题深思）》，央广网，2024年4月11日，https：//news. cnr. cn/native/gd/20240411/t20240411_ 526659830. shtml。

② 根据国家标准，绿色工厂指的是实现了用地集约化、原料无害化、生产洁净化、废物资源化、能源低碳化的工厂。

③ 《北京崛起112家国家级绿色工厂》，中国政府网，2023年8月15日，https：//www. gov. cn/lianbo/difang/202308/content_ 6898270. htm。

二　加快形成新质生产力的五大中观战略

（一）中观战略之一：先导产业发展战略

先导产业发展立足于培育领军企业，推动新质生产力发展。面对"是否发展制造业""如何防范疏解一般制造业企业和淘汰落后产能风险"等问题，北京市瞄准产业价值链高端，不断探索智造升级和高精尖转型路径，尤其是大力发展智能制造。北京在全国率先提出高精尖产业构想，并明确了新一代信息技术、集成电路、医药健康、智能装备、节能环保、新能源智能汽车、新材料、人工智能、软件和信息服务、科技服务等十大重点发力的产业。2023 年，北京重点培育的十大高精尖产业集群收入全部突破千亿级，其中，新一代信息技术产业突破 3 万亿元，智能装备产业突破 5000 亿元。①更多扶持高精尖产业的重点工程密集上马。2023 年、2024 年北京接续推进的 300 项市级重点工程中，科技创新及高精尖产业项目占到 1/3。②

在先导产业发展中，一是抓住新一代信息技术产业、生物医药产业、科技服务业、智能装备产业重点突破，不仅通过政策扶持和资金支持，也鼓励企业投资先导产业领域，提高先导产业的创新能力和竞争力。以新一代信息技术产业为例，应鼓励企业在 6G、人工智能、大数据、云计算等领域的关键技术研发，同时建立产学研用紧密结合的创新体系，推动科技成果的转化和应用。二是培育一批具有核心竞争力的领军企业，特别是以大企业为中坚力量，带动先导产业的整体发展。以三星为例，从某种意义上说，三星半导体的发展史几乎就是韩国半导体产业的演进史。三是以实现自主知识产权为

---

① 《厚植新质生产力　释放更强动力　本市十大高精尖产业均破千亿级》，北京市人民政府网站，2024 年 2 月 19 日，https：//www.beijing.gov.cn/ywdt/gzdt/202402/t20240219_3564894.html。
② 《稳中求进——从十大超千亿产业集群看高精尖之变》，北京市人民政府网站，2024 年 2 月 21 日，https：//www.beijing.gov.cn/ywdt/yaowen/202402/t20240221_3566162.html。

发展的根本目标。韩国政府出台不鼓励合资政策来推动韩国本土企业的自主创新能力提升，鼓励企业掌握核心技术。这使得韩国半导体企业在自主创新研发方面具备超强的实力，并成为其发展先导产业的生命之源和立身之本。

（二）中观战略之二：产业集群战略

产业集群为"加速科技创新向现实生产力的转化"提供平台。产业集群在地理上集中了一批科技创新及成果转化主体，主体之间有较高的关联性，不仅横向共享资源、技术、市场等信息，也纵向吸引和培育人才、资本或上下游企业和服务机构。不仅有助于减少交通和物流成本，促进信息流动和合作，也能使企业之间更容易形成紧密的供应链和价值链关系。例如，无人直升机领域的隐形冠军企业航景创新，就因研发和制造分离的高成本，将制造基地从数百公里外的山东搬回了北京。[①] 产业结构升级理论也强调，在经历产业结构向更高层次的转变时，新兴产业常常会利用当前的产业结构作为跳板，从固有的传统产业结构中"脱颖而出"，再依靠高新技术的辐射带动作用，带动其余产业和整个区域产业集群的升级。

产业集群战略是产业创新的重要抓手，重点在于培育先进制造业集群。先进制造业集群是产业分工深化和集聚发展的高级形式，有利于通过人才集聚、协同创新形成规模效应和竞争优势，呼应了比较优势战略。例如，京津冀生命健康集群是京津冀地区首批入选工业和信息化部国家先进制造业集群名单、国内唯一跨省（市）联合建设的先进制造集群。该集群覆盖生物药、化学药、中药、医疗器械全产业板块，形成技术研发、临床试验、检测审批、生产加工、销售流通全产业链条，实现产值超 6000 亿元，产业规模和实力位居全国前列。[②]

① 《"前店后厂"解成果转化痛点——"高精尖园区调研行"系列报道之三》，北京市人民政府网站，2023 年 8 月 9 日，https：//www.beijing.gov.cn/fuwu/bmfw/sy/jrts/202308/t20230809_3218592.html。

② 《京津冀生命健康集群入选先进制造业集群"国家队"》，天津市人民政府网站，2023 年 7 月 11 日，https：//www.tj.gov.cn/sy/tjxw/202307/t20230711_6348460.html。

为践行产业集群战略，北京市亟须发挥"三城一区"主平台作用。中关村科学城主要是系统布局基础前沿和关键核心技术，有待进一步强化原始创新策源功能，加速培育人工智能、区块链等前沿颠覆性技术。怀柔科学城主要是建设综合性国家科学中心，布局的29个重点科技设施平台中，16个已进入科研状态，初步形成世界一流重大科技基础设施集群。未来科学城主要是强化央地合作、产教融合，东区将进一步发挥能源领军企业创新带动作用，打造"能源谷"；西区将着重建设生命科学园，打造"生命谷"。创新型产业集群示范区主要承接三大科学城创新成果外溢，将继续聚焦新一代信息技术、新能源汽车等领域，打造高精尖产业集群。

（三）中观战略之三：培育科技服务业战略

科技服务业的发展促进前沿技术的快速发展和落地，并催生新的应用，让新技术的价值在层出不穷的新应用场景中体现。在医学诊疗领域，5G、大数据和人工智能技术逐步在医学影像分析、远程问诊、健康监测等多个医疗新业态中体现巨大的应用价值。在生产制造领域，5G+工业互联网、数字孪生、人工智能等技术在黑灯工厂、生产自动排程、生产异常监测、生产设备共享、设备预测性维护等场景中得到广泛应用。2022年，北京市科技服务业增加值为3465亿元，已成为"北京服务"四个创新链接产业中唯一的万亿级产业集群。科技服务业作为围绕科技创新全链条发展的新兴业态，是北京市重点发展的高精尖产业之一，在自身产业规模不断壮大的过程中，已成为"AI+"时代，数字经济、能源、医疗、航空航天、金融、交通等产业智能化与数字化发展和经济结构转型方面的有力保障。

培育科技服务业的重点：一是锚定重点领域加强规划布局，发展研发设计服务业、成果转移转化服务业、创新创业服务业、科技金融服务业以及科技咨询服务业。二是加大配套政策鼓励龙头企业、领军企业发展力度，培育一批市场化程度高、服务能力强、规模大、能够提供集成化服务的品牌服务机构；同时培育一批成长性高、专注于细分领域的科技服务中小企业。三是加强科技服务业与其他部门的协商合作。除了强化科技服务企业与大学、科研院所等公共部门的合作机制，也加强科技服务业与新兴产业、未来产业、高端制造业的协同，出台政策引导、帮助科技服务业适应、满足产业升级的需求，乃至最终引领与新质生产力相适配的产业发展。

（四）中观战略之四：都市圈协同创新战略

新质生产力发展需要都市圈的协同创新。在京津冀协同创新共同体中，北京市立足以首都为核心的世界级城市群建设，推动形成区域新质生产力增长极。京津冀三地发展新质生产力的优势不尽相同，能够实现优势互补、协同发展。北京在颠覆性技术、人才、资本等方面占据优势；天津在应用场景、先进制造研发方面具有优势，在战略性新兴产业布局、港口贸易等方面具有非常便利的条件；河北全力打造先进制造业集群，在传统产业上竞争力强。此外，京津冀地区产业整体规划还统筹三地平原、山区、沿海的功能定位和发展重点。平原地区发展重点为加快产业发展和战略性新兴产业布局，山区建设京津冀绿色产业基地和以碳汇为主发展绿色生产力，津冀沿海地区进一步提升对外开放水平。另外，以雄安新区为载体承接北京市创新资源转移，以北京市级机关搬迁为契机高质量推动北京城市副中心规划建设。雄安新区目前已经进入承接北京非首都功能疏解和大规模建设同步推进的重要阶段。

协同发展十年来，京津冀按照"北京研发、津冀转化"的思路，产业协同呈现以下趋势：一是由单一企业、项目对接转向产业链供应链区域合作；二是从北京向津、冀两地单向疏解承接进化为双向融合；三是从缩小京津冀三地内部差距转向增强整体实力。2023 年，京津冀产业链供应链大会达成意向签约项目 152 个，意向投资额超千亿，签约项目覆盖氢能、生物医药、工业互联网、高端工业母机、新能源和智能网联汽车、机器人等六大产业链条。[①] 例如，在机器人产业领域，北京创新资源

---

① 《"投资京津冀 共赢新时代"——2023 京津冀产业链供应链大会在京举办》，新华网，2023 年 11 月 29 日，http://www.xinhuanet.com/info/20231129/ed3843cfa5d7425cbe0b28d5fce669fc/c.html。

集中，已在医疗、服务、物流等机器人应用场景形成市场领先优势；河北机器人产业涉及零部件、核心软件、系统集成等多个环节，拥有上百家专用零部件和集成应用关联企业；天津现有机器人相关高新技术企业近 200 家[1]，初步构建了涵盖关键系统部件、机器人本体、机器人系统集成的全产业链条。

（五）中观战略之五：市场推动战略

从减少无用创新的角度来看，市场推动战略有助于更精准地引导创新方向，避免资源浪费。首先应深刻认识到，在长周期中，在科技创新的过程中无用创新以及投入过高都是无法避免的。市场推动战略更多是让市场成为创新的主要推动力，让企业成为创新主体，让企业从成本收益角度考虑是否投资。在市场需求导向下，企业会更倾向于投资那些有实际应用前景和经济效益的创新项目，而不是盲目追求技术新颖性或忽视市场需求。同时，市场推动战略还能通过竞争机制，筛选出真正具有竞争力的创新成果，推动它们更快地转化为实际生产力。此外，减少无用创新还能降低企业的运营成本，提高经济效益，为新质生产力的形成提供更有力的支持。进一步地，如何把资本市场做优做强，以支撑科技创新，是以市场推动战略加快形成新质生产力必须破解的关键问题。

从减少行政干预的角度来看，市场推动战略能够降低政府对资源配置的干预程度，让市场发挥更大的决定性作用。习近平总书记指出，生产关系必须与生产力发展要求相适应。[2] 与新质生产力相适应的生产关系需要推动新型生产要素的产生和生产要素的创新配置，促进劳动者、劳动资料、劳动对象优化组合的质变。现阶段，科技迭代速度加快，原创性、颠覆性技术创新

---

[1] 《天津市机器人产业发展势头良好》，科学技术部网站，2023 年 3 月 30 日，https://www.most.gov.cn/dfkj/tj/zxdt/202303/t20230330_185292.html。

[2] 《习近平在中共中央政治局第十一次集体学习时强调　加快发展新质生产力　扎实推进高质量发展》，中青在线，2024 年 2 月 1 日，https://news.cyol.com/gb/articles/2024-02/01/content_4wdw3VUWlN.html。

无法依靠政府"有形的手"部署、规划，根本上要推动制度改革使市场"无形的手"发挥主导作用。只有具备良好市场经济基础，保持信息、新型生产要素自由充分流动，企业才能更加自主地根据市场需求进行生产和创新活动。习近平总书记强调"要深化经济体制、科技体制等改革，着力打通束缚新质生产力发展的堵点卡点""让各类先进优质生产要素向发展新质生产力顺畅流动"。① 除了在要素市场化配置改革、科技体制改革、营商环境改革、产权制度改革、制度型开放等方面形成一批首创性和引领性改革举措，也可以通过设立基金投资网络等方式为加快形成新质生产力塑造良好生态环境。2019 年成立至今，中关村科学城公司累计投资约 80 家科创企业及 20 只子基金，投资金额合计 40 亿元，重点支持培育了一大批海淀高科技企业，并与清华大学、中国科学院等一流高校院所建立超 300 亿元规模的基金投资网络。

三 加快形成新质生产力的五大宏观战略

（一）宏观战略之一：比较优势发展战略

基于区域自然地理状况、经济社会发展水平和生产要素条件差异，因地制宜发展新质生产力需要更好发挥地区的比较优势，实现地方资源的优化配置、提升地方产业竞争力，以及促进地方可持续发展。

第一，北京市拥有科技资源优势。北京有全国重点实验室 77 家，占全国总量的 28.1%。全市拥有 55 万余名科研人员、全国近一半的"两院"院士。② 北京稳步推进未来区块链技术与隐私计算、集成电路等高精尖创新中

① 《习近平在中共中央政治局第十一次集体学习时强调　加快发展新质生产力　扎实推进高质量发展》，中青在线，2024 年 2 月 1 日，https：//news.cyol.com/gb/articles/2024-02/01/content_4wdw3VUWlN.html。
② 《北京全方位竞逐新质生产力》，新华网，2024 年 3 月 27 日，https：//www.ncsti.gov.cn/kjdt/xwjj/202403/t20240327_152104.html。

心建设，研发投入强度自 2019 年起保持在 6% 以上，居全国第一位。[①] 北京众多"双创"示范基地、孵化器等创业载体为独角兽企业提供了丰富的创新资源。但也应认识到：一是科技创新只有作用于具体产业和产业链才能转化为现实生产力；二是北京的高素质劳动人口优势有待进一步挖掘与发挥，特别是充裕的理工科研发人才。这也是推动北京市科技创新与产业升级的重大资源优势之所在。

第二，北京高精尖产业发展基础扎实。习近平总书记指出，积极培育新能源、新材料、先进制造、电子信息等战略性新兴产业，积极培育未来产业，加快形成新质生产力，增强发展新动能。[②] 北京围绕"四个中心"的城市发展定位，率先提出高精尖产业构想，以经济技术开发区（以下简称"经开区"）为主阵地布局十大重点发力产业。

第三，"两区"建设是优化首都城市战略定位、促进新质生产力发展的重要支撑。北京是全国唯一的国家服务业扩大开放综合示范区和中国（北京）自由贸易试验区"两区"试点政策红利叠加的城市，聚焦科技、电子信息技术、文化产业，在内外资、准入与营商环境、人才引进方面创新实施了一系列优惠政策，为推动新业态、新模式的出现提供条件。除了新产业，新模式和新业态在加速发展新质生产力中的作用和重要性也应得到重视，这是地方加快形成新质生产力的核心支点。例如，北京市建设自由贸易试验区，推动投资、贸易、资金跨境流动更加自由便利，有助于北京市的服务业和制造业朝着高端化、智能化、绿色化方向发展，加快形成新质生产力。

（二）宏观战略之二：差异化发展战略

为践行习近平总书记"因地制宜发展新质生产力"[③] 的科学论断，全国

---

① 《北京 R&D 经费投入强度连续 5 年保持 6% 以上，居全国第一》，"新京报"企鹅号，2024 年 3 月 21 日，https：//new.qq.com/rain/a/20240321A05H9R00。

② 《第一观察｜习近平总书记首次提到"新质生产力"》，央广网，2023 年 9 月 12 日，https：//news.cnr.cn/native/gd/sz/20230912/t20230912_526416651.shtml。

③ 《习近平在参加江苏代表团审议时强调：因地制宜发展新质生产力》，中国政府网，2024 年 3 月 5 日，https：//www.gov.cn/yaowen/liebiao/202403/content_6936752.htm。

各地在进行产业布局时应防范同质化竞争和产能过剩的风险。习近平总书记参加十四届全国人大二次会议江苏代表团审议时提出，"发展新质生产力不是忽视、放弃传统产业，要防止一哄而上、泡沫化，也不要搞一种模式。各地要坚持从实际出发，先立后破、因地制宜、分类指导。根据本地的资源禀赋、产业基础、科研条件等，有选择地推动新产业、新模式、新动能发展，用新技术改造提升传统产业，积极促进产业高端化、智能化、绿色化"①。

基于自然地理状况、经济社会水平和生产要素条件，不同地区可选择的差异化发展战略包括领先型战略、产业带动型战略、中游发展型战略、科技超前型战略、科技经济落后型战略以及自然资源型战略。一是领先型战略。科技、劳动力、资本领先的地区以创新驱动引领市场趋势和技术方向，形成和保持新质生产力的领先地位。二是产业带动型战略。政府引导和支持关键产业或支柱性产业的发展，整合上下游产业链资源，形成产业集群效应，提高整体产业的竞争力，推动新质生产力的形成。三是中游发展型战略。该战略符合"稳字当头、稳中求进"的原则，通过精细化管理和协同发展实现资源共享、风险共担。四是科技超前型战略。一方面，加大科技研发投入，推动前沿技术的研发和应用，抢占科技制高点，形成技术领先优势，为新质生产力的形成提供科技支撑。另一方面，重视科技人才的培养和引进，建立高效的研发团队，为新质生产力的形成提供人才保障。五是科技经济落后型战略。科技及经济落后地区应保持跟随策略，引进技术并消化吸收，积极引进国内外先进技术，通过消化吸收实现再创新。同时制定优惠政策，鼓励企业加大科技投入，推动科技创新和产业升级。六是自然资源型战略。坚持绿色发展理念，依托丰富的自然资源优势，相关地区通过提高资源利用效率，发展资源深加工和循环经济。此外，推动资源型产业的绿色转型，减少环境污染和资源浪费，实现经济发展与环境保护的良性循环。

① 《习近平在参加江苏代表团审议时强调：因地制宜发展新质生产力》，中国政府网，2024年3月5日，https://www.gov.cn/yaowen/liebiao/202403/content_6936752.htm。

（三）宏观战略之三：自主创新战略

科技创新是发展新质生产力的核心要素，自主创新是加快形成新质生产力的不竭源泉。一方面，新质生产力所带来的效率变革不是单个生产要素的效率提高，而是全要素生产率的提高，其所产生的动力变革来自科技创新这一核心推动力。另一方面，国际竞争已由对资源的竞争转向围绕技术展开的竞争。美国等西方发达国家为遏制中国发展，制裁我国高校、高科技企业，限制技术出口和合作交流，破坏全球产业链供应链，使我国在一些战略性高科技领域遭遇"卡脖子"难题，无法共享全球先进科技创新成果。整体而言，我国更擅长"从1到100"的创新，且制造业和产业政策相对于西方国家更为有效。为了破解"从0到1"创新不足、关键核心技术"卡脖子"的问题，也为了改变产品处于价值链中低端，高产值、低收益的问题，克服高端制造业的技术短板，需要践行自主创新战略培育发展新质生产力的新动能，特别是原创性、颠覆性科技创新等新质生产力源头的有效供给，在原始创新、基础研究、前沿科技探索、关键核心科技、知识产权与技术标准获取、高水平科技人才培育等方面不断占领制高点。

在加速形成新质生产力的过程中，需要增加基础研究投入，以开放创新为原则，以整合式创新为战略突破。在基础研究方面，习近平总书记在2023年中共中央政治局第三次集体学习时，再次强调切实加强基础研究，以夯实科技自立自强根基。① 在开放创新方面，追求在开放合作的背景下增强创新实力，激励国内外的创新实体进行互动与合作，推动创新元素的自由流通，并促进创新成果在国际上的应用。一是企业与科研机构、供应商、客户等多元主体的合作创新，提供共性技术。二是面向全球获取创新资源，强化国际、国内的资源互动与要素配置，增强国内国际市场的联动效应。在整合式创新方面，一是新技术与传统产业的整合。人工智能、大数据分析以及

---

① 《习近平在中共中央政治局第三次集体学习时强调　切实加强基础研究夯实科技自立自强根基》，新民网，2023年2月22日，https://news.xinmin.cn/2023/02/22/32323315.html。

物联网等先进技术使生产过程更加智能化、高效化，为企业提供了更丰富的决策信息和更强的监测能力，为新质生产力的提升提供了有力支持。二是新劳动力、新劳动工具、新劳动对象等新型生产要素的整合。科教、人才、创新"三位一体"，知识、技术、人才的创新整合共同影响战略性新兴产业、未来产业的发展和传统产业升级转型。北京集聚全国乃至全球前沿科技力量，依托中关村科学城丰富的科技资源优势，在"从0到1"的基础性研究和战略高技术领域做了大量工作，如龙芯3A6000处理器将国产CPU的自主可控程度和产品性能提升到新高度。

（四）宏观战略之四：融合创新战略

融合创新，一是指生产要素融合，特别是科学技术与其他生产要素的融合。例如，科学技术可以与劳动者、劳动工具、劳动对象融合，并进行赋能，使三要素的性能得到进一步提升。通过科技、创新、人才、教育融合，推动以科技创新为核心的全面创新。例如，人工智能等颠覆性技术的发展释放乘法效应，使得各产业、各领域乃至社会关系发生巨大变化。再如，科技创新和文化创新融合。敦煌研究院联合腾讯、《人民日报》推出"云游敦煌"，以及安徽齐云山景区、苏州拙政园发展元宇宙产业，借助声、光技术，以及通过直播、短视频等实时互动的场景拓展文化供给新空间。

二是指产业融合，特别是战略性新兴产业、未来产业与传统产业的融合。在根本上，发展新质生产力是为了解决产业升级的问题。在习近平总书记的多次讲话中，新质生产力都与战略性新兴产业、未来产业紧密结合。新劳动力、新劳动对象、新劳动工具、新基础设施等新型生产要素优化组合形成战略性新兴产业、未来产业，以及推动传统产业深度转型升级。战略性新兴产业、未来产业和传统产业之间不只是替代关系，而是更多地呈现对协同与融合发展的共同需求。新旧产业的经济活动紧密相连，传统产业转型升级可以形成新兴产业，而新兴产业成长又可以反哺传统产业。两者融合发展实质上是基于技术与市场的共有属性，通过生产资源的流通和分配，促使低生产率的产业向高生产率的产业转化。传统产业与新兴产业发展主要取决于市场融合度、技术融合度和产品融合度。其中，技术融合是新兴产业与传统产业融合发展的核心推动力，不同产业采用相同的创新生产方式，是技术融合的关键标志。在技术融合的基础上，通过生产和管理过程的再优化与创新，推动产品创新及业务融合。市场融合则体现了产业融合的价值目标，能够通过融合技术、产品激发新的市场需求和改变消费习惯。

三是指数字技术创新与先进制造业的融合。数字技术不仅作为知识资产，扩大了企业的物质基础，其所引发的平台化变革，也引发了生产组织方式的变革。在先进制造业企业内部，数字技术帮助打通全生命周期价值环节，提升生产效率。从产业链供应链角度看，数字技术所提供的资源、信息整合能力，能在时间维度和空间布局上有效缓解产品生产与消费之间的供需不匹配问题。根据北京市科学技术研究院高质量发展研究中心发布的《北京高精尖产业发展报告》，北京市新一代信息技术和医药健康产业表现亮眼，成为北京发展引擎。① 未来数字技术创新与先进制造业融合的落脚点将在于生物医药产业与人工智能技术的融合创新。

（五）宏观战略之五：开放创新战略

新质生产力的产生、形成和发展，必然要求一系列国际法规、标准等上层建筑的更新与变革。北京推进电信、金融等重点领域扩大开放，开展对接国际高标准经贸规则先行先试，为加快形成新质生产力营造良好的国际环境。2023年11月，国务院在关于《支持北京深化国家服务业 扩大开放综合示范区建设工作方案》的批复中，支持北京建设国际信息产业和数字贸易港，加强数字领域国际合作，推动相关国际规则制定。

北京坚持"五子"联动服务和融入新发展格局，基于区位优势多渠道、多形式开展国际合作。北京全力建设国际科技创新中心，同时是国家服务业扩大开放综合示范区和中国（北京）自由贸易试验区，位于京津冀协同发

---

① 《首个〈北京高精尖产业发展报告〉显示——新一代信息技术和医药健康产业成北京发展引擎》，国际科技创新中心网站，2021年9月3日，https：//www.ncsti.gov.cn/kjdt/xwjj/202109/t20210903_40517.html。

展的核心区域，这些为其推动开放创新战略提供了有力支撑。

在开放创新战略方面，一是扩大国际科技交流合作，深度参与、主导相关国际技术标准和规范的制定。二是多种渠道、多种方式学习国际先进技术、制度经验，主动参与、积极牵头战略性新兴产业和未来产业相关重大科研项目国际合作，吸引更多外资研发资源在北京市政府重点支持和发展的领域集聚。例如，上海近期发布了《外资研发中心提升计划》，其中提及将通过财政资金资助、鼓励创新、优化通关和监管流程、促进研发数据跨境流动以及金融和人才等方面的支持政策，吸引更多外资研发资源在上海集聚并提升能级。三是将推动制造业迈入全球价值链高端地位作为发展新质生产力的重要工作内容，实现制造业向更加多元、更高附加值的"微笑曲线"两端攀升。[①]

四 主要研究结论及对策建议

（一）主要研究结论

在微观层面，北京应以多元化创新主体战略、龙头企业带动战略、"专精特新"企业发展战略、数字化转型战略、绿色化转型战略加快形成新质生产力。在多元化创新主体战略方面，一是重点支持以企业研发机构重点组建创新联合体，二是大力培育新型研发机构。在龙头企业带动战略方面，龙头企业纵向发挥着引领产业链上下游创新的作用，横向立足科技园区发挥集聚效应、辐射效应，引领经济结构的升级和转型。在"专精特新"企业发展战略方面，"专精特新"企业是发展新质生产力的"排头兵"。在数字化转型战略方面，需要将数字赋能放在核心位置，并着眼于将数字资源与实体经济高度整合。在绿色化转型战略方面，企业一是识别出环境友好型产品和

---

① 《加快形成与新质生产力相适应的新型生产关系》，新华网，2024年4月1日，http：// www.news.cn/politics/20240401/e3128814c4b54502af755e706801250c/c.html。

服务,二是优化资源配置和供应链管理,三是改进产品设计和生产流程,四是更好地了解市场需求和消费者偏好的变化。

在中观层面,北京应以先导产业发展战略、产业集群战略、培育科技服务业战略、都市圈协同创新战略、市场推动战略加快形成新质生产力。在先导产业发展战略方面,北京市应瞄准产业价值链高端,不断探索智造升级和高精尖转型路径,尤其是大力发展智能制造。在产业集群战略方面,重点在于培育先进制造业集群。在培育科技服务业战略方面,促进前沿技术的快速发展和落地,并催生新的应用,让新技术的价值在持续涌现的新应用场景中体现。在都市圈协同创新战略方面,京津冀按照"北京研发、津冀转化"的思路,产业协同正由单个企业、单一项目对接向产业链供应链区域联动转变,也从单向疏解承接转向双向互通融合、从缩小内部差距转向增强整体实力。在市场推动战略方面,除了在要素市场化配置改革、科技体制改革、营商环境改革、产权制度改革、制度型开放等方面形成一批首创性和引领性改革举措,也可以通过搭建基金投资网络等方式,为加快形成新质生产力塑造良好生态环境。

在宏观层面,北京应以比较优势发展战略、差异化发展战略、自主创新战略、融合创新战略、开放创新战略加快形成新质生产力。在比较优势发展战略方面,北京的比较优势主要是科技资源充足、高精尖产业发展基础扎实,以及"两区"建设这一优化首都城市战略定位、促进新质生产力发展的重要支撑。在差异化发展战略方面,基于自然地理状况、经济社会水平和生产要素条件,不同地区可选择的差异化发展战略包括领先型战略、产业带动型战略、中游发展型战略、科技超前型战略、科技经济落后型战略以及自然资源型战略。在自主创新战略方面,自主创新是加快形成新质生产力的不竭源泉,在加快形成新质生产力的过程中需要增加基础性研究投入,以开放创新为原则,以整合式创新为战略突破。在融合创新战略方面,融合创新,一是生产要素融合,特别是科学技术与其他生产要素的融合;二是产业融合,特别是战略性新兴产业、未来产业与传统产业的融合;三是数字技术创新与先进制造业的融合。在开放创新战略方面,北京坚持"五子"联动服务和融入新发展格局，基于区位优势多渠道、多形式开展国际合作。

（二）对策建议

第一，筛选和培育具有创新潜力和自主知识产权的龙头企业，加强政策扶持和人才政策优化。龙头企业带动战略的重点，一是制定明确的龙头企业筛选和培育规则，筛选具有创新潜力、自主知识产权，并具有一定市场份额的企业作为龙头企业，加强政策扶持，加速培育链主龙头企业。以京津冀生物医药产业为例，依托京津冀龙头企业构建产学研结合的跨京津冀生物医药产业创新生态，推动开放型创新载体建设，重点布局建设企业技术中心、创新中心、孵化基地等，提升产业集中度和竞争力。二是优化人才政策，在人才引进、人才待遇方面赋予龙头企业更多自主权。

第二，整合数字化与产业资源，提升产业数字化水平和竞争力。数字化转型战略的重点在于形成一套行之有效的工作和管理方法，在产业中予以实践。这并不是简单的新技术应用就能解决的，而是需要整合数字经济领域和相关产业领域的专业化资源进行构建和巩固。一是发挥好数字信息基础优势，适度超前建设数字基础设施，加快形成全国一体化算力体系。二是健全数据以及劳动、资本、土地、知识等生产要素由市场评价贡献、按贡献决定报酬的机制。三是健全数据基础，大力推动数据开放和流通使用，实施制造业数字化转型行动。四是针对中小企业，应深化实施数字化、网络化、智能化赋能专项行动；针对平台型企业，强化其在推动创新活动、创造就业机会及提升国际竞争力等方面的作用。

第三，促进创新、绿色转型，推动产业向资源地区集聚。为践行产业集群战略，除了落实现行的优惠政策之外，还要利用包括税收激励、财政资金支持、营商环境升级等在内的各类措施促进研发创新、推动技术跃升，以构筑产业发展竞争新优势。同时，还应在产业政策方面加快促进符合"绿色化、低碳化"战略的产业向有生态环境资源的地区有意识地迁移、集聚，使产业与绿色资源配套。例如，风光、生物质资源集中于西北、西南农村地区，借助这些资源能够缩小不同区域的差距，发挥好中心城市的作用。

第四，京津冀协同创新的重点在于识别、聚焦重点领域，补齐产业链创新链短板。遵循京津冀三地已发布的"五群六链五廊"产业图景，企业要在京津冀产业协同重点领域"选好题"，发挥在市场经济中最活跃的微观主体和创新主体地位优势，根据市场需求引领、倒逼科技创新活动；要立足创新链下游，对接大学和科研院所做好成果转移转化，参与建设基础研究合作平台，特别是与高等学校、职业院校合作，既深化"政产学研"一体化、共性技术供给与技术转化，也推动京津冀三地人才联合培养。

参考文献

习近平：《发展新质生产力是推动高质量发展的内在要求和重要着力点》，《求是》2024 年第 11 期。

黄群慧、盛方富：《新质生产力系统：要素特质、结构承载与功能取向》，《改革》2024 年第 2 期。

高帆：《"新质生产力"的提出逻辑、多维内涵及时代意义》，《政治经济学评论》2023 年第 6 期。

李政、廖晓东：《发展"新质生产力"的理论、历史和现实"三重"逻辑》，《政治经济学评论》2023 年第 6 期。

周文、许凌云：《论新质生产力：内涵特征与重要着力点》，《改革》2023 年第 10 期。

金观平：《发展新质生产力不是放弃传统产业》，《经济日报》2024 年 3 月 14 日，第 1 版。

吕薇等：《以新促质，蓄势赋能——新质生产力内涵特征、形成机理及实现进路》，《技术经济》2024 年第 3 期。

矫萍、陈甬军：《数字技术创新驱动现代服务业与先进制造业深度融合》，《光明日报》2022 年 8 月 9 日，第 11 版。

吴文、王怡颖：《加快形成与新质生产力相适应的新型生产关系》，《北京日报》2024 年 4 月 1 日，第 9 版。

贾品荣：《加快形成新质生产力的重点及实现路径》，《光明日报》2023 年 10 月 31 日，第 11 版。

B.8
以科技创新体制机制保障新质
生产力发展政策研究*

摘　要： 科技创新是发展新质生产力的"牛鼻子"和内生动力，需要以
制度改革打通束缚新型生产要素出现与配置的堵点卡点，为生产力增添科技
内涵。本报告阐释完善科技创新体制机制的必要性，分析现阶段完善科技创
新体制机制的困难挑战及着力点，在此基础上提出以完善科技创新体制机制
加快形成新质生产力的对策建议。研究结果表明，科技创新体制机制是发展
新质生产力的重要保障，关键在于制度创新，着力点在于科技投入制度、科
技运行管理制度、科技评估制度、科技人才培育制度以及科技政策支撑体系
五个相互促进又相互制约的方面。为了以科技创新体制机制保障新质生产力
发展，本报告提出应着力加大科技创新资源投入，稳步提升科技运行管理效
能，强化科技评价体系改革，加快建设国家科技人才力量，充分完善科技政
策支撑体系等对策建议。

关键词： 科技创新体制机制　新质生产力　科技投入制度　科技运行管理
制度　科技评估制度　科技人才培育制度　科技政策支撑体系

---

* 作者：北京市科学技术研究院高质量发展研究中心。执笔人：贾品荣、窦晓铭。贾品荣，博
士，北京市科学技术研究院高质量发展研究中心主任、研究员、"北科学者"、高精尖产业研
究学术带头人，北京市习近平新时代中国特色社会主义思想研究中心特邀研究员，主要研究
方向为高质量发展、高精尖产业；窦晓铭，博士，北京市科学技术研究院高质量发展研究中
心研究人员，主要研究方向为"双碳"战略、可持续发展。

科技创新是发展新质生产力的核心要素，科技创新制度为新质生产力的发展提供了坚实的制度保障。科技创新体制机制的建立健全不仅有利于加速科技成果的转化和应用，也有利于促进新产业、新业态和新模式的涌现，符合高质量发展的内在要求。北京作为首善之区，不仅具备因地制宜发展新质生产力的极好条件和能力，而且亟待以完善科技创新体制机制保障新质生产力的形成与发展。

一 完善科技创新体制机制的必要性

首先，科技创新体制机制是发展新质生产力的重要保障。深化供给侧结构性改革的核心是以科技创新推动产业创新，发展新质生产力。生产力是一个复杂的系统，生产单元、企业、产业等在其中以一定结构形成组合①，新劳动力、新劳动工具、新劳动对象、新基础设施等新型生产要素，乃至新生产力形态的出现均为经历长期积累演变、"量变"到"质变"的过程。作为新型生产要素之一，科技创新不局限于技术问题，也关注产业如何与经济结合的问题。科学技术解决方案只有同市场需求紧密结合乃至产业化，才能完成从概念、设想、知识到具有市场价值的科技成果的转化。这内在地依赖技术革命性突破、新型生产要素创造和生产要素创新性配置，外在地表现为产业深度转型升级和现实生产力大幅提升。也应注意到，科技创新由"点"及"面"再到"网"的应用与推广离不开制度保障。科技创新不局限于解决技术软肋，也强调营造有利于跨区域、跨学科、跨行业协同合作创新的创新生态，以组织、管理、服务模式等制度创新与管理创新突破科技创新的瓶颈。在这一过程中，科技创新体制机制改革深化，发挥着打通束缚新质生产力发展的堵点卡点，引导、保障技术攻坚、转化、应用与推广，催化新产业、新模式、新动能的作用，是为新质生产力提供保障的重要路径之一。

---

① 《黄群慧：系统理解新质生产力》，澎湃新闻，2024 年 3 月 2 日，https：//www. thepaper. cn/newsDetail_ forward_ 26537874。

其次，完善科技创新体制机制的关键在于制度创新。科技制度创新的着力点主要在于科技投入制度、科技运行管理制度、科技评估制度、科技人才培育制度以及科技政策支撑体系，五者相互影响、相互促进又相互制约。其一，持续加大科技投入是科技创新的先决条件。将科技投入与经济投入视为"零和博弈"，只顾短期经济利益而削减科技领域资源要素投入，或者仅提供一次性、单一类型科技要素的短视做法均不可取。其二，在科技运行管理过程中，企业把创新作为自身生存和发展的内在需要，服务于获取市场竞争优势，追求利润回报。政府部门代表公共利益，制定宏观政策，提供公共资源，营造公平竞争的市场环境。其三，科技评估以"提升科技成果转化绩效"为核心要求，政府要对科技评估给予立法支持，让评估过程有法可依、有法必依、违法必究。根据需要组织企业、独立专家和中介机构开展评估工作，评估过程受到媒体、社会公众、学术团体、非营利组织等监督。其四，加快形成新质生产力，不仅需要战略科学家、领军人才、骨干人才、青年人才等"高精尖"科技人才，也需要一大批大国工匠以及适应新技能变化的人才。其五，任何创新都离不开科技投入、科技法规等政策的良好支撑，将政策落实到科技创新全流程。

科技创新体制机制帮助建立科学技术与经济高质量发展之间的通道。现代化产业体系是新型生产要素的载体，新型生产要素优化组合形成战略性新兴产业、未来产业等现代化产业。科技创新体制机制引导集聚政策合力，引领现代化产业体系建设，最终发挥对高质量发展的支撑作用。通过消除阻碍创新要素跨地区、跨主体流动的制度因素，聚合科技资源要素于关键核心技术的攻关研发项目，加速科技成果转化进程，既统筹推进传统产业升级，也壮大新兴产业、培育未来产业。由此，科技创新体制机制引导构建科技创新、产业应用与发展新质生产力之间的链条，特别作用于颠覆性技术和前沿技术的创新应用，并以此推动新兴产业的崛起、新型商业模式的构建以及新业态的出现。这均转化为现实生产力并促进生产效率提高，为高质量发展提供强劲推动力、支撑力。目前，载人航天、量子信息等领域的一些关键核心技术攻关取得新突破，新能源、先进制造、商业航天、低空经济等若干战略性新兴产业正在培育。据预测，到 2025 年，"低空经济"对我国国民经济的综合贡献值将高达 5 万亿元。[①] 在建设现代化产业体系背景下，如何利用已有的数字经济、科技创新体系，更好赋能实体经济发展是培育发展新质生产力的主要矛盾。因此，构建现代化产业体系，应打通科技创新体制机制帮助建立科学技术与经济高质量发展之间的通道，消除阻碍创新要素跨地区、跨主体流动的制度因素。

二 完善科技创新体制机制的困难挑战

在科技投入制度方面，主要关注企业研发投入和政府财政投入两方面。在企业方面，一是企业研发投入不足，缺乏积极性，特别是国有工业企业研发强度有待提升。虽然个别城市提出，在"十四五"期间，市属国有企业总体研发投入强度年均增长不低于 10% 的目标，但是，国有企业研发投入强度提升不能仅依赖极个别城市的增长。二是从科技投入增加至研发成果转化的有效性不足。特别是国有企业有待着重研究"投什么""怎么投"的问题。在政府方面，财政科技投入效率有待提高。政府对科技的投入对象主要是高校等科研机构以及企业，因此应进一步厘清行政拨款、项目课题、基金等资金去向，以及突出企业作为创新主体的领域。

在科技运行管理制度方面，主要存在以下问题：一是科研院所制度有待进一步理顺。研究所在科技发展中的积极作用发挥不足。二是国家宏观科技管理体制的协调机制有待加强。在既往的科技体制改革中，重点在于科研院所与高校科技人员的激励机制，而宏观科技管理体制层面的系统性调整则相对较少。例如，国家科技预算和投入体制仍主要围绕既有的国家科技计划框架进行，国家综合部门、产业部门和公共事业部门，都有权独立提出国家科技计划。部门本位性较强以及部门间的协同与衔接不足，导致科技预算中存

---

① 《低空经济，"飞"入万亿级风口》，"光明网"百家号，2024 年 1 月 9 日，https：//baijiahao.baidu.com/s？id＝1787569703620311237&wfr＝spider&for＝pc。

在多重战略目标交织、缺乏有效约束的问题。此外，科技经费支出缺乏科学、独立的评估与监督机制，可能引发一定程度的资源浪费。三是对基础研究和公共科技事业的重视程度尚显不足。应用研究因直接服务经济建设的特性，相较于基础研究获得了更为显著的关注与重视。部分数学类、物理类研究机构的研究成果难以直接应用，导致课题经费缩减，长期而言将面临顶尖人才流失的风险。但同时，基础研究致力于拓展科学和理论的边界，为应用研究的发展提供难以替代的理论支持。公益类研究机构因缺乏短期经济效益，所获国家公共科技投入及研究成果产出均显不足，难以满足社会对公益性产品与服务的基本需求。四是科学技术研究与产业化仍然有一定脱节。由于大学、科研院所长期处于国家创新体系的核心地位，企业的创新主体地位没有真正落实，企业的创新能力和带动作用在一定程度上受到抑制。

在科技评估制度方面，主要存在以下问题：一是科技评估制度缺少相应的法律保障，缺乏统一管理。我国虽然发布了一系列与科技评估相关的政策文件，但暂时还未出台专门的评估立法。这使得我国的科技评估缺乏权威性，评估质量难以保证。二是科技评估成本偏高，评估难度偏大。三是评估过程存在不客观、不严谨、不符合实际情况的问题。四是对科技评估的资金支持力度有待加大。五是对科技创新评估质量重视不足，贡献和绩效在评估中所占权重偏低。六是缺少第三方机构，评估机构专业性有待提升。七是监测、报告、核查机制有待完善，防止评估工作形式化或自查自评现象的出现，避免评估机构既当"裁判员"又当"运动员"。

在科技人才培育制度方面，大部分科技人才源于高校，高校的科技人才培育制度在一定程度上直接决定着未来向科研机构输送人才的数量和质量；还有部分科技人才来自企业。在高校方面，一是政策向"海归"倾斜幅度过大，本土培养的科研人才缺少平等的发展机会。早期基于国内科研水平严重落后于国际水平的情况，国家出台了科技创新资源向"海归"倾斜的政策。然而我国科技发展至今，如果依旧延续以前的标准，要求科研人员有海外经历、学历才能进入高校科研队伍，将限制本土科研人员的发展。二是"四唯"量化评价方法妨碍了科技创新水平提升。如果高校教师的大部分时间、精力分配于课题申请、文章发表等量化指标，势必在一定程度上对创新能力造成负面影响。同时，仅仅以申报科研项目、发表文章的数量为标准，无法全面反映学术创新质量。培养制度如何既发挥甄别科研人员科研能力的作用，又发挥激发科研人员创新能力的作用，是一个需要长期研究、改进的问题。三是科研项目存在负效应。在职称晋升时，科研人员将大量时间、精力放在项目申请材料上，挤占了科研时间。同时，申请到的资金使用自由度较为有限，且科研人员忙于完成科研项目绩效目标，包括但不限于要发表一定数量的文章、出版一定数量的专著等，使项目的结果背离了初衷。在企业方面，一是对科技人才重视程度不足。由于科技人才培养周期较长、前期投入较高，且存在被其他企业以高薪等优厚条件"挖走"的风险，企业自主培养科技人才的内驱力和积极性不足，缺乏持续投入，人力资源部门对科技人才关注度偏低，企业人才流失严重。进一步地，如果所有企业都倾向于用优厚的待遇吸引其他公司培养成熟的科技人才，而非投入资源自主培养科技人才，市场上的科技人才将越来越少，最终限制整个行业或者整个领域的科技研发能力提升。

在科技政策支撑体系方面，已出台的创新政策、金融财税政策、法律法规等尚不能完全满足科技创新发展的需要，现阶段仍迫切需要进一步完善科技政策支撑体系。

三　研究结论和对策建议

（一）研究结论

本报告从完善科技创新体制机制的必要性出发，梳理科技创新制度变革面临的困难与挑战，为北京加快形成新质生产力提供决策参考。

科技创新体制机制是发展新质生产力的重要保障。新劳动力、新劳动工具、新劳动对象、新基础设施等新型生产要素出现和配置的过程需要制度保障。特别是科技创新由"点"及"面"再到"网"的应用与推广，离不开科技创新体制机制改革深化，以发挥打通束缚新质生产力发展的堵点卡点，引导、保障技术攻坚、转化、应用与推广，催化新产业、新模式、新动能的作用。

完善科技创新体制机制的关键在于制度创新。科技制度创新的着力点主要在于科技投入制度、科技运行管理制度、科技评估制度、科技人才培育制度以及科技政策支撑体系，五者相互影响、相互促进又相互制约。

科技创新体制机制着力于引领现代化产业体系建设。通过消除阻碍创新要素跨地区、跨主体流动的制度因素，聚合科技资源要素于关键核心技术的攻关研发项目，加速科技成果转化进程，帮助建立科学技术与经济高质量发展之间的通道。

科技创新制度存在有待完善的困难挑战。在科技投入制度方面，企业研发投入不足，从科技投入增加至研发成果转化的有效性不足，同时存在政府财政科技投入效率有待提高的问题。在科技运行管理制度方面，国家宏观科技管理体制的协调机制和科研院所相关制度有待进一步理顺，也存在对基础研究和公共科技事业关注不足、科学技术研究与产业化脱节的问题。在科技评估制度方面，科技评估缺少法律保障，标准的缺失将导致评估成本偏高、评估难度偏大，以及评估过程不客观、不严谨、不符合实际情况。对科技评估资金支持和质量重视不足，第三方评估机构数量和专业性有待提升，以及监测、报告、核查机制有待完善等问题亟待关注。在科技人才培育制度方面，高校政策向"海归"倾斜幅度过大，以及"四唯"量化评价和现有科研项目管理机制存在挤占科研时间、降低科研质量的风险，且企业对科技人才培育的重视与投入不足。在科技政策支撑体系方面，已出台的创新政策、金融财税政策、法律法规等尚不能完全满足科技创新发展的需要。

（二）对策建议

第一，着力加大科技创新资源投入。一是建立多元复合、长效增长的科技投入机制。科技投入的大规模增长以打通资源投入渠道为前提，应拓展财政转移支付、税务减免、市场投入、社会融资等多元复合投入渠道，有规划有层次地持续加大科研资金、人才、设备、相关配套设施等科技创新基础要素的全方位投入，减轻单一主体的科技投入压力和科研团队的前沿科技项目攻关阻力。二是合理规划资源投入结构。科技创新资源投入不仅需要在"量"上进一步扩大，也需要在投入结构上进行制度规划，确保科技投入的"质"。科学规划以确保科技资源要素流向更有需求的项目，提高资源配置效率和回报率。多元科技投入机制不仅指投入渠道的多元性，也指投资主体的多元性——我国科研主体主要包括高校、科研院所、企业研发部门等。特别是企业研发部门作为科技创新主体，相较于高校、科研院所等传统科技创新主体，有着雄厚的资金背景、更有效的人才集聚体系，以及更广泛的产品销售和应用渠道，在项目推进和产品应用上有着其他主体无法比拟的效率优势。

第二，稳步提升科技运行管理效能。一是推动有效市场和有为政府更好结合。强化知识产权创造和运用，构建完备的标准体系，并强化检验检测与认证机制，以环境标准、安全标准、质量标准等作为市场准入与监管的核心依据，允许新产品、新模式、新产业先试先行；消除地域保护壁垒，确保不同所有制、规模和技术路线的企业均能平等获取创新资源，并享有参与市场竞争的同等机会，建立激励创新、包容审慎的市场监管体系。二是强化国家战略科技力量。通过优化顶层设计，凸显各部门研发优势，更好地将科研部门联合起来。敦促国家实验室多出战略性、关键性重大科技成果，国家科研机构着力解决原创性、引领性、颠覆性技术难题，高水平研究型大学作为基础研究的主力军和重大科技突破的生力军，科技领军企业整合集聚创新资源，构建跨领域、深度协作、高强度的创新集群，形成引领性的创新基地。三是提高创新活动的组织效率。不仅要"选好题"，重视基础研究，明确科技创新的方向和重点；也要"找对人"，组建高素质创新队伍，发挥企业家和产业一线专家的作用；还要加速产学研深度融合，促进大学和科研院所的研究成果向企业转移，提高共性技术供给能力。

第三，强化科技评价体系改革。一是发挥科技评价价值导向作用。项目评价更多突出质量导向，人才评价更多突出贡献导向，机构评价更多突出绩效导向，同时摒弃形式化或无意义的科研评定。全面准确衡量科技创新的科学、技术、经济、社会、文化等多元价值。二是提高科技评价的科学性。针对不同学科门类、不同研究对象的科技成果建立分类评价指标体系和程序规范，构建多视角的科技计划绩效评价共同体，充分利用多主体特长丰富科技计划绩效评价方法。积极引入国际评价、市场化评价、金融机构评价、第三方评价等方法，深化信息公开、科技成果披露、数据互联互通，进一步提高科技评价活动的公开性和开放性，建立科技计划成果后评估制度。三是激发科研人才创新积极性。改革完善科技成果奖励体系，重在奖励真正做出创造性贡献的科学家和一线科技人员；创新包括评价工具、评价标准、评价方法等在内的科技成果评价体系，引入大数据、人工智能等先进技术，开发智能化、信息化的评价工具与模式，充分利用各类信息资源，推广标准化评价；完善科技成果评价激励和免责机制。

第四，加快建设国家科技人才力量。一是全方位培育国家战略人才。以充分下放自主权和强化用人单位主体责任为重点，以创新和完善人才分类管理、分类评价机制为突破，为国内外就职于高校、企业、科研院所、新型研发机构等不同创新主体的各类人才提供公平的发展机会。基于战略科学家、领军人才、骨干人才、青年人才、适应新技能变化的人才的差异化定位充分激发潜能，推动基础研究、应用基础研究、技术创新、成果转移转化和支撑服务等各领域、各环节的各类人才均衡发展。二是建立健全人才激励约束及保障制度。完善绩效考核导向的收入分配机制，构建一套鼓励承担国家重大任务、专注于基础前沿研究、突出业绩贡献，并体现公平公正与激励约束原则的科技人才收入分配制度体系。切实执行科技成果转化奖励政策，精准激励和保障服务国家战略、承担国家使命的重点人才和重点团队。为科技人才提供住房、子女教育、医疗健康及后勤服务等全面保障，以切实减轻其生活顾虑，使其能够专注于科研工作。

第五，充分完善科技政策支撑体系。一是推动政府向服务型职能转变，引导企业成为科技创新的主体。二是加强创新投资融资体系建设。转变以政府财政投资为主的投资体系，吸引社会资本，拓宽融资渠道，降低企业研发成本。三是转变科研人员观念，推动科技创新由实验室走向市场，增强科研人员参与市场、了解市场需求的能力。四是构建资源投入政策体系。完善科技资源保障政策、科技投入支持政策、地方科技投入和成果转化政策、地方财政科技投入的使用方式和配套机制。

参考文献

Baker Katharine，"The UK Research Assessment Exercise：The Evolution of a National Research Evaluation System，" *Research Evaluation*，2007，1.

洪银兴：《中国式现代化论纲》，江苏人民出版社，2023。

习近平：《论科技自立自强》，中央文献出版社，2023。

洪名勇：《以制度创新为杠杆推动我国科技进步》，《经济体制改革》1998 年第 2 期。

李正风、武晨箫：《中国科技创新体系制度基础的变革——历程、特征与挑战》，《科学学研究》2019 年第 10 期。

白春礼：《加快完善科技创新体制机制》，《中国科技奖励》2020 年第 2 期。

廖晓东、张跃：《基于政策工具与创新价值链双重视角的科技成果转化政策国际比较研究》，《科技管理研究》2019 年第 7 期。

刘志强、王慧晴、温颖：《科技评估方法综述及简评》，《科技与创新》2021 年第 10 期。

贺德方、唐玉立、周华东：《科技创新政策体系构建及实践》，《科学学研究》2019 年第 1 期。

张宝建等：《国家科技创新政策的主题分析与演化过程——基于文本挖掘的视角》，《科学学与科学技术管理》2019 年第 11 期。

张静雨、张继彤：《"十二五"以来中国创新政策效果评价与政策启示》，《科技管理研究》2021 年第 13 期。

张治河等：《科技投入对国家创新能力的提升机制研究》，《科研管理》2014 年第 4 期。

陈劲、阳镇、朱子钦：《"十四五"时期"卡脖子"技术的破解：识别框架、战略转向与突破路径》，《改革》2020 年第 12 期。

B.9
准确把握加快形成新质生产力的若干关系[*]

摘　要： 随着新一轮科技革命和产业变革的兴起，新质生产力将取代传统生产力，成为推动中国经济高质量发展的引擎。本报告从辩证唯物主义和经济学的角度对加快形成新质生产力中所需把握的重要问题和发展路径进行论述和分析，从产业、技术、科研、资源和人才等方面总结出若干辩证统一关系，归纳了对应的科学规律和发展趋势，并得出以下结论：加快形成新质生产力应以新旧动能转换为基础，以科技创新引领产业创新为动力源，以基础研究和应用研究结合为重点，以产业链和创新链贯通为进路，以创新和人才双轮驱动为支撑，以制度和文化创新为源泉，以数实融合为新动能，以有为政府促有效市场为引领，以国内国际双重资源为蓄能，不断向全球产业链价值链中高端攀升。建议以教育高质量发展形成新质生产力的内生性优势，深入探索和开发应用场景，提升科技成果转化效能。

关键词： 新质生产力　科技创新　高质量发展

＊　作者：北京市科学技术研究院高质量发展研究中心。执笔人：贾品荣、杨雨萌。贾品荣，博士，北京市科学技术研究院高质量发展研究中心主任、研究员、"北科学者"、高精尖产业研究学术带头人，北京市习近平新时代中国特色社会主义思想研究中心特邀研究员，主要研究方向为高质量发展、高精尖产业；杨雨萌，北京市科学技术研究院高质量发展研究中心博士，主要研究方向为数字经济、高精尖产业。

2024 年 1 月 31 日，习近平总书记在中共中央政治局第十一次集体学习时强调，"高质量发展需要新的生产力理论来指导，而新质生产力已经在实践中形成并展示出对高质量发展的强劲推动力、支撑力"[1]。当前，正值全球科技革命、产业革命和技术革命历史性交汇的关键期，面对日益凸显的复杂形势，新质生产力的重要论述既是对马克思主义生产力理论的继承与发展，更是基于历史之变、世界之变、时代之变，推进中国式现代化发展的重大理论创新，具有高度丰富的逻辑意蕴和理论内涵。辩证唯物主义是中国共产党人的世界观和方法论，加速形成新质生产力，需要把握这一世界观和方法论，明确发展新质生产力的理论规律和现实进路，故本报告从该视角出发，探究了加快形成新质生产力需准确把握的若干关系，以期深入挖掘辩证关系视域下新质生产力的应有之义。

一　把握传统产业升级与新兴产业培育的关系，有序梯度布局、促进新旧动能转换

习近平总书记参加十四届全国人大二次会议江苏代表团审议时提出"发展新质生产力不是忽视、放弃传统产业，要防止一哄而上、泡沫化，也不要搞一种模式。各地要坚持从实际出发，先立后破、因地制宜、分类指导"[2]。这明确体现了发展新质生产力需从新旧转化的辩证视域出发，为在新时代现代化建设中更好聚焦高质量发展、实现生产力跃迁提供了行动指南。

为深化理解新质生产力重要论述，需进一步明晰新兴产业与传统产业融合发展的辩证逻辑关系和现实耦合机制，对其理论内涵和实现路径予以阐释。

---

[1] 《习近平在中共中央政治局第十一次集体学习时强调　加快发展新质生产力　扎实推进高质量发展》，中青在线，2024 年 2 月 1 日，https：//news. cyol. com/gb/articles/2024-02/01/content_ 4wdw3VUWlN. html。

[2] 《习近平在参加江苏代表团审议时强调　因地制宜发展新质生产力》，商务部网站，2024 年 3 月 7 日，http：//hntb. mofcom. gov. cn/article/xxyd/202403/20240303481437. shtml。

（一）传统产业与新兴产业融合发展的理论内涵

根据已有研究，目前大多数学者认为，战略性新兴产业、未来产业和传统产业之间的相互作用不再局限于争夺和取代，而是更多呈现对协同与融合发展的共同需求。美国区域科学家艾萨德于 1959 年提出产业综合体理论，该理论认为新旧产业的经济活动是紧密相连的，传统产业转型升级可以形成新兴产业，而新兴产业成长又可以反哺传统产业。其后的产业结构升级理论也再次强调，在经历产业结构向更高层次的转变时，新兴产业常常会利用当前的产业结构作为跳板，从固有的传统产业结构中脱颖而出，再依靠高新技术的辐射带动作用，带动其余产业和整个区域产业集群的升级。基于已有理论和研究可知，传统产业与新兴产业融合发展实质上是通过生产资源的流通和分配，促使低生产率的产业向高生产率的产业转化。

技术与市场的共有属性，是传统产业与新兴产业融合的前置条件，传统产业与新兴产业发展主要取决于市场融合度、技术融合度和产品融合度。其中，技术融合是新兴产业与传统产业融合发展的核心推动力，不同产业采用相同的创新生产方式是技术融合的关键标志。在技术融合的基础上，通过生产和管理过程的再优化与创新，推动产品创新及业务融合。市场融合则体现了产业融合的价值目标，能否通过融合技术、产品来激发新的市场需求和改变消费习惯，成为评判产业融合成功与否的核心标准。与此同时，新兴产业依靠高新技术所形成的产品多数具有复杂产品架构的特征，且涉及多学科知识整合，商业化和大规模产业化均需要多个行业的配套支撑。一方面，先进技术落地的过程需要传统产业的企业供应原材料、零部件等服务，高新技术产业与传统产业的协调有利于助推新兴产业进入商业化和大规模生产阶段。另一方面，新兴产业的产品进入大规模生产阶段后，亦能够通过与配套的传统产业企业合作产生技术创新的渗透效应和溢出效应，实现两者的双向互动。综上可知，需把握传统产业与新兴产业的关系，有序梯度布局、促进新旧动能转换，提升产业融合度，有效解决发展新质生产力过程中存在的传统产业与新兴产业分化、创新要素结构不适配等深层次问题。

（二）传统产业与新兴产业融合发展的实现路径

准确把握传统产业升级与新兴产业培育的关系，是促进传统产业与新兴产业融合发展，加速形成新质生产力的关键破局点。具体而言，应从以下两方面着手。

首先，应通过精准考虑技术进步、行业特色等产业政策来界定产业政策的有效边界，通过更具建设性的产业政策促进传统产业与新兴产业的融合发展。新兴技术的发展已经打破原有的产业边界，随着现代化产业体系建设的不断深入，产业交叉、融合的现象日益增多，根据原有的产业属性划分制定的政策势必会有其局限性并可能造成二元分离的现象，产业政策所依托的微观基础已由"泾渭分明"转向"相倚为强"，政策所聚焦的重点也需由新旧产业分类发展转向新旧产业协调融合。

其次，需提升新兴产业的带动能力和传统产业的转化能力。提升新兴产业的带动能力需鼓励和引导高技术企业积极参与产业集群的共性环节，同时政府应加强相应的规则衔接、机制对接，促进产业间优势互补、紧密协作、联动发展。与此同时，随着新时代的先进技术不断创新、深入渗透和融合，特别是在"人工智能+"战略的不断深化中，传统产业的数字化程度也在逐步提升。但在加速形成新质生产力过程中，传统产业的改革不仅仅局限在新兴技术使用层面的提升和转型，更重要的是采用观念更新、组织优化等方法，增强吸纳先进技术和及时升级转化的能力，实现主动转型。对政府和相关机构而言，应通过改进产业策略和优化营商环境等为传统产业转型提供坚实保障，帮助构建集聚创新和制造、工程和研发的协同网络，提升产业技术升级迭代的效率。如美国联邦政府组建的全美制造业创新网络，增强了美国制造业的市场竞争力，并推动制造业科技成果可持续转化和广泛的商业应用。网络化的协同创新和规模化生产，促使传统产业在经过升级改造后，亦可高效驱动经济稳定增长。

二 把握科技创新与产业创新的关系，打破
交互壁垒、推进耦合共生

2023 年底召开的中央经济工作会议将"以科技创新引领现代化产业体系建设"列为九项重点任务之首。习近平总书记明确强调，"科技创新能够催生新产业、新模式、新动能，是发展新质生产力的核心要素""要及时将科技创新成果应用到具体产业和产业链上，改造提升传统产业，培育壮大新兴产业，布局建设未来产业，完善现代化产业体系"①，表明了发展新质生产力需从统筹推进科技创新和产业创新的视域出发，以科技创新推动产业创新，以产业升级构筑竞争新优势。以科技创新引领产业创新，积极培育和发展新质生产力，需进一步明晰科技创新与产业创新的互动关系和共生机制，对其理论内涵和实现路径予以阐释。

（一）统筹推进科技创新与产业创新的理论内涵

习近平总书记强调："在激烈的国际竞争中，我们要开辟发展新领域新赛道、塑造发展新动能新优势，从根本上说，还是要依靠科技创新。"② 加速形成新质生产力，需要保证新质生产力源头的科技创新有效供给水平和生产过程中的科技成果转化水平。科技创新的有效供给具体体现在持续在原始创新、基础研究、尖端科技探索、核心技术突破、知识产权及标准制定以及高水平科技人才培养等多个维度，不断占据优先权，以此引领和塑造未来的产业格局。高质量科技成果转化，能够高效便捷地将尖端科技转化为实际生产力，为产业发展提供高水平、高质量的解决方案。回溯人类社会的发展历程可知，从手工制造到机械化大规模生产，再到当今的智能

---

① 《发展新质生产力 习近平举旗定向关乎国家长远》，中青在线，2024 年 3 月 29 日，https：//news. cyol. com/gb/articles/2024-03/29/content_ PbdeKptx0E. html；习近平：《发展新质生产力是推动高质量发展的内在要求和重要着力点》，《求是》2024 年第 11 期。
② 《第一观察｜习近平总书记首次提到"新质生产力"》，中青在线，2023 年 9 月 12 日，https：//news. cyol. com/gb/articles/2023-09/12/content_ LgJRPKfG76. html。

化、高端化生产，均是科技创新转化为现实生产力的成果。新质生产力的发展，重点是发挥信息技术、人工智能、生物技术等先进科学成果作用，将其应用于产业生产，进而转变成真正的生产力，以科技创新为驱动力、以产业创新为转化力。由于新质生产力具有高科技、高效能、高质量特征，具有创新链更长的特点，包含从原始创新到关键技术到工程应用再到产品生产全覆盖，涉及从基础研究到产业化的创新驱动发展、从研发到制造再到应用的全过程，包括"从0到1"的原始创新、"从1到N"的成果转化，故需准确把握科技创新与产业创新的关系，打破交互壁垒，将科学研究、技术发明、工程设计、产品制作与生产工艺各个环节结合起来，推进耦合共生。

（二）统筹推进科技创新与产业创新的实现路径

准确把握科技创新与产业创新的关系，需从科技创新有效供给和产业创新成果转化两方面入手。具体而言，应采取以下措施。

一是聚焦科技创新驱动，提升原创技术供应的有效性。为了加速形成新质生产力，必须强化科技创新这一核心动力，实现从无到有的创新突破。需围绕国家战略需求，依托新型举国体制，聚集高等院校、科研机构及企业的科技人员，开展具有原创性、基础性和引导性的科技攻关工作，专注于攻克关键核心技术。二是以产业创新为导向，全方位提高成果转化的整体效能。促进科技成果的转化及其产业化，是科技和产业创新深度结合的关键所在，同时是形成新质生产力的基础条件。

三 把握基础研究与应用研究的关系，打通
衔接路径、推动相辅相成

习近平总书记指出："要通过努力，使基础学科健全扎实、重点学科优势突出、新兴学科和交叉学科创新发展、冷门学科代有传承、基础研究和应

用研究相辅相成、学术研究和成果应用相互促进。"① 2023 年，习近平总书记在中共中央政治局第三次集体学习时，再次强调切实加强基础研究，以夯实科技自立自强根基。② 总书记对基础研究和应用研究的新思想、新观点、新论断和新要求，进一步明确了科技创新的时代趋势、战略地位，以及推动我国科技创新的重点任务、重大措施和基本要求。培育发展新质生产力的新动能，需将基础理论的创新与应用技术创新紧密结合，以辩证视域处理两者的关系，促进科学的"无用"与"有用"之间互动转换，确保基础研究与应用研究能够相互推动，从而释放创新活力并最终实现产业升级，为此需进一步明晰基础研究与应用研究间的衔接路径，对相应的理论内涵和实现路径予以阐释。

（一）基础研究与应用研究关系的理论内涵

根据已有研究，目前大多数学者认为，基础研究与应用研究之间的关系并非对立，而是彼此促进推动。如斯托克斯提出"巴斯德象限模型"，他认为科学研究中认识世界和知识应用的目标可以并存，科学与技术、基础研究与应用研究之间是彼此互动、交融的关系。③ Geisler 从资源优势的角度出发，认为大学的优势主要在于基础研究方面，企业的优势集中在应用研究以及能在生产技术方面提供更好的条件。④ 当前大学、科研院所与社会其他部门的互动日益频繁，科学研究不再拘泥于高深学问的争鸣或单一主体的囿限，而是更加注重广泛的实用性和创新性。"应用语境"与"重大社会需求"逐渐成为学术研究的主导。培育新质生产力过程中战略性新兴产业、

① 《习近平：在哲学社会科学工作座谈会上的讲话（全文）【4】》，人民网，2016 年 5 月 18 日，http：//politics. people. com. cn/n1/2016/0518/c1024-28361421-4. html。

② 《习近平在中共中央政治局第三次集体学习时强调　切实加强基础研究　夯实科技自立自强根基》，新民网，2023 年 2 月 22 日，https：//news. xinmin. cn/2023/02/22/32323538. html。

③ 张闳肆：《学术创业如何促使科学家获得科学发现——打开巴斯德象限的机制"黑箱"》，《科技进步与对策》2024 年 1 月 4 日网络首发。

④ Geisler. A，"Typology of Knowledge Management：Strategic Groups and Role Behavior in Organizations," *Journal of Knowledge Management*，2007，1.

未来产业领域涉及的关键核心技术突破均需要长期高投入的研发，其高度渗透性将进一步强化应用创新与基础研究理论创新之间的融合程度，各个创新阶段的边界将愈发模糊并动态演化，呈现协同共生发展的趋势。因此，需把握基础研究与应用研究的关系，打通衔接路径、推动相辅相成，促成基于知识优势的强强联合，实现知识转移、技术转化的无缝衔接。

（二）基础研究与应用研究衔接的实现路径

准确把握基础研究与应用研究的关系，推动两者有机衔接，需从加强基础研究攻关和丰富应用场景两方面入手，以实现基础学科与应用技术、应用场景有效衔接。具体而言，应采取以下措施。

首先，通过加强有组织科研，积极回应国家迫切需求，帮助突破一批关键技术瓶颈。2023 年 7 月，全国高校科技创新暨优秀科研成果奖表彰大会指出，到 2035 年，高校科技创新要成为支撑教育强国、科技强国和人才强国的核心力量。由此可见，研究型大学越来越多地和国家发展、社会进步结合在一起，并且开始承担更多的社会功能，主要表现在通过提高基础研究组织化水平，凝练重大和关键科学问题，从而加快实现重大原始创新突破，加强基础研究攻关。被赋予"有组织科研"内涵的科技创新，本质上是一种需求导向的科研范式。高校有组织科研是学校知识管理的一种创新形式，它强调转变科研管理方式，集中优势力量，针对重大问题，设置重大任务，构建重大平台，组织重大团队，通过长时间持续攻关取得重大的原创突破，高校有组织科研及其评价导向有利于实现基础研究突破。与此同时，政府应牵头优化协同创新中心合作制度，减少"协同锁定"的现象，释放合作创新活力，已建立的协同创新中心普遍存在"协同锁定"自强化机制和经济理性导致的协同创新中心锁定现象。目前主要由高校牵头建立协同创新中心，其他创新主体大多与高校有着长期的、错综复杂的关系。虽然过往交流较多，易于沟通协商，但限制了企业或大学依据发展需要调换合作伙伴的灵活性，增加了变更成本，影响了创新活动的持续。

其次，重视应用场景驱动的成果转化模式，推动商业化落地。应用场景是企业开展产品研发活动时需要考虑的重要因素之一，它直接影响企业技术创新能力的发挥和产品的市场竞争力。① 在强调场景驱动创新策略的背景下，为了提高科技成果转化的成功率，需要深入探索和开发应用场景，识别其中的关键问题和需求，明确技术创新的方向，并避免盲目的研发活动。同时，还要明确场景应用目标，推动商业模式转型升级，将科技创新转化为实际可用的产品或服务。

四 把握产业链与创新链的关系，释放 要素活力、促使前后贯通

党的二十大报告指出，"推动创新链产业链资金链人才链深度融合"。"四链融合"是实现高质量发展的主引擎，而产业链与创新链的深度融合，对加速形成新质生产力起到关键作用。自进入新时代以来，各级政府、高校平台、重点实验室以及一系列国有企业、科技公司和新兴企业都积极参与产学研合作，取得了显著进展，在制度创新、关键技术突破、重要领域稳定等方面取得了巨大成就，为整合产业链和人才链打下了坚实基础。加速形成新质生产力过程中所产生的战略性新兴产业、未来产业等均涉及复杂的产业链，如集成电路产业涉及复杂的产业链条，从最开始的设计到制作、测试、封装，需要产业链上下游的协作配合，经过上千道工序才能完成。各个产业链条并不是孤立地存在，而是要建立在对上下游技术工艺充分了解的基础上。为此需进一步明晰人才链和创新链之间的贯通机制，对相应的理论内涵和实现路径予以阐释。

（一）产业链与创新链关系的理论内涵

经济学家亚当·斯密的分工论和马歇尔对企业合作的看法是产业链理论

---

① 方晓霞、李晓华：《颠覆性创新、场景驱动与新质生产力发展》，《改革》2024 年第 4 期。

的起源。最新的研究文献把产业链描述为国家经济中不同产业部门间自然形成的技术和经济联系，这些联系将各部门像机器中的链条一样紧密相连，因而得名。产业链通常指一个特定产品从生产到销售过程中，上下游多个行业的穿梭连接，这一连接基于行业间的投入与产出关系，并由各个地区的众多企业共同构成一个链状的产业组织结构。而创新链最初被定义为一连串的阶段性创新活动，涉及产品制造商、原材料供应商和销售商之间的互动创新过程。在更广泛的层面，创新链起始于知识的探索，包括从基础研究到应用研究、研发，再到试验改良、批量生产以及商业化经营的各个阶段。该链条是由政府、公司、大学、科研机构、中介机构和消费者等多方参与构成的网络。产业链和创新链是两套既紧密相连又彼此独立的体系，它们的贯通机制主要体现在两个层面：一是以产业链为中心部署创新链，二是依托创新链规划产业链。两个层面的共同目的均在于正确把握产业链与创新链的关系，释放要素活力、促使前后贯通。

（二）产业链与创新链贯通的实现路径

综上可知，把握产业链与创新链的关系，释放要素活力、促使前后贯通需从以产业链为中心部署创新链和依托创新链规划产业链两方面入手。具体而言，应采取以下措施。

首先，以领军企业为产业链主体，增强企业的创新主导作用，提升产业竞争能力。企业本身就具有将产业链和创新链相结合的天然能力，以行业领军企业为核心，提高其在创新上的主导地位，确保企业成为研发投资、组织和成果转化的主要承担者。领军企业有能力准确地通过精准识别并加强产业链中的薄弱环节，有效地协调和提升各方面的创新能力，促进关键技术和薄弱环节的研究与开发，加速产业链与创新链贯通。

其次，引导鼓励中小企业深化"专精特新"之路，致力于颠覆式创新。科技型中小企业在细分市场的关键组件上拥有独到的技术沉淀和研发优势。相较于大型企业，中小型企业调整策略更加迅捷，能够快速适应市场的需求与变动，迅速建立高度专业化的技术小组，并激励员工进行创新，通过汲取多元化来源的灵感和创新思维，为颠覆式创新提供基础。在产业生态系统中，关键环节的颠覆式创新有潜力从根本上进行改革。中小企业不仅在孕育颠覆式创新方面发挥作用，还在将这些创新成功商业化的过程中发挥重要作用，是产业链与创新链贯通的重要主体。

五 把握创新驱动与人才驱动的关系，打通循环链路、发挥双向效能

党的二十大报告指出，必须坚持科技是第一生产力、人才是第一资源、创新是第一动力，深入实施科教兴国战略、人才强国战略、创新驱动发展战略。这一重要论述是对现代化建设新动能最本质的概括，深刻表明科教、人才、创新是"三位一体"的，创新驱动和人才驱动互有支撑、互为补充、互有带动。新质生产力对高层次创新人才的需求更加迫切，应加快推动高层次创新人才培育、引进、使用，在国家创新驱动发展战略的引领下，建构高水平创新人才梯队，把握创新驱动与人才驱动关系，实现个体创新效能与体系创新效能双向有机循环，发挥自上而下战略引领和自下而上人才支撑的合力。

（一）创新驱动与人才驱动关系的理论内涵

创新驱动的实质在于人才驱动。聚焦面向未来、全球视野、高质量发展以及国际化竞争，激发人才创新活力已经成为我国在人才发展改革上的主要方向。"十四五"期间，我国把关注焦点集中在基础研究、技术革新及产业提升的关键人才培养上，积极探索并解决在人才评估、培育自主性、科学研究支持、创新激励、收益分配、人才吸引与流动、团队组建、项目管理、成果转化、资金运用、职位编制、院士选拔和相关管理等方面存在的问题，进一步激发国家战略人才队伍的活力和提高其创新能力。

（二）创新驱动与人才驱动双向互动的实现路径

综上可知，把握创新驱动与人才驱动的关系，实现个体创新效能与体系创

新效能双向有机循环，发挥自上而下战略引领和自下而上人才支撑的合力，可从微观个体人才培养和宏观战略机制两方面入手。具体而言，应采取以下措施。

一是在提升个体效能方面，需适配跨学科、全链条、交叉融合的课程体系，旨在培养产业创新所需人才。课程体系作为人才培养的基石，其重要性不言而喻。产业的新需求在课程体系这一人才培养的核心载体上得到了集中体现。课程体系不仅要确保学生掌握扎实的学科知识，还需保持前瞻视野、灵活应变和实践能力，从而为解决复杂的工程问题提供坚实的知识支撑和实践经验。二是在宏观战略机制方面，为确保人才培养与协同创新相关软硬件平台的长远建设与运营资金稳定，应进一步增加新兴产业领域研究生的专项指标与培养经费的投入。

六　把握制度创新和文化创新的关系，深化明体达用、实现体用贯通

党的十八大以来，习近平总书记多次强调"制度创新""文化创新"，始终注重顶层设计和配套衔接，使一系列制度体系愈加成熟定型。习近平总书记强调："要把党内存在的突出矛盾和问题解决好，要有效化解党面临的重大挑战和危险，很重要的一条就是要完善规范、健全制度，扎紧制度的笼子。"[1] 习近平总书记指出："要坚持为人民服务、为社会主义服务，坚持百花齐放、百家争鸣，坚持创造性转化、创新性发展，不断铸就中华文化新辉煌。"[2] 将制度创新与文化创新相结合，有利于激发各类主体创新激情和活力，让创新要素充分涌流，更好地优化整合人才、成果、市场以及资本等要素，通过前端的赋能推动产业的优化升级。加速形成新质生产力离不开制度创新和文化创新的支撑，需进一步明确制度创新和文化创新的关系，以深化明体达用、实现体用贯通。

---

[1] 《如何做好新时代党建工作　习近平"妙喻"点睛》，求是网，2019年7月14日，http://www.qstheory.cn/llwx/2019-07/14/c_1124750430.htm。

[2] 习近平：《坚定文化自信，建设社会主义文化强国》，《求是》2019年第12期。

（一）制度创新和文化创新关系的理论内涵

促进制度创新和文化创新深度融合，不仅为国家治理提供了文化上的养分和价值方向，也加强了精神层面的支持。马克思主义作为党和国家建设的核心思想，其在文化领域的主导作用是推动社会主义先进文化繁荣发展的关键。马克思主义在意识形态领域的核心地位，是人民民主专政与文化体制发展的基石。弘扬社会主义核心价值观，能够构建常态化、系统化的教育、传承、服务与诚信体系，并引导先进文化健康发展。除此以外，在公民的文化权利实践中，以社会效益为重、将社会效益和经济效益相统一的文化创作及生产体系机制得到了进一步的完善和发展，确立了正确的舆论引导和保障制度，这些都成为社会主义先进文化发展的关键支柱。加速形成新质生产力过程中，应持续坚守创新之道，确保制度与文化同步推动新时代经济基础与生产力变革，永葆国家发展的蓬勃生机与旺盛活力。

（二）制度创新和文化创新深度融合的实现路径

促进制度创新和文化创新深度融合，可从破除制度壁垒和优化文化氛围两方面入手。具体而言，可采取以下措施。

首先，持续深化制度改革和创新，以破除产业、学科制度壁垒。在破除科研成果与产业转化壁垒方面，通过完善技术转移机制加速科技成果产业化。要加快高校科技成果转化步伐，促进产学研紧密结合，提高企业对科研的参与度。为了加强国家重大科技项目的知识产权管理，需要完善技术转移的工作机制，并制定详细的实施措施，有助于建立专业的机构和培养专业的人才团队，并强化知识产权的申请和运营职责。在高校中设立技术市场交易中心，形成产学研紧密结合的技术创新体系，加速形成新质生产力。

其次，营造包容试错的科研文化氛围，打造有效的信息沟通机制。关键科研项目的攻关需要有严格的信息沟通机制以及明确的责任划分及推进方式，制定推动项目一体化组织实施的工作方案，明确定期调度、节点控制、协同推进的具体方式，包括在立项前期进行多轮预讨论、沟通、策划，建立一定的共识，同时定期集中交流、专题研讨、信息共享、检查报告等。此外，需要营造包容试错的科研文化氛围，在科学研究中没有身份的区分，也没有绝对的权威，一切以解决问题为标准，公平、客观地讨论技术问题，建立平等、包容、反馈及时、不断迭代、寻求整体最优的信息沟通机制，这对培养拔尖创新人才、支撑新质生产力发展至关重要。

七　把握数字经济与实体经济的关系，深化数实融合、推进虚实共生

党的二十大报告强调，"加快发展数字经济，促进数字经济和实体经济深度融合，打造具有国际竞争力的数字产业集群"。习近平总书记明确提出"当前，互联网、大数据、云计算、人工智能、区块链等新技术深刻演变，产业数字化、智能化、绿色化转型不断加速，智能产业、数字经济蓬勃发展，极大改变全球要素资源配置方式、产业发展模式和人民生活方式"①。这一论述深化了对数字经济和实体经济融合发展趋势和规律的认识。把握数字经济与实体经济的关系，深化数实融合、推进虚实共生是发展新质生产力的重要着力点。

（一）数字经济与实体经济关系的理论内涵

我国工业化的推进使得旧有生产模式的限制愈发明显，已经不足以应对市场需求的持续增长以及对高效、低成本、高质量生产的追求。数字化技术革新已跃升为实体经济结构调整的关键驱动力，能够大幅削减信息处理成本，赋能企业精准制造、个性化服务及动态管理。信息技术与实体经济的深度整合，不仅是信息技术发展的必然趋势，也是实体经济转型的关键。发展

---

① 《习近平向 2023 中国国际智能产业博览会致贺信》，人民网，2023 年 9 月 5 日，http://politics.people.com.cn/n1/2023/0905/c1024-40070523.html。

新质生产力必须着眼于将数字资源与实体经济高度整合，数实深度融合旨在通过技术创新，大力推进实体经济的改革与生产效率的显著提升。

（二）数字经济与实体经济融合发展的实现路径

发展新质生产力，需要深化数字经济与实体经济的融合。深化数实融合、推进虚实共生既需要能源、交通和物流等传统实体基础设施，也离不开数据中心、信息技术和互联网等数字领域的基础设施。具体而言，可从以下两方面着手。

首先，对于实体基础设施而言，其现代化改造与提升的核心在于确保基础设施的智能化、高效率、绿色环保及安全性，这是建设现代化基础设施体系的根本。同时，推广智慧城市、绿色建筑等新型基础设施概念，对促进实体基础设施向现代化转型也起到了重要的促进作用。这需要政府与民间资本联手，在公私合作模式下注入所需的资金和技术资源，以提高基础设施建设的品质及科技水平，满足新时代对经济和社会发展的要求。

其次，就数字基础设施而言，应通过构建大数据中心、云计算平台等信息技术基础设施，推进社会数字化改革。同时，优化大中小企业融通路径，鼓励大企业开放、输出数字化资源。工欲善其事，必先利其器，科学研究的新方向不仅产生于研究概念的创造，更离不开新型科研工具的支持。国家层面也多次出台文件，强调促进开放共享，释放科技资源，服务科研创新。[1]在数字技术赋能经济高质量发展、加速新质生产力形成过程中，由于算力昂贵、开发难度大等发展问题，诸多中小企业无法承担训练大型语言模型的高昂成本。应进一步优化大中小企业融通路径，如与华为、百度等 AI 行业龙头企业合作，积极共享自主可控、开源的智能计算中心、云边端架构等。大企业通过向中小企业开放资源，以算力、数据赋能中小企业，让更多中小企业参与开放性创新，大企业引领带动中小企业发展，中小企业为大企业注入活力，通过数字化资源的共享和开放，进一步深化数实融合。

---

[1] 岳素芳、肖广岭：《制度变迁视角下科技资源共享的实践路径研究》，《科技管理研究》2020 年第 17 期。

八 把握政府引导和市场主导的关系，以有为促有效、实现以简驭繁

政府有为、市场有效，是助力新质生产力形成的关键所在。对于政府与市场的关系，中国共产党历经长期深入探索，经历了从计划经济到有计划的商品经济的转变，直至确立社会主义市场经济体制，这一系列变革均紧密围绕政府与市场间的互动关系展开。进入新发展阶段以来，习近平总书记强调："我国经济发展获得巨大成功的一个关键因素，就是我们既发挥了市场经济的长处，又发挥了社会主义制度的优越性。"① "有效市场与有为政府的更好结合"这一重要论断，为经济社会进步和新质生产力发展指明了方向。

（一）政府引导和市场主导关系的理论内涵

根据资源配置理论，在推动生产力发展的过程中，政府引导和市场主导均发挥着不可或缺的作用。政府通过实施宏观经济政策，能够为市场营造一个稳定有序的运行环境。具体来说，政府利用财政政策、货币政策等手段，有效调节经济运行节奏，稳定市场预期，从而为生产力的蓬勃发展创造有利条件。政府还通过产业政策、科技政策等方式，精准引导资源流向关键领域和关键环节，促进产业结构的优化升级，提高生产效率，改善产品质量。与此同时，市场作为资源配置的核心机制，通过价格机制、供求机制等，实现资源的优化配置。在激烈的市场竞争中，企业为了求得生存和发展，不得不持续创新，提升生产效率，从而推动生产力的快速发展。此外，市场还为企业提供了广阔的发展空间和平台，使其能够充分发挥自身优势，实现规模扩张和效益提升。政府引导与市场主导相辅相成、共同发展。政府

① 《发展社会主义市场经济的伟大创举》，中工网，2021 年 6 月 29 日，https：//www. workercn.cn/c/2021-06-29/6586097.shtml。

引导能够弥补市场失灵的不足，为市场提供必要的支持和保障；而市场主导则能够激发企业的活力和创造力，推动生产力的快速发展。二者在经济发展中相互融合、相互促进，共同构建了推动生产力发展的强大动力。新结构经济学从发展中国家实现跨越式发展的宏观视角出发，深入探讨了"有效市场"与"有为政府"之间的关系，进而对政府在此过程中如何积极履行职能进行了理论层面的阐释。该理论认为，政府应当积极作为，通过有效协调和组织，推动"技术进步"与"结构调整"这两条产业升级路径的协同发展，从而形成一种"螺旋交叉"的合力效应。这一合力效应不仅有助于加快产业升级的进程，还能促进发展中国家经济结构的优化和整体竞争力的提升。

（二）有效市场和有为政府结合的实现路径

有效市场和有为政府的结合，需打破政府与市场的隔阂、搭建科技创新平台并发挥有为政府在创新生态系统中的引导作用。

首先，政府可加大对公共研发基础设施平台和服务平台的投资，以优化创新环境，提高创新效率。通过此举，能够消除信息孤岛，解决以往政府与市场各自为政导致的隔阂问题，实现市场与政府之间的有效配合与协作。这种协同作用将进一步推动高技术产业间、区域间以及不同创新主体间的优势融合与互补，形成创新驱动的共同体，为科技创新提供强大动力。

其次，政府还需在构建创新系统时注重顶层设计和战略规划，确保创新资源的高效配置和合理利用。通过加强政策引导和支持，激发企业和科研机构的创新活力，推动科技创新成果的转化和应用。同时，政府还应加强与国际创新资源的合作与交流，以提升国家整体创新能力和竞争力。

九　把握国内创新与开放创新的关系，集成
多方资源、实现内外联动

在推动新质生产力发展进程中，需扩大高水平对外开放，聚合国内外优

质资源。习近平总书记强调，"为发展新质生产力营造良好国际环境"①，这为通过高水平对外开放促进新质生产力发展指明了方向。实现高水平对外开放，需强化国内与国际的资源互动和要素配置，增强国内国际市场的联动效应，进而促进国内国际双循环的良性互动。通过内外市场的联动，不仅可以使国内市场充分吸收和利用国际市场的资源和机遇，同时能让国际市场从国内市场的繁荣发展中受益，双向互动、互利共赢的开放格局，将有力推动新质生产力的快速发展。

（一）国内创新与开放创新关系的理论内涵

在数字经济时代，合作不是一个线性关系而是多个合作伙伴同时合作的过程，共同拓展国际化视野、彼此互鉴、共同创造的过程。通过开放式创新，辅以区块链、人工智能等信息技术的加成，汇聚全球的力量，利用各方的力量推动新质生产力发展。不仅要重视国内创新，而且要注重国际交流合作。"开放创新"的理念是在开放合作的背景下增强创新实力，激励国内外的创新实体进行互动与合作，推动创新元素的自由流通，并促进创新成果在国际上的应用。经济全球化加速了国家间的知识流动和技术贸易，客观分析，目前国内创新资源质量与国际先进水平仍有一定差距，要解决制约我国科技发展的一些技术难题，进一步加快推进传统产业升级改造及战略性新兴产业发展，必须坚持在立足自主创新的基础上，面向全球获取创新资源，加强对发达国家高技术成果的引进消化吸收和再创新。

（二）国内创新与开放创新联动的实现路径

把握国内创新与开放创新的关系，集成多方资源、实现内外联动可从提升内外联动深度和拓展内外联动广度两方面着手。

首先，通过进一步完善开放创新体系的建设，提升内外联动的深度。在

---

① 《习近平在中共中央政治局第十一次集体学习时强调　加快发展新质生产力　扎实推进高质量发展》，理论之光，2024 年 2 月 2 日，https：//theory. jschina. com. cn/yaowen/202402/t20240202_ 8204829. shtml。

此过程中，应积极倡导各部门及地方政府出台更具针对性和可操作性的开放创新政策，鼓励那些有意愿且具备条件的地区率先开展先行先试的实践活动。吸引更多国际同行专家参与我国科研项目评议、奖项评定及职称评审工作，促进国内创新和开放创新的深度融合。从全球视野看，我国正处在一个重大历史转折时期，需要"敢于领先世界"，并在风险应对的基础上，采取宽容的态度应对失败。在技术创新领域，要坚持有所为、有所不为。在推进国家重大科技工程过程中，要加强顶层设计、统筹布局，构建协同机制。建立国家重大科研基础设施协同创新平台，形成一批高水平技术研究中心，以吸引更多的研发创新主体，并通过开放的创新方式突出和释放战略科技任务的过程效应和溢出效应。

其次，积极拓展内外合作的领域范畴，以在国家层面推动形成多元化的开放创新模式。应致力于构建有益于开放创新的生态环境，通过消除阻碍创新要素跨地区、跨主体流动的体制性障碍，为创新活动提供更为广阔的舞台。同时，需积极鼓励国内各类创新主体之间深度合作，促进大中小企业之间的联动创新，从而形成强大的创新合力。此外，还需灵活采取合作创新与技术转移相结合的方式，实现"引进来"与"走出去"的战略平衡。通过建立国际技术合作的长效机制，有效拓宽内外联动的广度，以为形成新质生产力做好多元化的资源供给。完善开放创新的制度环境，保护好参与创新的国内外企业的创新利益。全球范围内的创新强国均颇为重视完善开放创新的制度环境，以良好的环境吸引全球优质创新资源。目前，我国仍需持续优化创新环境，完善相关法律法规，提升我国政策法规和全球创新规则之间的适配性，同时积极参与国际创新规则的制定，提升科技话语权，以保护好合作企业的利益，实现良性循环。

十　主要研究结论与对策建议

（一）主要研究结论

本报告分析加快形成新质生产力所需把握的重要问题和发展路径，从产业、技术、科研、资源和人才等方面总结出十对辩证统一关系，归纳了对应的科学规律和发展趋势。主要研究结论如下。

加快形成新质生产力需把握传统产业与新兴产业的关系。有序梯度布局、促进新旧动能转换、提升产业融合度，方能有效解决发展新质生产力过程中存在的传统产业与新兴产业分化、创新要素结构不适配等深层次问题。

加快形成新质生产力需把握科技创新与产业创新的关系。打破交互壁垒，将科学研究、技术发明、工程设计、产品制作与生产工艺各个环节结合起来，方能推进耦合共生。

加快形成新质生产力需把握基础研究与应用研究的关系。打通衔接路径、推动相辅相成，促成基于知识优势的强强联合，实现知识转移、技术转化的无缝衔接。

加快形成新质生产力需把握产业链与创新链的关系，释放要素活力、促使前后贯通。产业链和创新链是两套既紧密相连又彼此独立的体系，它们的贯通机制主要体现在两个层面：一是以产业链为中心部署创新链，二是依托创新链规划产业链。

加快形成新质生产力需把握创新驱动与人才驱动的关系，打通循环链路、发挥双向效能。

加快形成新质生产力需把握制度创新和文化创新的关系，深化明体达用、实现体用贯通。将制度创新和文化创新相结合，有利于激发各类主体创新激情和活力，让创新要素充分涌流，更好地优化整合人才、成果、市场以及资本等要素，通过前端的赋能推动产业的优化升级。

加快形成新质生产力需把握数字经济与实体经济的关系，深化数实融合、推进虚实共生。数字技术的进步为实体经济提供了创新的动力和改进的可能，实体经济的更新换代也促进了数字技术的广泛应用和发展。

加快形成新质生产力需把握政府引导和市场主导的关系，以有为促有效、实现以简驭繁。

加快形成新质生产力需把握国内创新与开放创新的关系，集成多方资源、实现内外联动。坚持在立足自主创新的基础上，面向全球获取创新资源，加强对发达国家高技术成果的引进消化吸收和再创新。

（二）对策建议

以教育高质量发展形成新质生产力的内生性优势。紧密围绕国家战略与全球行业企业的发展动态，科学规划战略性新兴产业在基础层、技术层、应用层等全链条的人才布局。推动多方主体共同制定战略性新兴产业人才培养质量标准，促进教育培训与企业所需人才的有机衔接。行业企业应充分发挥其职能，通过将产业的多样化需求与学生的个性化发展相结合，为学生提供多元化的选择空间，进而构建一个相互促进、供需精准对接的多主体互利共生网络结构。推进产教融合、校企合作，建设数字经济、智能建筑、智能感知、智慧物流等一批新兴交叉学科平台，创新推出"大线出题、小线答题、产研一体"人才培养模式，在"真需求""真问题"中培养用得上的卓越人才。

深入探索和开发应用场景，提升科技成果转化效能。识别关键问题和需求，明确技术创新的方向以及场景应用目标，聚焦场景需求推动商业模式转型升级，加强对市场的洞察和能力拓展。以产业需求为导向，面向不同领域进行科技布局。联合顶级研究型大学、科研机构和重点实验室，构建产业链上的创新平台，专注于生物科技、智能科技、低碳科技等关键领域，推动创新资源向这些领域集中，加强关键核心技术研究攻关，将科技创新转化为实际可用的产品或服务，重点解决技术转化及产业化过程中遇到的关键障碍，构建较为完备的技术成果转化体系及产业化生态。

参考文献

贾品荣：《加快形成新质生产力的重点及实现路径》，《光明日报》2023 年 10 月 31日，第 11 版。

平新乔：《新旧动能转换与高质量发展》，《人民论坛》2024 年第 2 期。

尹西明等：《强化科技创新引领　加快发展新质生产力》，《科学学与科学技术管理》2024 年 2 月 21 日网络首发。

余泳泽、唐孝妍：《高校基础研究与创新知识溢出：来自高校设立技术转移机构的证据》，《中国软科学》2024 年第 3 期。

李慧、肖云杰：《多层级视角下基础研究社会-技术系统的主体、要素及作用机制》，《中国科技论坛》2024 年第 3 期。

巫强、胡蕾、蒋真儿：《产业链与创新链融合发展：内涵、动力与路径》，《南京社会科学》2024 年第 2 期。

李彬彬：《马克思对亚当·斯密价值理论的批判和超越——基于〈政治经济学批判（1861—1863 年手稿）〉的研究》，《马克思主义理论学科研究》2023 年第 12 期。

何德旭、张昊、刘蕴霆：《新型实体企业促进数实融合提升发展质量》，《中国工业经济》2024 年第 2 期。

任保平、李婧瑜：《以数实融合推动新型工业化的阶段性特征、战略定位与路径选择》，《经济与管理评论》2024 年第 2 期。

林毅夫、付才辉：《中国式现代化：蓝图、内涵与首要任务——新结构经济学视角的阐释》，《经济评论》2022 年第 6 期。

贾若祥、王继源、窦红涛：《以新质生产力推动区域高质量发展》，《改革》2024 年第 3 期。

盛朝迅：《新质生产力的形成条件与培育路径》，《经济纵横》2024 年第 2 期。

高洪玮：《新阶段打造开放创新生态：发展进程、时代要求与战略应对》，《经济学家》2024 年第 3 期。

全毅：《中国对外开放：理论创新与制度变迁》，《经济体制改革》2023 年第 2 期。

张闳肆：《学术创业如何促使科学家获得科学发现——打开巴斯德象限的机制"黑箱"》，《科技进步与对策》2024 年 1 月 4 日网络首发。

Geisler. A，"Typology of Knowledge Management：Strategic Groups and Role Behavior in Organizations，"*Journal of Knowledge Management*，2007，1.

方晓霞、李晓华：《颠覆性创新、场景驱动与新质生产力发展》，《改革》2024 年第 4 期。

岳素芳、肖广岭：《制度变迁视角下科技资源共享的实践路径研究》，《科技管理研究》2020 年第 17 期。

附录一
北京高质量发展相关政策

政策文件名称	发文机构	发布时间	相关内容
2023 年北京政府工作报告	北京市人民政府	2023 年1 月 15 日	必须坚定捍卫"两个确立"、坚决做到"两个维护",牢记"看北京首先要从政治上看"的要求,不折不扣贯彻落实习近平总书记对北京一系列重要讲话精神;必须毫不动摇坚持首都城市战略定位,始终把大力加强"四个中心"功能建设、提高"四个服务"水平作为首都发展的定向标,更好服务党和国家工作大局;必须牢牢把握以中国式现代化推进中华民族伟大复兴的使命任务,完整、准确、全面贯彻新发展理念,坚持"五子"联动服务和融入新发展格局,着力推动高质量发展,努力在新征程上一马当先、走在前列;必须坚定不移推进高水平改革开放,充分发挥"两区"和中关村先行先试政策优势,深入推进体制机制创新,不断增强现代化建设的动力与活力;必须深入践行以人民为中心的发展思想,坚持把实现人民对美好生活的向往作为政府工作的出发点和落脚点,让现代化建设成果更多更好惠及广大市民
关于北京市 2022年国民经济和社会发展计划执行情况与 2023 年国民经济和社会发展计划的报告	北京市发展和改革委员会	2023 年1 月 15 日	以习近平新时代中国特色社会主义思想为指导,全面贯彻落实党的二十大和中央经济工作会议精神,深入贯彻习近平总书记对北京一系列重要讲话精神,扎实推进中国式现代化,坚持稳中求进工作总基调,完整、准确、全面贯彻新发展理念,坚持以新时代首都发展为统领,深入实施人文北京、科技北京、绿色北京战略,深入实施京津冀协同发展战略,坚持"五子"联动服务和融入新发展格局,着力推动高质量发展,突出做好稳增长、稳就业、稳物价工作,抓好强信心、扩内需、促改革、惠民生、保健康、防风险,推动全面从严治党向纵深发展,为率先基本实现社会主义现代化开好局起好步

续表

政策文件名称	发文机构	发布时间	相关内容
2023 年市政府工作报告重点任务清单	北京市人民政府	2023 年 1 月 31 日	着力扩大内需,积极促进经济运行整体好转和高质量发展;把恢复和扩大消费摆在优先位置;发挥投资对优化供给结构的关键作用;发展巩固高精尖产业;加快建设全球数字经济标杆城市
北京市人民政府工作规则	北京市人民政府	2023 年 2 月 7 日	坚持首都城市战略定位。自觉从国家战略要求出发谋划和推动北京自身发展,深入实施《北京城市总体规划(2016 年—2035 年)》,大力加强"四个中心"功能建设,提高"四个服务"水平,深入推进京津冀协同发展,扎实推动高质量发展,完善超大城市治理体系,努力建设国际一流的和谐宜居之都
北京市深入打好污染防治攻坚战 2023 年行动计划	北京市人民政府办公厅	2023 年 3 月 2 日	包括"北京市应对气候变化 2023 年行动计划""北京市大气污染防治 2023 年行动计划""北京市水污染防治 2023 年行动计划""北京市土壤污染防治 2023 年行动计划""北京市生态保护 2023 年行动计划""2023 年各区生态环境保护有关指标及重点任务计划"一系列行动计划
北京海关支持首都高水平开放高质量发展若干措施	北京海关	2023 年 3 月 16 日	优平台,改革再提档升级。助力"两区"建设向更高水平开放迈进;支持综合保税区高质量发展;支持北京首都国际机场临空经济区进口贸易促进创新示范区建设;为北京筹办中国国际服务贸易交易会提供海关保障;为总部经济发展提供一揽子服务。优通道,通关再提速增效。畅通"双枢纽"空运通道;畅通海运通道;畅通邮路通道;畅通跨境电商进出通道;巩固压缩整体通关时间工作成效。优环境,服务再提标进位。持续优化口岸营商环境;不断提升京津冀协同发展水平;持续推动 RCEP 等优惠贸易协定政策实施;为属地企业提供优质关税技术服务;持续释放税收征管改革红利;开展"关长送政策上门""百名干部下基层""海关政策进万家"活动;积极做好海关统计服务。优产业,政策再提优强能等
2023 年北京市支持中小企业发展资金实施指南	北京市经济和信息化局	2023 年 3 月 31 日	2023 年中小资金贯彻落实党的二十大和中央经济工作会议精神,全面落实市委市政府促进中小企业发展相关要求,瞄准中小企业服务要素精准施策,坚持保护和激发市场主体活力,支持中小企业创业创新,促进中小企业调结构强能力,实现健康、高质量发展

续表

政策文件名称	发文机构	发布时间	相关内容
关于更好发挥数据要素作用进一步加快发展数字经济的实施意见	中共北京市委、北京市人民政府	2023 年 6 月 20 日	坚持开放融合、互利共赢的工作原则。推进数据开放和融合应用,赋能"四个中心"功能建设和经济高质量发展,释放数据红利 探索推进数据要素统计核算,建立健全更加合理的统计核算和市场评价机制,定期对数据要素市场建设情况进行评估,及时总结提炼可复制可推广的经验和做法。将数据要素市场发展情况纳入政府绩效考评和高质量发展综合绩效评价。建立健全鼓励创新、包容创新的容错纠错机制
北京市贯彻落实加快建设全国统一大市场意见的实施方案	北京市人民政府	2023 年 7 月 24 日	更好落实首都城市战略定位,以制度规则统一为基础,为全国统一大市场的功能载体建设做好服务;更好发挥首都市场潜力优势,以要素市场化配置为重点,为全国统一大市场提质发展提供有力支撑;更加突出首都资源禀赋特点,以商品和服务市场运行效率为关键,在全国统一大市场建设中打造高质量发展高地
关于加强中关村国家自主创新示范区特色产业园建设的指导意见	北京市科学技术委员会、中关村科技园区管理委员会	2023 年 8 月 28 日	做好分类推进。出台中关村示范区特色园建设管理办法,引导特色园持续转型发展。坚持新增建设一批、转型升级一批、提升发展一批、清理退出一批,分类分层分级推进特色园发展。鼓励各类投资主体在中关村示范区分园投资建设特色园,培育发展特色产业集群。重点支持一批具备建设基础和发展潜力的特色园,加大资金、政策支持力度,推动打造高品质特色园。加强对特色园发展情况的跟踪监测,促进特色园持续高质量发展
关于加快推动北京高校基础研究高质量发展的意见	北京市教育委员会	2023 年 8 月 10 日	分类优化高校基础研究定位;系统优化高校基础研究布局;深化高校基础研究体制机制改革;加强高水平基础研究平台建设;建设高水平基础研究人才队伍;开展高水平国际交流合作
关于进一步推动首都高质量发展取得新突破的行动方案(2023—2025 年)	中共北京市委办公厅	2023 年 8 月 25 日	持续强化创新和产业补链强链,推动京津冀协同发展迈上新台阶;加快提升创新驱动发展的能力和水平,推动世界主要科学中心和全球主要创新高地建设取得新突破;积极发展高精尖产业,率先构建更具国际竞争力的现代化产业体系取得新进展;协调推动以高质量供给引领和创造需求,促进投资和消费不断涌现新亮点;不断加大改革攻坚和扩大开放的深度广度,加快"两区"建设迸发新活力

续表

政策文件名称	发文机构	发布时间	相关内容
北京市关于新时期推动大学科技园改革创新发展的指导意见	北京市科学技术委员会、中关村科技园区管理委员会	2023年9月6日	突出改革创新。坚持向改革要动力、向创新要活力，深入推动大学科技园改革创新发展，持续推进大学科技园制度创新、管理创新和模式创新，充分激发大学科技园内生动力、创造潜力和发展活力，促进大学科技园高质量发展
金融服务首都文化、旅游、体育及相关产业快速恢复和高质量发展的若干措施	中国人民银行北京市分行	2023年9月8日	完善会商机制，强化部门合力；加大信贷支持，完善风险分担；加强信息共享，促进银企对接；拓展合作场景，丰富服务模式
关于加强腾退低效产业空间改造利用促进产业高质量发展的实施方案	北京市发展和改革委员会	2023年9月26日	在符合首都功能定位和规划前提下，项目实施单位可通过自主、联营、租赁等方式对腾退低效产业空间开展结构加固、绿色低碳改造、数字基础设施提升、建筑内外部装修以及片区基础设施改造等，带动区域产业升级
北京市促进中小企业特色产业集群发展管理办法(暂行)	北京市经济和信息化局	2023年10月24日	集群促进工作以推动高质量发展为主题，围绕北京高精尖产业的发展和新型工业化道路建设，以增强中小企业核心竞争力、激发区域经济活力、提升产业链供应链韧性和关键环节配套能力为目标，坚持完整、准确、全面贯彻新发展理念，坚持政府引导和市场主导相结合，坚持培优企业与做强产业相结合，坚持动态管理和精准服务相结合
关于完善北京市养老服务体系的实施意见	北京市人民政府办公厅	2023年11月1日	强化公办养老机构托底保障作用。发挥公办养老机构提供基本养老服务的基础作用，进一步推动公办养老机构高质量发展。建立区级统筹机制，优化乡镇敬老院等兜底性养老机构布局，鼓励开展设施建设和改造提升工程。提升国有经济对养老服务体系建设的支持能力，鼓励国有企业承接公办养老机构、新建小区配建等公办(建)养老服务设施运营管理，强化国有经济在基本养老服务领域的有效供给。现役军人家属和烈士、因公牺牲军人、病故军人的遗属，符合规定条件申请入住公办养老机构的，同等条件下优先安排。光荣院在保障好集中供养对象的前提下，可利用空余床位为其他无法定赡养人、扶养人或者法定赡养人、扶养人无赡养、扶养能力的老年优待抚恤对象提供优惠服务

政策文件名称	发文机构	发布时间	相关内容
北京市关于贯彻落实《制造业可靠性提升实施意见》的实施方案	北京市经济和信息化局	2023年11月22日	加强可靠性技术的攻关和研发,增强自主可控能力,提高试验验证能力,加快人才队伍培养,着力推动制造业高质量发展。发挥标准引领作用,加强全面质量管理,不断提升制造业产品可靠性、提升企业核心竞争力、提升北京品牌影响力,支撑构建具有首都特色、高端创新引领的现代化产业体系 实施整机装备与系统可靠性"倍增"工程。依托可靠性提高整机装备和系统产品的附加值,实施"新智造100"工程,开展智能化技改升级,重点提升工业母机、高端装备、工业机器人、集成电路、智能网联汽车等整机装备和系统产品的可靠性水平,推动制造业可靠性解决方案的数字化、网络化、智能化。落实产业基础再造和制造业高质量发展等专项实施中可靠性相关指标考核与评价,提高可靠性攻关及创新成果评价与转化应用
中共北京市委 北京市人民政府关于北京市全面优化营商环境打造"北京服务"的意见	中共北京市委	2023年12月8日	以习近平新时代中国特色社会主义思想为指导,深入贯彻党的二十大精神,完整、准确、全面贯彻新发展理念,牢牢把握首都城市战略定位,大力加强"四个中心"功能建设,提高"四个服务"水平,坚持"五子"联动服务和融入新发展格局,以更大力度提升企业群众获得感和满意度为首要目标,以市场化、法治化、国际化、智慧化为导向,以深刻转变政府职能为核心,以建设服务型政府和数字政府为主抓手,以"北京标准""北京效率""北京诚信"为支撑,塑造首善标准、国际一流的"北京服务",全面推进京津冀营商环境优化提升,让企业群众能办事、快办事、好办事、办成事,始终保持首善之区的领先地位,实现本市营商环境国际竞争力跃居全球前列,以国际一流营商环境助力首都高质量发展 实施助企暖企护航行动。坚持问需于企、问计于企、问效于企,为企业提供主动服务、优质服务、高效服务,助力企业高质量发展 更好统筹生态、生活、经济、安全需要,着力厚植绿色生态本底、创造宜居美好生活、营造宜业优良环境,充分发挥大尺度生态空间作用,促进城市功能载体建设和内部空间布局优化,实现高质量发展、高品质生活、高效能治理相结合,打造森林环抱的花园城市,增强人民群众的绿色获得感

注:如无特殊说明,涉及人民代表大会审议的政策文件标注通过时间,否则为发布时间。

附录二
北京高质量发展指数指标解释

一 北京经济高质量发展指数指标解释

（一）规模增长

1. GDP（2015年不变价）

GDP 表示一个国家或地区在一定时期（通常是一年）内生产的最终产品和劳务的市场总和。采用 2015 年不变价，以不变价计算的增长速度剔除了价格变动因素，结果更具可比性。具体计算公式如下：

$$实际 GDP = \frac{上年 GDP(不变价) \times GDP 指数(上年 = 100)}{100}$$

例如：2016 年 GDP(2015 年不变价) $= \dfrac{2015 年名义 GDP \times 2016 年 GDP 指数}{100}$

资料来源：各城市统计年鉴。

2. 人均 GDP（2015年不变价）

人均 GDP 是一个国家或地区的 GDP 除以其常住人口总数后得到的平均数。采用 2015 年不变价，以不变价计算的增长速度剔除了价格变动因素，结果更具可比性。具体计算公式如下：

$$实际人均 GDP = \frac{上年人均 GDP(不变价) \times 人均 GDP 指数(上年 = 100)}{100}$$

例如：2016 年人均 GDP(2015 年不变价) ＝

$$\frac{2015 \text{ 年名义人均 GDP} \times 2016 \text{ 年人均 GDP 指数}}{100}$$

资料来源：各城市统计年鉴。

3.第一产业增加值（2015年不变价）

根据中国 2017 年修订版《国民经济行业分类》标准，第一产业指农林牧渔业。第一产业增加值指的是第一产业在一定时期内单位产值的增加值。采用 2015 年不变价，以不变价计算的增长速度剔除了价格变动因素，结果更具可比性。具体计算公式如下：

$$\text{第一产业增加值} = \frac{\text{上年第一产业增加值（不变价）} \times \text{第一产业增加值指数（上年 = 100）}}{100}$$

例如：2016 年第一产业增加值(2015 年不变价) ＝

$$\frac{2015 \text{ 年第一产业增加值} \times \text{第一产业增加值指数}}{100}$$

资料来源：各城市统计年鉴。

4.第二产业增加值（2015年不变价）

根据中国 2017 年修订版《国民经济行业分类》标准，第二产业指的是采矿业，制造业，电力、热力、燃气及水生产和供应业以及建筑业。第二产业增加值指的是第二产业在一定时期内单位产值的增加值。采用的也是 2015 年不变价，以不变价计算的增长速度剔除了价格变动因素，具体计算公式如下：

$$\text{第二产业增加值} = \frac{\text{上年第二产业增加值（不变价）} \times \text{第二产业增加值指数（上年 = 100）}}{100}$$

例如：2016 年第二产业增加值(2015 年不变价) ＝

$$\frac{2015 \text{ 年第二产业增加值} \times \text{第二产业增加值指数}}{100}$$

资料来源：各城市统计年鉴。

5.第三产业增加值（2015年不变价）

根据中国 2017 年修订版《国民经济行业分类》标准，第三产业指的服务业，是除了第一产业和第二产业以外的其他行业。第三产业增加值指的是第三产业在一定时期内单位产值的增加值。采用的也是 2015 年不变价，以不变价计算的增长速度剔除了价格变动因素，具体计算公式如下：

$$第三产业增加值 = \frac{上年第三产业增加值(不变价) \times 第三产业增加值指数(上年 = 100)}{100}$$

例如：2016 年第三产业增加值(2015 年不变价) =

$$\frac{2015 年第三产业增加值 \times 第三产业增加值指数}{100}$$

资料来源：各城市统计年鉴。

（二）结构优化

1. 第三产业占 GDP 比重

第三产业占 GDP 的比重大小，能充分体现一个地区经济发展历程和通过政策引导产业结构调整前后所发生的变化，是宏观衡量一个地区产业结构分布最重要的指标。世界发达地区的第三产业占 GDP 的比重达到 70% 以上。由此采用第三产业占 GDP 比重来衡量地区的产业结构优化度。具体计算公式如下：

$$第三产业占 GDP 比重 = \frac{第三产业增加值}{GDP} \times 100\%$$

资料来源：各城市统计年鉴。

2. 社会消费品零售总额占 GDP 比重

社会消费品零售总额指国民经济各行业直接售给居民、社会集团，非生产、非经营用的实物商品总额，以及提供餐饮服务所取得的金额收入。社会消费品零售总额占 GDP 比重在一定程度上反映国家扩大内需和消费对经济的拉动效应。具体计算公式如下：

$$社会消费品零售总额占 GDP 比重 = \frac{社会消费品零售总额}{GDP} \times 100\%$$

资料来源：各城市统计年鉴。

3. 高端制造业总产值占工业总产值比重

高端制造业具备高技术、高附加值、低污染、低排放等显著特征，具有较强的竞争优势。综合新经济、高技术产业、信息产业特征，在 2 位码下遴选出高端制造业：化学原料及化学制品制造业，医药制造业，通用设备制造业，专用设备制造业，铁路、船舶、航空航天和其他运输设备制造业，计算机、通信和其他电子设备制造业，仪器仪表制造业共 7 个行业。具体计算公式如下：

$$高端制造业总产值占工业总产值比重 = \frac{高端制造业总产值}{工业总产值} \times 100\%$$

其中，高端制造业总产值＝化学原料及化学制品制造业＋医药制造业＋通用设备制造业＋专用设备制造业＋铁路、船舶、航空航天和其他交通运输设备制造业＋计算机、通信和其他电子设备制造业＋仪器仪表制造业 7 个行业的总产值。

资料来源：各城市统计年鉴。

4. 城市人均中国五百强企业数量

中国五百强企业是在中国排名前 500 的企业，是成长出世界级大企业的基础；其数量反映区域经济发展态势，成为国家或地区经济发展的风向标。具体计算公式如下：

$$城市人均中国五百强企业数量 = \frac{城市中国五百强企业数量}{城市人口数量}$$

资料来源：中国企业联合会。

5. 战略性新兴产业产值占比

根据国家统计局数据，战略性新兴产业是指以重大技术突破和重大发展需求为基础，对经济社会全局和长远发展具有引领带动作用，知识技术密集、物质资源消耗少、成长潜力大、综合效益好的先进产业，代表新一轮科技革命和产业变革的方向，是经济结构优化的关键抓手。具体计算公式如下：

$$战略性新兴产业产值占比 = \frac{战略性新兴产业产值}{GDP} \times 100\%$$

资料来源：各城市统计年鉴、各市国民经济和社会发展统计公报。

6. 数字经济产业产值占比

根据《中国数字经济发展白皮书》，数字经济产业，一是形成于数字产业化，二是形成于产业数字化。前者主要指信息产业，包括电子信息制造业、信息通信业、软件服务业等；后者被视为数字经济融合的部分，是数字技术应用于传统产业所带来的生产数量与效率提升，能反映经济结构优化的状态。具体计算公式如下：

$$数字经济产业产值占比 = \frac{数字经济产业产值}{GDP} \times 100\%$$

资料来源：各城市统计年鉴、各市国民经济和社会发展统计公报。

（三）效率提高

1. 全员劳动生产率

全员劳动生产率是考核地区城市经济活动的重要指标，是衡量该地区生产技术水平、经营管理水平、职工技术熟练程度和劳动积极性综合表现的指标，反映了劳动这一生产要素对于经济产出的贡献。具体计算公式如下：

$$全员劳动生产率 = \frac{GDP(2015 年不变价)}{城镇从业人员数量}$$

资料来源：各城市统计年鉴。

2. 资本生产率

资本生产率指一定时期内单位资本存量创造的产出（GDP），产出越多，投资效率越高。这是衡量国家或地区经济运行效率的重要指标，反映了资本这一生产要素对于经济产出的贡献，具体计算公式如下：

$$资本生产率 = \frac{GDP(2015 年不变价)}{全社会固定资产投资}$$

资料来源：各城市统计年鉴。

3. 全要素生产率

全要素生产率（Total Factor Productivity，TFP）指产出与综合要素投入之比，综合要素指资本、劳动、能源及其他要素等两种或多种要素的组合。全要素生产率反映了资源配置状况、生产手段的技术水平、生产对象的变化、生产的组织管理水平、劳动者对生产经营活动的积极性，以及经济制度与各种社会因素对生产活动的影响程度。本报告采用 DEA 方法计算得出全要素生产率。

资料来源：各城市统计年鉴。

（四）开放提升

1. 对外贸易依存度

对外贸易依存度又称对外贸易系数，指一国进出口总额与其 GDP 或 GNP 之比，反映国家或区域经济与国际经济联系的紧密程度。具体计算公式如下：

$$对外贸易依存度 = \frac{货物进出口总额}{GDP} \times 100\%$$

资料来源：各城市统计年鉴。

2. 对外资本依存度

对外资本依存度指实际使用外商直接投资占 GDP 的比重。对外资本依存度的概念来自对国际贸易的测度，反映国家或区域的开放水平。具体计算公式如下：

$$对外资本依存度 = \frac{实际使用外资金额}{GDP} \times 100\%$$

资料来源：各城市统计年鉴。

3. 高新技术产品进出口总额占比

高新技术产品进出口总额占比，指符合国家或地区高新技术重点范围、技术领域和产品参考目录的全新型产品进出口总额占货物进出口总额的比重。高新技术产品的贸易情况能够反映各城市贸易的质量。具体计算公式如下：

$$高新技术产品进出口总额占比 = \frac{高新技术产品进出口总额}{货物进出口总额} \times 100\%$$

资料来源：各城市统计年鉴。

4.人均货运量

货运量，也称"商品运量"，是商品运输数量的简称。本报告采用人均货运量反映城市的国内贸易情况。具体计算公式如下：

$$人均货运量 = \frac{货运量}{人口}$$

资料来源：各城市统计年鉴。

二 北京社会高质量发展指数指标解释

（一）共同富裕

1.城乡收入比

城乡收入比，指城镇居民年人均可支配收入与农村居民年人均可支配收入的比值，分子、分母部分分别反映城镇和农村居民家庭全部现金收入用于安排家庭日常生活的部分，是衡量城乡收入差距的一个重要指标。具体计算公式如下：

$$城乡收入比 = \frac{城镇居民年人均可支配收入}{农村居民年人均可支配收入}$$

资料来源：各城市统计年鉴。

2.城乡消费比

城乡消费比，指城镇居民年人均消费支出与农村居民年人均消费支出的比值，分子、分母部分分别反映城镇居民和乡村居民用于日常生活的全部支出，包括购买商品支出和文化生活、服务等非商品性支出，是衡量城乡居民生活品质差异的一个重要指标。具体计算公式如下：

$$城乡消费比 = \frac{城镇居民年人均消费支出}{农村居民年人均消费支出}$$

资料来源：各城市统计年鉴。

（二）公共服务

1. 人均教育经费支出

教育是基本公共服务的重要组成部分，人均教育经费支出水平在一定程度上可以衡量地区对教育的重视程度。本报告采用的是地方财政教育事业费支出与常住人口的比值表征人均教育经费支出水平。具体计算公式如下：

$$人均教育经费支出 = \frac{地方财政教育事业费支出}{常住人口}$$

资料来源：各城市统计年鉴。

2. 万人医生数

医疗是基本公共服务的重要组成部分，用每万人拥有医生数这个具有代表性的指标来衡量地区在医疗资源方面的投入程度，可表征医疗人力资源的投入水平。具体计算公式如下：

$$万人医生数 = \frac{医生数}{常住人口} \times 10000$$

资料来源：各城市统计年鉴。

3. 社会医疗保险年末参保率

医疗是基本公共服务的重要组成部分。社会医疗保险年末参保率是指地区实际参加社会医疗保险的人数占应参加人口总数的百分比。具体计算公式如下：

$$社会医疗保险年末参保率 = \frac{社会医疗保险年末参保人数}{常住人口} \times 100\%$$

资料来源：各城市统计年鉴。

4. 基本养老保险年末参保率

养老是基本公共服务的重要组成部分。基本养老保险年末参保率是指一定范围内的人口中，参加养老保险的人数与常住人口数的比值，是衡量地区在社会保障方面完善程度的一项重要指标。具体计算公式如下：

$$基本养老保险年末参保率 = \frac{基本养老保险年末参保人数}{常住人口} \times 100\%$$

资料来源：各城市统计年鉴。

（三）幸福指数

1. 平均预期寿命

本报告以平均预期寿命作为衡量预期寿命的指标，是指同一时期出生的人预期能继续生存的平均年数。它是综合体现医疗卫生水平、健康水平、生活质量和社会发展状况的重要参考指标之一。

资料来源：各城市统计年鉴。

2. 居民年人均可支配收入

居民年人均可支配收入，是居民年可支配收入除以常住人口数后得到的平均数，是多种类型家庭收入的综合平均值。居民年可支配收入是居民能够自由支配的收入，即居民可用于最终消费支出和储蓄的总和，既包括现金收入，也包括实物收入。

资料来源：各城市统计年鉴。

3. 失业率

就业是表征民生优化的重要方面，失业率是评价地区就业状况的主要指标。本报告采用城镇登记失业率来衡量地区就业情况。

资料来源：各城市统计年鉴。

4. 城镇商品房价格与居民收入水平比率

一般来说，地区发展水平越高，居民在居住上的支出占居民家庭消费支出的比例就相对越高。城镇商品房与居民收入水平差距越大，居民的幸福指数就会越低，最终会影响民生优化水平。本报告选取城镇商品房价格与居民收入水平的比率来表征民生优化的消费与收入平衡度。具体计算公式如下：

$$城镇商品房价格与居民收入水平比率 = \frac{城镇商品房价格}{居民人均可支配收入}$$

资料来源：各城市统计年鉴。

三　北京生态高质量发展指数指标解释

（一）环境质量

1. 全年优良天数比例

该指标来源于《"十二五"城市环境综合整治定量考核指标及其实施细则》，可用来表征研究对象的大气环境质量。选用 API 指标进行空气质量表征，能够综合、直观地表征城市的整体空气质量状况和变化趋势。

API 划分为六档，对应空气质量的六个级别。API ≤ 100 对应的空气质量为优良。具体计算公式如下：

$$全年优良天数比例 = \frac{API \leq 100\ 的天数}{365} \times 100\%$$

资料来源：各城市统计年鉴。

2. 建成区绿化覆盖率

该指标来源于《"十二五"城市环境综合整治定量考核指标及其实施细则》，可用于表征研究对象区域内的绿化水平。具体计算公式如下：

$$建成区绿化覆盖率 = \frac{建成区内绿化覆盖面积}{建成区总面积} \times 100\%$$

资料来源：《中国城市统计年鉴》。

3. 国家自然保护区比重

该指标来源于《国家生态文明建设试点示范区指标（试行）》，可用于表征研究对象区域内受保护区域的面积占比。具体计算公式如下：

$$国家自然保护区比重 = \frac{自然保护区面积}{区域总面积} \times 100\%$$

资料来源：生态环境部网站。

4. 断面水质达标率

断面水质达标率，指按照单因子评价法，对考核断面采用每月的人工监测值或水质自动监测值进行评价，达到规划目标的监测次数占年度监测总次数的百分比。根据生态环境部《重点流域水污染防治专项规划实施情况考核指标解释》，考核断面水质状况评价采用人工监测值或水质自动监测站的周均值。

断面水质达标率计算公式为：

$$G_{断面} = \frac{N_{达标}}{N_{监测}} \times 100\%$$

$G_{断面}$——考核断面的水质达标率（%）

$N_{达标}$——考核断面的达标次数（次）

$N_{监测}$——考核断面总监测次数（次）

资料来源：各城市统计年鉴、各市国民经济和社会发展统计公报。

（二）资源利用

生态高质量发展要求以较少的资源能源消耗和环境破坏来实现经济发展，提高资源利用效率是应有之义。资源利用指标主要由结构优化指标和综合利用指标两大类构成。从机理上看，结构优化指标主要表征社会经济系统能源结构的合理性，意图通过结构调整降低社会经济活动对环境的影响；综合利用指标则表征对废水及固体废物等进行重复利用的水平，以体现研究对象区域废物资源化、循环经济发展水平。

1. 能源产出率

该指标来源于《循环经济发展评价指标体系（2017 年版）》，指研究对象区域生产总值与能源消耗量的比值，反映单位能源的产出情况。该指标值越高，表明能源利用效率越高。具体计算公式如下：

$$能源产出率 = \frac{GDP}{能源消费量} \times 100\%$$

公式中能源消费量涉及的能源主要包括原煤、原油、天然气、核电、水电、风电等一次能源。

资料来源：各城市统计年鉴。

2. 水资源产出率

该指标来源于《循环经济发展评价指标体系（2017 年版）》，指研究对象区域生产总值与水资源消耗量的比值，反映单位水资源的经济产出情况。该指标值越高，表明水资源利用效率越高。具体计算公式如下：

$$水资源产出率 = \frac{GDP}{地区总用水量} \times 100\%$$

资料来源：各城市统计年鉴。

3. 建设用地产出率

该指标来源于《循环经济发展评价指标体系（2017 年版）》，指研究对象区域生产总值与建设用地总面积的比值，反映单位面积建设用地的经济产出情况。该指标值越高，表明建设用地的利用效率越高。具体计算公式如下：

$$建设用地产出率 = \frac{GDP}{地区城市建设用地面积} \times 100\%$$

资料来源：各城市统计年鉴。

4. 煤炭消费占能耗总量的比重

该指标参考了《"十二五"城市环境综合整治定量考核指标及其实施细则》中清洁能源使用率指标——研究对象区域终端能源消费总量中的清洁能源使用量的比例。相对地，煤炭消费的占比可视为研究对象区域非清洁能源消耗的情况，且相关数据的获取更为直接、容易。具体计算公式如下：

$$煤炭消费占能耗总量比重 = \frac{地区煤炭消费量}{地区能源消费量} \times 100\%$$

该指标为负向指标，即比重越低，则研究对象区域的能源清洁化水平越高。

资料来源：各城市统计年鉴。

（三）污染减排

污染防治指标主要由排放强度指标、环境建设指标构成。从机理上看，排放强度指标直接表征人类社会经济活动对生态环境造成的压力；环境建设指标体现研究对象区域防治污染所进行的努力。

1. CO_2排放强度

该指标来源于环境安全界限理论中的气候变化。环境安全界限理论中选用"大气中的 CO_2 的浓度（百万分率）"或"辐射强迫（瓦/米^2）"作为气候变化安全界限的表征。考虑到大气流动的动态开放特性及浓度数据在城市层面极弱的可获得性，最终选择与《国家生态文明建设试点示范区指标（试行）》相结合，使用 CO_2 排放强度作为表征数据。具体计算公式如下：

$$CO_2 \text{ 排放强度} = \frac{当年CO_2 \text{ 排放总量}}{GDP \text{ 总量}(2015 \text{ 年不变价})}$$

资料来源：各城市统计年鉴、中国碳核算数据库（CEADs）。

2. 城市生活污水集中处理达标率

该指标来源于《"十二五"城市环境综合整治定量考核指标及其实施细则》，指研究对象区域中城市建成区内经过城市集中污水处理厂二级或二级以上处理且达到排放标准的城市生活污水量与城市生活污水排放总量的比值。该指标可用以表征污水处理设施建设的成效。具体计算公式如下：

$$城市生活污水集中处理达标率 = \frac{城市污水处理厂生活污水达标处理量}{城市生活污水排放总量} \times 100\%$$

资料来源：《中国城市统计年鉴》。

3.生活垃圾无害化处理率

该指标来源于《"十二五"城市环境综合整治定量考核指标及其实施细则》，指研究对象区域内经无害化处理的生活垃圾数量占区域内生活垃圾产生总量的比重。该指标可用以表征废物处置设施建设的成效。具体计算公式如下：

$$生活垃圾无害化处理率 = \frac{生活垃圾无害化处理量}{生活垃圾产生总量} \times 100\%$$

资料来源：《中国城市统计年鉴》。

四　北京创新高质量发展指数指标解释

（一）创新投入

1.R&D 投入强度

罗默的内生经济增长模型显示，知识和技术的研发可产生科技创新，从而产生知识溢出效应，推动生产前沿面前移，从而带动全要素生产率的提升，拉动经济增长。本报告采用该指标用于表征全社会用于基础研究、应用研究和试验发展的经费支出占 GDP 的比重。R&D 投入占 GDP 的比重被视为衡量科技投入水平的重要指标。具体计算公式如下：

$$R\&D 投入强度 = \frac{R\&D 经费内部支出}{GDP} \times 100\%$$

资料来源：各城市统计年鉴。

2.科研人员投入力度

科技创新、研究开发过程中最重要的投入就是智力投入，R&D 人员在从业人员中的比重，则是判定创新投入的一个重要指标。具体计算公式如下：

$$R\&D 人员投入力度 = \frac{R\&D 人员数}{从业人员数} \times 100\%$$

资料来源：各城市统计年鉴。

3. 每万人 R&D 人员全时当量

根据国家统计局数据，R&D 人员全时当量，指全时人员数加非全时人员按工作量折算为全时人员数的总和。例如，有两个全时人员和三个非全时人员（工作时间分别为 20%、30% 和 70%），则全时当量为 2+0.2+0.3+0.7＝3.2 人年。该指标为国际上为比较科技人力投入而制定的可比指标。具体计算公式如下：

$$每万人\ R\&D\ 人员全时当量 = \frac{R\&D\ 人员全时当量}{R\&D\ 从业人员数} \times 10000$$

资料来源：各城市统计年鉴。

（二）创新产出

1. 每万名 R&D 人员专利授权数

专利授权是创新活动中产出的又一重要成果形式，是反映研发活动产出水平和效率的重要指标。具体计算公式如下：

$$每万名\ R\&D\ 人员专利授权数 = \frac{专利授权数}{R\&D\ 从业人员数} \times 10000$$

资料来源：各城市统计年鉴。

2. 发明专利授权数占专利授权数的比重

发明专利在三种专利中的技术含量最高，能够体现专利的水平，也体现研发成果的市场价值和竞争力。发明专利授权数占专利授权数的比重是反映专利质量的重要指标。具体计算公式如下：

$$发明专利授权数占专利授权数的比重 = \frac{发明专利授权数}{专利授权数} \times 100\%$$

资料来源：各城市统计年鉴。

3. 技术合同成交能力

技术合同成交额是指针对技术开发、技术转让、技术咨询和技术服务类合同的成交总额。为使各城市间具有可比性，将技术合同成交额除以 GDP 以对比分析城市科技成果转化能力。具体计算公式如下：

$$技术合同成交能力 = \frac{技术合同成交额}{GDP}$$

资料来源：各城市统计年鉴。

（三）创新环境

1. 国家级科技企业孵化器

国家级科技企业孵化器是指符合《科技企业孵化器管理办法》规定的，以促进科技成果转化、培育科技企业和企业家精神为宗旨，提供物理空间、共享设施和专业化服务的科技创业服务机构，且经过科学技术部批准确定的科技企业孵化器。

资料来源：中华人民共和国国民经济和社会发展统计公报。

2. 省部共建协同创新中心

省部共建协同创新中心，由省、部共同支持建设、运行，以高校为中心建设主体，用创新质量和服务贡献有力支撑学科建设和人才培养，聚焦区域、行业战略需求，加强产学研合作，积极协同各方承担国家、区域、行业重大任务，解决实际问题。

资料来源：教育部网站。

五　北京文化高质量发展指数指标解释

（一）文化资源

1. 亿人城市博物馆拥有量

城市博物馆代表着一座城市的文化底蕴，是政府财政资金主导的文化项目，也是发挥博物馆个性特征及惠民效应的基础。本报告借鉴侯松等①的研究。选择城市博物馆拥有量反映区域文化高质量发展的资源基础。具体计算

---

① 侯松等：《高质量发展背景下城市群治理评价体系构建及应用——以长三角城市群为例》，《经济地理》2022 年第 2 期。

公式如下：

$$\text{亿人城市博物馆拥有量} = \frac{\text{城市博物馆拥有量}}{\text{常住人口}} \times 100000000$$

资料来源：各城市统计年鉴。

2. 亿人国家级非物质文化遗产入选数

国家级非物质文化遗产，是指列入国务院批准公布的《国家级非物质文化遗产代表性项目名录》的所有非物质文化遗产项目。本报告参考侯松等的研究，选择国家级非物质文化遗产入选数作为反映文化资源的代表指标之一。《国家级非物质文化遗产代表性项目名录》共5个批次，根据批次时间计算各年项目入选累计数。即2012~2013年的入选数均为第1批次~第3批次项目入选数之和；2014~2020年的入选数均为第1批次~第4批次项目入选数之和；2021年的入选数为第1批次~第5批次项目入选数之和。具体计算公式如下：

$$\text{亿人国家级非物质文化遗产入选数} = \frac{\text{国家级非物质文化遗产入选数}}{\text{常住人口}} \times 100000000$$

资料来源：中国非物质文化遗产网《国家级非物质文化遗产代表性项目名录》。

3. 亿人拥有5A级景区数量

5A级景区代表世界级精品的旅游风景区，代表着中国旅游景区最高等级。其优于次级景区的本质在于它具有更高的文化性和特色性，特别是"以人为本"的服务宗旨。其中，文化性主要包括对景区整体文化程度的提升，以及对地方特色文化氛围的营造两方面的内容。本报告参考贾品荣和冯婧[①]的研究，选择亿人拥有5A级景区数量作为反映文化资源底蕴的代理指标之一。具体计算公式如下：

$$\text{亿人拥有5A级景区数量} = \frac{\text{5A级景区数量}}{\text{常住人口}} \times 100000000$$

资料来源：文化和旅游部网站。

---

① 贾品荣、冯婧：《城市高质量发展与影响力研究》，科学出版社，2022。

4.亿人拥有历史文化名镇、名村数量

历史文化名镇、名村是中国文化遗产的重要组成部分和满足社会公众精神文化需求的重要途径，它反映了传统建筑风貌、传统民俗民风、原始空间形态，以及当地历史建筑保护工作成效。本报告参考贾品荣和冯婧、黄顺春和邓文德[1]的研究，选择亿人拥有历史文化名镇、名村数量作为反映文化资源底蕴的代理指标之一。具体计算公式如下：

$$亿人拥有历史文化名镇、名村数量 = \frac{历史文化名镇、名村数量}{常住人口} \times 100000000$$

资料来源：住房和城乡建设部网站。

（二）文化设施

1.亿人城市图书馆拥有量

作为城市的文化活动和交流中心，城市图书馆是为人民群众提供阅读资源和文化底蕴的载体，也是不断完善公共文化服务设施网络的基础。本报告借鉴侯松等的研究，选择亿人城市图书馆拥有量作为反映文化设施建设情况的代理变量。具体计算公式如下：

$$亿人城市图书馆拥有量 = \frac{城市图书馆拥有量}{常住人口} \times 100000000$$

资料来源：各城市统计年鉴。

2.亿人拥有城市公园数

城市公园是一种对公众开放的空间，是市民主要的休闲游憩活动场所，便利居民在歌唱、健身、交谊等社会文化活动过程中传播大众文化，是社会主义精神文明建设中的重要设施。作为活动空间、活动设施，城市公园数体现了城市居民户外活动、文化传播的程度和潜力。具体计算公式如下：

---

[1]　黄顺春、邓文德：《中国区域经济高质量发展差异及其影响因素分析》，《广西师范大学学报》（哲学社会科学版）2020年第2期。

$$亿人拥有城市公园数 = \frac{城市公园数}{常住人口} \times 100000000$$

资料来源：各城市统计年鉴。

（三）文化产业

1. 年游客接待能力

年游客接待人次反映了旅游者在旅游目的地国家（地区）的流量，说明旅游者对其旅游商品的需求规模及水平。为使城市间具有可比性，将年游客接待人次除以城市常住人口以对比分析城市年游客接待能力。具体计算公式如下：

$$年游客接待能力 = \frac{年游客接待人次}{常住人口}$$

资料来源：各城市统计年鉴。

2. 旅游收入占 GDP 比重

旅游收入占 GDP 比重是一个衡量旅游业发展水平的重要指标，反映了旅游业对经济增长的贡献。旅游具有较强的文化属性：旅游主要表现为旅游者对自然和人文资源的审美行为，是旅游主体和客体之间的文化交流。基于此，本报告参考贾品荣和冯婧的研究，选择旅游收入占 GDP 的比重作为衡量文化产业发展水平的代理变量之一。具体计算公式如下：

$$旅游收入占 GDP 比重 = \frac{旅游收入}{GDP} \times 100\%$$

资料来源：各城市统计年鉴。

3. 文化从业人员占第三产业比重

文化从业人员占第三产业比重反映了文化产业对第三产业的就业贡献，本报告以此从劳动力、人力资本角度反映文化产业的发育程度和发展水平。具体计算公式如下：

$$文化从业人员占第三产业比重 = \frac{文化、体育和娱乐业从业人员}{第三产业从业人员} \times 100\%$$

资料来源：各城市统计年鉴。

4. 文化产业经济规模占比

文化产业是为社会公众提供文化、娱乐产品和服务的活动以及与这些活动有关联的活动的集合，是第三产业的重要组成部分。限于数据可得性等原因，本报告选择文化、体育和娱乐业增加值与服务业增加值的比重作为文化产业经济规模的代理变量。根据《国民经济行业分类注释》，前者包括新闻出版业，广播、电视、电影和音像业，文化艺术业等。具体计算公式如下：

$$文化产业经济规模占比 = \frac{文化、体育和娱乐业增加值}{服务业增加值} \times 100\%$$

资料来源：各城市统计年鉴。

六　北京治理高质量发展指数指标解释

（一）基础设施

1. 互联网宽带普及率

互联网宽带是"第四次工业革命"背景下城市发展、治理的重要基础设施。互联网宽带普及率反映了一个国家和地区使用互联网宽带的人口数量比例，是体现信息化能力和水平的重要指标。具体计算公式如下：

$$互联网宽带普及率 = \frac{互联网宽带用户数量}{总户数} \times 100\%$$

资料来源：各城市统计年鉴。

2. 境内公路密度

公路密度指每百平方公里或每万人所拥有的公路总里程数，是区域公路发展水平的重要标志，也是衡量公路作为社会经济发展中重要基础设施而满足交通需求的直观指标。该指标一般而言有两种计算方法：每百平方公里的公路总里程数（常用单位为 km/100km^2）或每万人公路总里程数（常用单位为 km/万人）。本报告选择的计算方式如下：

$$境内公路密度 = \frac{境内公路总里程}{土地面积}$$

资料来源：各城市统计年鉴。

3. 高速公路里程占比

交通运输部《公路工程技术标准》规定，高速公路指能够适应年平均日载客汽车交通量 25000 辆以上，专用于高速行驶的单独车道，所有出入口受控的高速公路。高速公路里程占比是反映公路建设发展规模的重要指标，也是计算运输网密度等指标的基础资料。具体计算公式如下：

$$高速公路里程占比 = \frac{高速公路里程}{境内公路总里程} \times 100\%$$

资料来源：各城市统计年鉴。

4. 城市轨道交通密度

作为支撑、承载区域经济和城市群发展的重要基础设施，轨道交通是城市公共交通系统的重要组成部分。其密度影响城市道路网合理密度的设置和公共交通服务的供给，进而影响城市治理水平。具体计算公式如下：

$$城市轨道交通密度 = \frac{轨道交通营运线路长度}{土地面积}$$

资料来源：《中国城市建设统计年鉴》。

5. 建成区供水管道密度

建成区供水管道密度指报告期末建成区内供水管道分布的疏密程度，密度越大则供水保障率越高。本报告参考周国富和李贺[1]的研究，选择建成区供水管道密度作为反映基础设施建设情况的代理变量。具体计算公式如下：

---

[1] 周国富、李贺：《中国城市高质量发展的时空格局及收敛性检验》，《统计学报》2022 年第 2 期。

$$建成区供水管道密度 = \frac{供水管道长度}{建成区面积}$$

资料来源：《中国城市建设统计年鉴》。

6. 建成区排水管道密度

建成区排水管道密度指报告期末建成区内排水管道分布的疏密程度，密度越大则排水保障率越高。本报告参考周国富和李贺的研究，选择建成区排水管道密度作为反映基础设施建设情况的代理变量。具体计算公式如下：

$$建成区排水管道密度 = \frac{排水管道长度}{建成区面积}$$

资料来源：《中国城市建设统计年鉴》。

7. 高铁线路条数

高铁一般指高速铁路，指设计标准等级高、可供列车安全高速行驶的铁路系统。高铁线路条数从铁路交通方面反映了城市治理完整的系统集成能力和安全高效的建设运营能力。本报告参考张震和刘雪梦[①]的研究，选择该指标作为反映基础设施建设情况的代理变量。

资料来源：高铁网。

8. 民用航空客运量占比

民用航空客运量指公共航空运输飞行所载运的旅客人数。其中，成人和儿童各按一人计算，婴儿不计人数，每一特定航班的每一旅客只计算一次。民用航空客运量占比的具体计算公式如下：

$$民用航空客运量占比 = \frac{民用航空客运量}{总客运量} \times 100\%$$

资料来源：各城市统计年鉴。

---

① 张震、刘雪梦：《新时代我国 15 个副省级城市经济高质量发展评价体系构建与测度》，《经济问题探索》2019 年第 6 期。

（二）行政调控

1. 人均地方财政预算内收入

地方财政预算内收入指按国家预算收入科目规定，除"预算调拨收入类"以外的收入，属于各地区负责组织征收、筹集的财政资金。人均地方财政预算内收入，则是将地方财政预算内收入除以常住人口数量，以此衡量区域收入能力和水平。具体计算公式如下：

$$人均地方财政预算内收入 = \frac{一般公共预算收入}{常住人口}$$

资料来源：各城市统计年鉴。

2. 人均地方财政预算内支出

根据国家统计局数据，地方一般预算内支出指按照地方政府的责权划分确定的支出，主要包括地方行政管理和各项事业费，地方统筹的基本建设、技术改造支出，支援农村生产支出，城市维护和建设经费、价格补贴支出等。人均地方财政预算内支出，则是将地方一般预算内支出除以常住人口的数量，以此衡量区域支出水平。具体计算公式如下：

$$人均地方财政预算内支出 = \frac{一般公共预算支出}{常住人口}$$

资料来源：各城市统计年鉴。

（三）行政服务

1. 营商环境

营商环境评价的是市场主体在准入、生产经营、退出等过程中的政务环境、市场环境、法治环境、人文环境等有关外部因素和条件的总和。本报告主要考察税收收入占 GDP 的比重，以此衡量市场主体在准入、生产经营、退出等过程中的行政服务水平。具体计算公式如下：

$$营商环境 = \frac{税收收入}{GDP} \times 100\%$$

资料来源：各城市统计年鉴。

2. 政府信息公开申请数量

政府信息公开申请指公民、法人或者其他组织向行政机关申请公开其在履行行政管理职能过程中制作或者获取的，以一定形式记录、保存的信息。本报告参考贾品荣和冯婧的研究，选择政府信息公开申请数量作为衡量行政服务质量的代理变量之一。

资料来源：各城市政府网站。

3. 政务微博互动力

政务微博互动力从传播力、服务力、互动力和认同度四个维度评价政务机构的服务力水平，即利用新媒体平台，回应公众关切、为民排忧解难办实事的能力。本报告参考贾品荣和冯婧的研究，选择该指标反映政务机构切实服务公众、服务社会的能力和水平。

资料来源：人民网舆情数据中心《政务微博影响力报告》。

4. 政府微博城市竞争力影响力指数

政府微博是政府机构加强政务新媒体管理，强化政策解读、网络政务信息发布及公开，以及提升与网民交流互动、网络政务服务力的渠道。本报告参考贾品荣和冯婧的研究，选择该指标来反映政务机构切实服务公众、服务社会的能力和水平。

资料来源：人民网舆情数据中心《政务微博影响力报告》。

5. 一站式服务

一站式服务是指政府机构把许多服务项目、流程通过集成的方式整合在一起，减少烦琐的服务过程，以最短的时间提供最优质的服务，使服务过程变得快捷、方便。本报告参考贾品荣和冯婧的研究，选择该指标作为反映行政服务水平的代理变量。

资料来源：各城市政府网站。

6. 政府网站留言平均办理时间

政府网站留言是指公民通过互联网络，在政府网站"网络留言办理反馈系统"中给市政府领导、市政府部门、县区政府等单位的意见建议、投诉求助和咨询网贴等电子信函。一般可分为咨询、求助、建议、投诉、举报、其他等六大类。政府网站留言平均办理时间，是体现政府部门办事效率的重要指标。

资料来源：各城市政府网站。

Abstract

The Central Economic Work Conference in 2023 proposed that upholding high-quality development must be taken as the golden rule in the new era. High-Quality development covers various aspects such as economic growth, social undertakings, ecological security, technological innovation, regional culture, urban governance, and runs through the entire process of social reproduction, including production, circulation, distribution, and consumption. It is a complex systematic project that requires systematic research based on the resource endowment characteristics of countries and regions, as well as the formulation of reasonable and feasible goals and paths. To better implement the decisions and deployments of the Party Central Committee and Beijing Municipal Government, the Beijing Academy of Science and Technology has jointly held systematic research on "Innovation-Driven High-Quality Development of the Capital" with universities such as Tsinghua University, University of International Business and Economics, Beijing University of Technology, and Capital University of Economics and Business, continuously organized seminars on "High-Quality Development of the Capital", and released the blue book "Beijing High-Quality Development Report".

The Fifth Plenary Session of the 19th CPC Central Committee scientifically judged the international and domestic situation and China's development conditions, and proposed the goal of achieving "significant substantive progress in common prosperity for all people" by 2035. Socialism with chinese charalteristics had entered a new era, the principal social contradiction in China has transformed into "the contradiction between the people's ever-growing needs for a better life and unbalanced and inadequate development." It is necessary to follow the idea of enabling all people to accumulate human capital, fairly obtain opportunities for participation in co-creation and co-construction, and fairly share the fruits of development, thus promoting common prosperity through high-quality development. As the "most virtuous city", Beijing bears important responsibilities for leading and demonstrating common prosperity. Beijing has put the action plan for promoting common prosperity and the implementation plan for expanding the middle-income group on the agenda, planning to create a national demonstration zone for common prosperity during the "14th Five-Year Plan" period, and strive to explore the path of common prosperity with "capital characteristics" from four aspects: strengthening the foundation, expanding the middle, improving the low, and regulating.

During the 11th collective study session of the 20th CPC Central Political Bureau, General Secretary Xi Jinping emphasized that developing new quality productive forces is an inherent requirement and an important focal point for promoting high-quality development. It is necessary to focus on innovation and promote the accelerated development of new quality productive forces. Beijing is fully committed to building an international science and technology innovation center, with excellent conditions and capabilities to develop new quality productive forces based on local conditions.

The "Beijing High-Quality Development Report (2024)" has made timely adjustments to its framework structure, adding a strategic report module and removing the sub-report module. It consists of a total of 9 reports divided into three parts: an overview report, a special report, and a strategic report. These reports reflect the high-quality development situation in Beijing from the perspectives of history, hotspots, and trends. The main considerations behind these adjustments are as follows: Firstly, the research ideas and conclusions of the sub-reports have been fully reflected in the overview report, and the framework structure and research design of the sub-reports are similar to those of the "Beijing High-Quality Development Report (2022)" and "Beijing High-Quality Development Report (2023)". Secondly, it aims to provide foresight on the contemporary proposition of new quality productive forces. Since President Xi Jinping put forward the concept of new quality productive forces during his inspection in Heilongjiang Province in September 2023, the academic and industrial communities have actively explored this concept from both theoretical and practical perspectives. The editorial team of the Blue Book of Beijing High-Quality Development Report has actively planned and completed strategic reports such as "Research on Accurately Understanding the Major Relationships in Accelerating the Formation of New Quality Productive Forces" and "Research on Strategies for Accelerating the Formation of New Quality Productive Forces" providing decision-making references for the formation and development of new quality productive forces.

Specifically, the overview report summarizes the relevant policy progress, basic achievements, and difficulties and challenges of Beijing's high-quality development in 2023. It constructs an analytical framework and mathematical model based on the theoretical foundation of the connotation of high-quality development. An indicator system comprising 73 secondary indicators is established from six dimensions: economy, society, ecology, innovation, culture, and governance, based on the three-dimensional logic of efficiency, effectiveness, and their coordination. This system analyzes and evaluates the level of Beijing's high-quality development from 2013 to 2022 and compares the development levels and relative advantages of China's top 50 cities at prefecture-level and above the high-quality development index in 2022. The special report focuses on the fundamental goal of common prosperity in the construction of socialist modernization with Chinese characteristics. Starting from the connotation of common prosperity, it explains the inherent logic of promoting common prosperity in high-quality development and constructs a happiness index of common prosperity that reflects the requirements of Chinese-style modernization and the organic unity of material and spiritual aspects. Focusing on the urban-rural gap, which integrates income and regional disparities, this book develops an evaluation and analysis framework for urban-rural high-quality development based on multiple dimensions of "material energy-economic society-public services". It also constructs an urban-rural high-quality development index. Meanwhile, considering that digital technology innovation is a significant direction of innovation in the fourth technological and industrial revolution, and there is no unanimous conclusion about its impact on social distribution, this book conducts a special research on the mechanism of digital technology innovation in promoting urban-rural common prosperity. The strategic report is themed as "Promoting High-Quality Development with New Quality Productive Forces". To foresee the importance of new quality productive forces, a significant topic for high-quality development in the new era, this strategic report analyzes the essence, core elements, and innovative development path of new quality productive forces from an innovative perspective, proposes several strategies for Beijing to accelerate the formation of new quality productive forces, clarifies the necessity, difficulties, challenges, and countermeasures for scientific and technological innovation system and mechanism to ensure the development of new quality productive forces from a system perspective, and puts forward key relationships that should be grasped in accelerating the formation of new quality productive forces.

The main contributions of this book are as follows:

Firstly, six dimensions support the overall high-quality development, and 73 evaluation indicators measure the quality of Beijing's development. The innovations mainly focus on the following three aspects: (1) Adhering to the policy spirit of high-quality development, this book have continuously deepened our understanding and grasp of high-quality development. Based on the three-dimensional logic of efficiency, effectiveness, and their coordination, this book have adjusted the evaluation indicators for the six dimensions of economic, social, ecological, innovative, cultural, and governance high-quality development. Compared to the original evaluation index system, after removing the number of national May Day Labor Awards and adding indicators such as national-level technology business incubators and collaborative innovation centers jointly built by provinces and ministries, a total of 73 secondary indicators have been constructed for the evaluation index system. (2) The research objects have been expanded to include China's top 50 prefecture-level and above cities based high-quality development index in 2022, significantly increasing the amount of data information. (3) Ten top cities for high-quality development have been selected, which are Beijing, Shenzhen, Shanghai, Suzhou, Nanjing, Hangzhou, Guangzhou, Ningbo, Xiamen, and Wuxi, and their development characteristics have been extracted accordingly.

Secondly, Beijing's high-quality development level ranks in the first tier, with the social and governance dimensions serving as the main driving forces. This book evaluates Beijing's high-quality development level from 2013 to 2022 in six dimensions: economy, society, ecology, innovation, culture, and governance. It analyzes the contribution of these six dimensions to the growth of Beijing's high-quality development index and compares Beijing's high-quality development situation in 2022 horizontally. The study draws the following three conclusions: (1) From 2013 to 2022, Beijing's high-quality development index continued to increase, rising from 0.656 to 0.914, with a growth rate of 39.33% and an average annual growth rate of 3.75%. In 2022, the growth rate of Beijing's high-quality development index was relatively low, with a year-on-year increase of 0.32%. (2) Beijing ranks first in the country in terms of high-quality development, with significant advantages in social and governance development. The average annual growth rates (5.96% and 5.02%) are far higher than the overall index of Beijing's high-quality development (3.75%), serving as the main driving force for Beijing's high-quality development. There is still considerable room for development in the cultural dimension. (3) The top ten cities in terms of high-quality development index are Beijing, Shenzhen, Shanghai, Suzhou, Nanjing, Hangzhou, Guangzhou, Ningbo, Xiamen, and Wuxi. Their high-quality development indices all exceed or are close to 0.700, showing 6 characteristics such as rapid economic development, strong innovation capabilities, integration into global R&D networks, robust consumer demand, high openness, and reasonable industrial structures.

Thirdly, Beijing ranks in the top three in terms of high-quality development in all six dimensions, with absolute advantages in innovation and cultural high-quality development indices. The study drew the following six conclusions. (1) The high-quality economic development index of Beijing in 2022 was 0.968, representing a growth rate of 40.30% compared to 2013. The contribution rates of the sub-dimensions of scale growth, structural optimization, efficiency improvement, and openness enhancement were 72.83%, 15.57%, 18.34%, and −6.74%, respectively. In 2022, Beijing's high-quality economic development index ranked second, behind Shanghai, with top-five rankings in terms of scale growth, structural optimization, and efficiency improvement, but a relatively disadvantaged position in openness enhancement. (2) The high-quality social development index of Beijing in 2022 was 0.992, representing a growth rate of 107.53% compared to

2013. The contribution degrees of the happiness index, public services, and common prosperity to the improvement of Beijing's high-quality social development index were 64.39%, 27.32%, and 8.29%, respectively. In 2022, Beijing's high-quality social development index ranked second, behind Shenzhen, with top-five rankings in both the public services and happiness index sub-dimensions, but a relatively low ranking in the common prosperity sub-dimension. (3) The high-quality ecological development index of Beijing in 2022 was 0.815, representing a growth rate of 101.31% compared to 2013. The contribution degrees of the sub-dimensions of environmental quality, resource utilization, and pollution reduction to the improvement of Beijing's high-quality ecological development index were 41.68%, 32.51%, and 25.81%, respectively. In 2022, Beijing's high-quality ecological development index ranked third, behind Xiamen and Foshan, with top-five rankings in all three sub-dimensions. (4) From 2013 to 2022, Beijing's high-quality innovation development index gradually increased, with a growth rate of 47.84%. The combined support of innovation input and innovation environment enhancement propelled Beijing's high-quality innovation development, with contribution rates of 43.01% and 41.51%, respectively. The contribution rate of innovation output was only 15.48%. In 2022, Beijing's high-quality innovation development index ranked first horizontally, with top-two rankings in both the innovation input and innovation output sub-dimensions, but a relatively low ranking in the innovation environment sub-dimension. (5) From 2013 to 2022, Beijing's high-quality cultural development index experienced a trend of "rising-falling-rising". In 2022, compared to 2013, the growth rate was 13.87%. Cultural resources contributed the most to the improvement of Beijing's high-quality cultural development index, followed by cultural facilities, while the contribution of the cultural industry was negative. In 2022, Beijing's high-quality cultural development index ranked first, with a leading position in the cultural resources sub-dimension, but relatively disadvantaged rankings in the cultural facilities and cultural industry sub-dimensions. (6) From 2013 to 2022, Beijing's high-quality governance development index experienced a trend of first increasing and then decreasing, primarily due to the repeated impacts of the COVID − 19 pandemic in 2022. However, it still grew by 89.06% compared to 2013. The contribution degrees of the sub-dimensions of infrastructure, administrative regulation, and administrative services to the improvement of Beijing's high-quality governance development index were 22.66%, 31.02%, and 46.32%, respectively. In 2022, Beijing's high-quality governance development index ranked third, behind Shenzhen and Shanghai, with top-five rankings in all three sub-dimensions.

Fourth, common prosperity, as a multi-dimensional comprehensive goal, is inherently consistent with high-quality development. This book based on the connotation of common prosperity, elaborates the internal logic of promoting common prosperity in high-quality development, analyzes the realistic foundation and practical path of China's promotion of common prosperity in high-quality development, sorts out relevant policy trends in Beijing, and puts forward policy recommendations. The study draws the following two main conclusions. (1) The innovative, green, and open development concepts provide a dynamic mechanism for promoting common prosperity in high-quality development: consolidating the material foundation through innovation, changing residents' lifestyles through green development, and guiding "win-win cooperation" through openness, surpassing "national priority"; the concepts of coordinated and shared development provide a coordination mechanism: seeking reasonable differences among groups through coordination, following the principles of universal sharing, comprehensive sharing, collaborative sharing, and gradual sharing, to enable the reform achievements to benefit all people more fairly and extensively. (2) The practical path of promoting common prosperity in high-quality development includes consolidating the material foundation through the transformation of scientific and technological achievements, enhancing total factor productivity, constructing a sound distribution system that coordinates the three distributions, and eliminating unreasonable barriers to the flow of production factors to improve the quality of rural public service supply. This book proposes the following countermeasures and suggestions: strengthening core technology research, optimizing multi-level labor supply, promoting high-quality agricultural development, and constructing a systematic framework that coordinates the three distributions with new factors such as resources, the environment, and data participating in the distribution.

Fifth, the analysis of common prosperity measurement should satisfy people's new expectations for a better life as the starting point and foothold of theoretical innovation. This book selects 48 basic indicators from five dimensions of economic well-being, social well-being, cultural well-being, ecological civilization well-being, and governance well-being, and for the first time constructs a happiness index of common prosperity that embodies the requirements of Chinese-style modernization and the organic unity of material and spiritual well-being. It uses entropy weight method to measure the welfare situation of 31 provinces and cities across the country. The study found that cultural well-being has the highest weight (28.95%) in the happiness index of common prosperity, followed by economic well-being (24.83%), governance well-being (18.75%), ecological civilization well-being (14.62%), and social well-being (12.84%); Beijing ranks first in the happiness index and sub-indices of common prosperity nationwide. This book summarizes the "Beijing experience" as follow: in terms of economic construction, improve the consumption environment, cultivate new consumption patterns, and better meet people's needs for a better life; in terms of social security, promote the construction of a multi-level medical security system and focus on the construction of a basic elderly care service system; in terms of cultural development, deepen the modernization of education; in terms of ecological civilization construction, improve the environmental emergency response responsibility system and prevent ecological and environmental risks; in terms of government governance, create a top-notch market business environment and promote the modernization of urban governance systems and capabilities.

Sixth, Beijing shoulders the mission of leading the coordinated urban-rural development and common prosperity in the national strategic positioning, while also undertaking the significant task of building a national urban-rural integrated development demonstration area. This book selects 11 primary indicators and 32 secondary indicators from three dimensions of material energy, economic society, and public services to construct an urban-rural high-quality development index. It measures the level of Beijing's urban-rural high-quality development, evaluates the contribution of various dimensions to Beijing's urban-rural high-quality development, and conducts comparative analysis with other provinces. The study has drawn the following four conclusions. (1) From 2011 to 2021, Beijing's urban-rural high-quality development index remained at the top, and the top five provinces were relatively stable, including Shanghai, Tianjin, Zhejiang, and Jiangsu. (2) In 2021, the ranking of Beijing's urban-rural high-quality development index in the material energy dimension dropped to third place, but the gap with Tianjin, which ranked second, was relatively small; the economic and social dimension increased significantly, rising from fourth to first; the public service dimension remained stable, maintaining the first place consistently. (3) Beijing's urban-rural high-quality development index increased from 0. 447 to 0. 523, representing a growth of 17. 00%; public services replaced material energy as the dimension with the highest contribution, and the growth in the economic, social, and public service dimensions was the main reason for the improvement in the total index. (4) There are still some shortcomings in Beijing's urban-rural high-quality development: information development and energy ecology still need significant improvement, income distribution needs further optimization and improvement, and the comprehensive service level requires continuous enhancement. This book proposes the following countermeasures and suggestions: strengthening the equal utilization of urban-rural material energy, promoting the integrated development of urban-rural economic society, and achieving balanced improvement in urban-rural public services.

Seventh, digital technology innovation is reshaping various fields and relationships in socio-economic activities, bringing extensive, sustained, and profound changes to rural revitalization and common prosperity. This book systematically explores the mechanism of digital technology innovation promoting urban-rural common prosperity, utilizing grounded theory to conduct step-by-step coding of enterprise and urban case data, summarizing the basic connotation and implementation path of digital technology innovation promoting common prosperity, and analyzing the realization mechanism and theoretical logic of digital technology innovation promoting urban-rural common prosperity. The study has drawn the following three conclusions. (1) Digital technology innovation promotes economic development and narrows urban-rural disparities by cultivating high-end production factors and reducing production costs through digital technology innovation, and by empowering traditional production factors, improving input-output efficiency and promoting factor mobility, thereby deepening urban-rural industrial integration and promoting regional productivity. (2) Digital technology innovation promotes shared technological dividends among urban and rural residents through inclusive and balanced mechanisms and matching and upgrading mechanisms, achieving urban-rural common prosperity. (3) Digital technology innovation drives the realization of common prosperity from the macro, meso, and micro levels. At the macro level, it drives industrial transformation, quality improvement, efficiency enhancement, diversification of income distribution methods, smooth flow of commodity and factor resources, and the emergence of new products, new business formats, and new models by optimizing digital regulations. At the meso level, it drives the construction of a healthy industrial ecosystem. At the micro level, it deeply empowers industrial internet, smart education, digital finance, internet healthcare, smart transportation, and e-government, driving the formation of new urban-rural business formats. This book proposes the following countermeasures and suggestions: planning the construction of new digital infrastructure for urban-rural integration, standardizing the construction of digital governance systems for urban-rural integration, accelerating the construction of an urban-rural integrated digital fusion public service system, strengthening the construction of digital economy innovation talent teams, and enhancing the leadership of the value of technology for the good.

Eighth, "new quality productive forces" are rooted in the era background, which promote the development of productive forces through technological innovation and support scientific and technological progress with the achievements of productive forces development. They provide new ideas for the leapfrogging of productive forces and scientific and technological progress. This book analyzes the core essence of new quality productive forces and their theoretical logic for promoting economic growth from the conceptual, institutional, and operational levels, and proposes five key elements and innovative development paths for new quality productive forces. The study has drawn the following three conclusions. (1) The core essence of new quality productive forces is reflected in the conceptual level by leading the technological transition of strategic emerging industries and future industries with technological innovation to achieve strategic transformation and change development. At the strategic level, it requires the in-depth implementation of innovation-driven development strategy, military-civilian integration development strategy, science and education to rejuvenate the country strategy, talent power strategy, and digital China strategy. At the operational level, it is reflected in emphasizing the key role of technology and innovation in the production process, focusing on product (service) quality, personalization, and high-quality development in production objectives, and emphasizing fine management of the production process in production layout. (2) There are five key elements of new quality productive forces, including improving total factor productivity, enhancing independent innovation capability, deeply integrating green development, building digital cores, and unleashing talent vitality. (3) The innovative development paths to promote new quality productive forces include integrated innovative transition paths, open innovative transition paths, and disruptive innovative transition paths. This book proposes the following countermeasures and suggestions: unleash data vitality, promote productive forces development with innovative knowledge production methods; build an open innovation ecosystem and deepen technological innovation cooperation at all levels; promote the integration of digital and real economies, and focus on steadily developing integrated infrastructure in the field of digital economy.

Ninthly, Beijing should accelerate the formation of new quality productive forces through the implementation of 15 strategies. In order to implement the important conclusion of " firmly grasping the primary task of high-quality development and developing new quality productive forces based on local conditions," this book takes Beijing as an example to analyze and propose strategic measures to accelerate the formation of new quality productive forces. The research draws the following three conclusions: (1) At the micro-level, Beijing should accelerate the formation of new quality productive forces through strategies for diversified innovation subjects, strategies led by leading enterprises, strategies for developing specialized, refined, innovative, and novel enterprises, strategies for digital transformation, and strategies for green transformation. (2) At the meso-level, Beijing should accelerate the formation of new quality productive forces through strategies for developing pioneer industries, industrial cluster strategies,

strategies for cultivating science and technology services, collaborative innovation strategies for metropolitan areas, and market-driven strategies. (3) At the macrolevel, Beijing should accelerate the formation of new quality productive forces through comparative advantage development strategy, differential development strategy, independent innovation strategy, integrated innovation strategy, and open innovation strategy. This book proposes the following countermeasures and suggestions: clearly select and cultivate leading enterprises with innovative potential and independent intellectual property rights, strengthen policy support and talent policy optimization; integrate digital and industrial resources to enhance the level of industrial digitization and competitiveness; promote innovation and green transformation, drive industrial agglomeration in resource-rich regions; and focus on identifying and targeting key areas in the collaborative innovation strategy, to supplement the shortcomings in the industrial chain and innovation chain, promote coordinated innovative development in the Beijing-Tianjin-Hebei region.

Tenth, technological innovation is the "key" and endogenous driving force for developing new quality productive forces, requiring system reforms to unblock bottlenecks that hinder the emergence and allocation of new production factors. This book proposes the necessity of improving the technological innovation system and mechanism, analyzes the difficulties, challenges, and focal points in improving the technological innovation system and mechanism at the current stage, and puts forward countermeasures and suggestions for improving the technological innovation system and mechanism to create a demonstration zone for the development of new quality productive forces. The study has drawn the following two conclusions. (1) The technological innovation system and mechanism are an important guarantee for developing new quality productive forces, playing a role in facilitating the channel between scientific and technological progress and highquality economic development. The key lies in institutional innovation. (2) There are difficulties and challenges in improving the technological innovation system in terms of technological investment system, technological operation and management system, technological evaluation system, technological talent cultivation system, and technological policy support system. This book proposes the following countermeasures and suggestions: establish a diversified, composite, and long-term growth technological investment mechanism, rationally plan the resource investment structure, and focus on increasing investment in technological innovation resources; promote the better combination of effective market and capable government, strengthen national strategic scientific and technological strength, improve the organizational efficiency of innovation activities, and steadily enhance the effectiveness of technological operation and management; leverage the value-oriented role of technological evaluation, improve the scientific nature of technological evaluation, stimulate the enthusiasm of scientific research talents for innovation, and strengthen the reform of the technological evaluation system; cultivate national strategic talents in all directions, establish and improve talent incentive and security systems, and accelerate the construction of national scientific and technological talents; promote the transformation of the government's functions to service-oriented, guide enterprises to become the mainstay of technological innovation, strengthen the construction of innovation investment and financing systems, change the concepts of scientific research personnel, build a resource investment policy system, and fully improve the technological policy support system.

Eleventh, accurately grasping nine key relationships is necessary for accelerating the formation of new quality productive forces. This book analyzes the important issues and development paths that need to be grasped in the process of accelerating the formation of new quality productive forces, and summarizes ten dialectical and unified relationships from the aspects of industry, technology, scientific research, resources, and talents. The study draws the following ten conclusions: (1) Grasp the relationship between upgrading traditional industries and cultivating emerging industries, orderly arrange them in gradients, and promote the conversion of old and new driving forces. (2) Grasp the relationship between technological innovation and industrial innovation, break down interactive barriers, and promote coupled symbiosis. (3) Grasp the relationship between basic research and applied research, establish a connection path, and promote mutual reinforcement. (4) Grasp the relationship between the industrial chain and the innovation chain, release the vitality of elements, and promote coherence. (5) Grasp the relationship between innovation-driven and talent-driven, establish a circular linkage, and exert dual efficiency. (6) Grasp the relationship between institutional innovation and cultural innovation, deepen the integration of form and function, and achieve coherence. (7) Grasp the relationship between digital economy and real economy, deepen the integration of the two, and promote the symbiosis of virtual and real. (8) Grasp the relationship between government guidance and market dominance, promote effectiveness through proactive actions, and achieve simplicity in complexity. (9) Grasp the relationship between domestic innovation and open innovation, integrate resources from multiple parties, and achieve internal and external linkage. This book proposes the following countermeasures and suggestions: fostering endogenous advantages of new quality productive forces through high-quality education development; deeply exploring and development application scenarios to enhance the effectiveness of scientific and technological achievements transformation.

Keywords: High-quality Development; Common Prosperity; New Quality Productive Forces; Beijing

Contents

I General Report

Abstract: High-quality development is the primary task of building a modern socialist country in an all-round way, and the high-quality development of the capital holds demonstrative significance nationwide. This report reviews the policy achievements and challenges of Beijing's high-quality development, constructs an evaluation index system on the basis of clear concept connotation, measures and analyzes the status of Beijing's high-quality development, and proposes countermeasures and suggestions. The main conclusions are as follows: (1) From 2013 to 2022, the high-quality development index of Beijing continuously increased, rising from 0.656 to 0.914, with an average annual growth rate of 3.75%, indicating an enhanced leading role of society and governance; (2) In 2022, Beijing ranks first among the top 50 cities with high-quality development index at the prefecture level and above, ranking among the top three in all six dimensions; (3) The growth of scale has led to the recovery and improvement of Beijing's economy, with significant contributions from efficiency improvements and structural optimization; (4) The growth rate of Beijing's social high-quality development index has gradually slowed down, and residents' happiness index has significantly improved; (5) The index of ecological high-quality development in Beijing showed a trend of first rising and then falling, with a high contribution of environmental quality and resource utilization; (6) Innovationinput and environment support Beijing's innovative high-quality development, but the contribution rate of innovation output needs to be enhanced; (7) The cultural high-quality development index of Beijing shows a changing trend of "upward-downward-upward-rising", with outstanding performance of cultural resources but an urgent need to strengthen the cultural industry; (8) The development index of high-quality governance in Beijing experienced a changing trend of growth first and then decline, with prominent administrative service advantages but still in need of infrastructure improvement; (9) The top ten cities of high-quality development exhibit six major characteristics: rapid economic development, strong innovation abilities, embeddedness in the global research and development network, robust consumer demand, high openness, and relatively reasonable industrial structure.

Keywords: Beijing's High-quality Development; Economical High-quality Development; Social High-quality Development; Ecological High-quality Development; Innovative High-quality Development; Cultural High-quality Development; Governance High-quality Development

II Special Reports

B.2 Research on the Essence of Promoting Common Prosperity in High-quality Development / 065

Abstract: Promoting common prosperity in high-quality development is in line with the essential requirements of Chinese-style modernization, and it is of great significance to clarify the theoretical logic and practical path for realizing multidimensional comprehensive goals such as the development of productive forces and the rational distribution of social wealth. Based on the connotation of common prosperity, this report explains the internal logic of promoting common prosperity in high-quality development, analyzes the practical basis and practical path of promoting common prosperity in high-quality development in China, combs the policy trends of Beijing, and puts forward policy recommendations. The results show that common prosperity, as a multi-dimensional comprehensive goal, is intrinsically consistent with high-quality development. The concept of innovative, green and open development provides a driving mechanism for promoting common prosperity through high-quality development: strengthening the material foundation through innovation, changing lifestyle of residents through green development, and guiding "win-win cooperation" over "national priority" through openness; The concept of coordinated and shared development provides a coordination mechanism: to seek reasonable differences between groups through coordination, follow the principles of sharing by all, comprehensive sharing, co-construction and gradual sharing, so that the achievements of reform can benefit all people more fairly. The practical path to promote common prosperity in high-quality development includes consolidating the material foundation with the transformation of scientific and technological achievements, improving the total factor productivity, building and improving much more well coordinated and mutually complementary primary, secondary, and tertiary distribution, eliminating unreasonable barriers to the flow of production factors, and improving the quality of rural public service supply. This report puts forward the following suggestions: strengthening research on core technologies, optimizing the multi-level supply of labor, promoting agricultural high-qualit ydevelopment, and building a system in which new factors such as resources and data participate are concluded and primary, secondary, and tertiary distribution are more well coordinated and mutually complementary.

Keywords: High-Quality Development; Common Prosperity; Social Equity; Urban–Rural Integration

B.3　Common Prosperity and Well-being Index Evaluation Report (2024)　　　　　　　　　／093

Abstract: In the new era, the principal contradiction in Chinese society has transformed into the conflict between the people's ever-growing need for a better life and unbalanced and inadequate development. The degree of achieving common prosperity is closely related to people's sense of security, achievement, and happiness, and it significantly influences the quality and essence of common prosperity. It is crucial to profoundly understand that achieving common prosperity is an inevitable manifestation of a people-centered approach, always taking people's satisfaction as the fundamental criterion for evaluating the effectiveness of common prosperity practices. This report constructs an index system for the happiness index of common prosperity from five dimensions: economic well-being, social well-being, cultural well-being, ecological civilization well-being, and governance well-being. It uses the entropy weight method to calculate the well-being status of 31 provinces and cities across the country. The study finds that cultural well-being has the highest weight (28.95%) in the happiness index of common prosperity, followed by economic well-being (24.83%), governance well-being (18.75%), ecological civilization well-being (14.62%), and social well-being (12.84%). Beijing ranks first in both the overall happiness index of common prosperity and its sub-indices. This report summarizes the "Beijing experience" as follow: in economic construction, improve the consumption environment, cultivate new forms of consumption, and better meet the people's need for a better life; in social security, promote the construction of a multi-level medical security system and focus on the development of a basic elderly care service system; in cultural construction, deeply promote the modernization of education and build a high-end cultural industry system; in ecological civilization construction, improve the environmental emergency responsibility system and prevent ecological and environmental risks; in government governance, create a top-tier market business environment and promote the modernization of urban governance systems and capabilities.

Keywords: Common Prosperity; Happiness Index; Entropy Method

Abstract: As the "core" of the Beijing-Tianjin-Hebei urban agglomeration, Beijing shoulders the mission of leading the coordinated urban-rural development and achieving common prosperity in its national strategic positioning, while also undertaking the crucial task of building a national demonstration zone for integrated urban-rural development. This report selects 11 primary indicators and 32 secondary indicators from three dimensions: material energy, economic society, and public services, to construct an urban-rural high-quality development index to scientifically measure the level of Beijing's urban-rural high-quality development and evaluate the contribution of various dimensions to it. Comparative analysis with other provinces is also conducted to provide theoretical basis and practical experience for the local government to formulate urban-rural integrated development paths that meet the requirements of high-quality development. The main conclusions include: (1) From 2011 to 2021, Beijing maintained the first place in the ranking of urban-rural high-quality development index, and the top five provinces remained relatively stable, also including Shanghai, Tianjin, Zhejiang, and Jiangsu. (2) In 2021, Beijing's urban-rural high-quality development index saw a small increase in the material energy dimension, ranking third, but with a small gap from Tianjin, which ranked second; the economic and social dimension increased significantly, rising from fourth to first; the public service dimension remained stable, consistently ranking first. (3) From 2011 to 2021, Beijing's total urban-rural high-quality development index increased from 0.447 to 0.523, with a growth rate of 17.00%. Public services replaced material energy as the dimension with the highest contribution, and the growth in the economic and social and public service dimensions was the main reason for the increase in the total index. (4) Beijing still needs to significantly improve its information development and energy ecology, further optimize and improve income distribution, and continuously enhance its comprehensive service level.

Keywords: High-Quality Development of Urban and Rural Areas; Beijing; Entropy Method

B . 5 Research on the Mechanism of Digital Technology
Innovations Promoting Common Prosperity in
Urban & Rural Areas / 143

Abstract: The promotion of urban-rural common prosperity through digital
technological innovation embodies the requirements of high-quality development,
where innovation serves as the primary driving force, coordination as an intrinsic
characteristic, and sharing as the fundamental purpose. Along with the gradual
integration of digital technology and the agricultural industry, rural revitalization
and common prosperity are bound to radiate new digital vitality. In this regard,
this report systematically explores the mechanism of digital technology innovation in
promoting urban-rural common prosperity, establishes a theoretical analysis
framework of "digital technology empowerment-industrial structure upgrading-
socio-economic effects"; utilizes grounded theory to code enterprise and urban
case data step by step, proposes the basic connotation and implementation path of
digital technology innovation in promoting common prosperity; analyzes the
implementation mechanism and theoretical logic of digital technology innovation in
promoting urban-rural common prosperity. The report found that: First, digital
technology innovation cultivates high-end production factors, empowers traditional
production factors, improves the efficiency of factor input and output, promotes
factor mobility, drives economic development, and narrows the urban-rural
gap. Second, digital technology innovation promotes urban-rural common
prosperity through inclusive and balanced mechanisms and matching upgrade
mechanisms. Third, digital technology innovation drives the realization of
common prosperity at the macro, meso, and micro levels by optimizing digital
regulations, building a sound industrial ecosystem, and forming new urban-rural
formats. The report proposes the following policy recommendations:
Comprehensively plan the construction of new digital infrastructure integrating
urban and rural areas, standardize the construction of digital governance systems
integrating urban and rural areas, accelerate the construction of a digital integrated
public service system integrating urban and rural areas, strengthen the construction

of an innovative talent team in the digital economy, and enhance the values of science and technology towards goodness.

Keywords: Digital Technology Innovation; Common Prosperity; Grounded Theory

Ⅲ   Strategic Reports

B.6   Research on the Essence, Core Elements, and Innovative
Development Path of New Quality Productive Forces   / 183

Abstract: New quality productive forces represent a new form of productivity emerging in the new era, serving as the fundamental prerequisite for achieving Chinese-style modernization. It is essential to grasp its connotation based on the contextual backdrop of the current development stage. This report analyzes the core essence of new quality productive forces and its theoretical logic in promoting economic growth from the perspective of the conceptual level, institutional level, and operational level, and proposes five key elements and innovative development paths for new quality productive forces. The core essence of new quality productive forces is reflected in the conceptual level as leading the technological leapfrogging process of strategic emerging industries and future industries with scientific and technological innovations to achieve strategic transformation and innovative development. At the strategic level, it requires the in-depth implementation of innovation-driven development strategies, military-civilian integration development strategies, science and education strategies to rejuvenate the nation, talent strategies to strengthen the nation, and digital China strategies. At the operational level, it emphasizes the key role of technology and innovation in the production process, focuses on product (service) quality, personalization, and high-quality development in production objectives, and lays emphasis on the refined management of the production process in terms of production layout. There are five key elements of new quality productive forces:

improving total factor productivity, enhancing independent innovation capabilities, deeply integrating green development, building digital cores, and unleashing talent vitality. The innovative development paths for promoting new quality productive forces include integrated innovation transition, open innovation transition, and disruptive innovation transition. It is necessary to unleash the vitality of data and promote the development of productive forces through innovative knowledge production methods. It is also important to build an open innovation ecosystem, deepen cooperation in scientific and technological innovation at all levels, and promote the integration of digital and real economies, focusing on the steady development of integrated infrastructure in the digital economy sector.

Keywords: New Quality Productive Forces; Chinese Path to Moderization; Five Key Element

B.7 Research on Strategies for Accelerating the Formation of New Quality Productive Forces in Beijing　　／ 197

Abstract: To implement the important conclusion of "firmly grasping the primary task of high-quality development and developing new quality productive forces based on local conditions", this report takes Beijing as an example and proposes to promote the formation of new quality productive forces through the implementation of 15 strategies. The research results show that accelerating the formation of new quality productive forces requires the implementation of micro-level strategies, including strategies for diversified innovation subjects, strategies led by leading enterprises, strategies for developing specialized, refined, innovative, and novel enterprises, strategies for digital transformation, and strategies for green transformation. It also necessitates the implementation of meso-level strategies, including strategies for developing pioneer industries, industrial cluster strategies, strategies for cultivating science and technology services, collaborative innovation strategies for metropolitan areas, and market-driven strategies. Furthermore, it requires the implementation of macro-level strategies, including comparative advantage development strategy, differential development strategy, independent innovation strategy, integrated innovation strategy, and open innovation strategy. The report proposes the following countermeasures and suggestions: screening and cultivating leading enterprises with innovative potential and independent intellectual property rights, strengthening policy support and talent policy optimization; integrating digital and industrial resources to enhance the level of industrial digitization and competitiveness; promoting innovation and green transformation to drive industrial agglomeration in resource-rich regions; and focusing on identifying and targeting key areas in the collaborative innovation strategy, to supplement the shortcomings in the industrial chain and innovation chain, promote coordinated development in the Beijing-Tianjin-Hebei region.

Keywords: New Quality Productive Forces; Micro-level Strategy; Meso-level Strategy; Macro-level Strategy

B . 8　Policy Research on Ensuring New Quality Productive Forces Development through Scientific and Technological Innovation Systems and Mechanisms　/ 219

Abstract: Technological innovation is the key driver and internal motivation for developing new quality productive forces. It requires institutional reforms to remove obstacles that hinder the emergence and allocation of new production factors, thereby adding technological content to productive forces. This report proposes the necessity of improving the institutional mechanisms for technological innovation, analyzes the difficulties, challenges, and focuses in improving these mechanisms at the current stage, and then puts forward countermeasures and suggestions for perfecting the institutional mechanisms for technological innovation and creating a demonstration zone for the development of new quality productive forces. The research results indicate that the institutional mechanisms for technological innovation are crucial for developing new quality productive forces. The key lies in institutional innovation, focusing on five mutually reinforcing and constraining aspects: the system of technological investment, the management system for technological operations, the technological evaluation system, the system for cultivating technological talents, and the supporting system for technological policies. To ensure the development of new quality productive forces with technological innovation institutional mechanisms, we should focus on increasing investment in technological innovation resources, steadily improving the efficiency of technological operation and management, strengthening the reform of the technological evaluation system, accelerating the building of national technological talent strength, and fully improving the supporting system for technological policies.

Keywords: Innovation System and Mechanism for Science and Technology; New Quality Productive Forces; System for Scientific and Technological Investment; System for Scientific and Technological Operation and Management; System for Scientific and Technological Evaluation; System for Cultivating Scientific and Technological Talents; Supporting System for Science and Technology Policies

B.9 Accurately Grasp the Ten Relationships for Accelerating the Formation of New Quality Productive Forces / 229

Abstract: With the rise of a new round of technological revolution and industrial transformation, new quality productive forces will replace traditional productive forces and become the engine to promote high-quality economic development in China. This report discusses and analyzes the important issues and development paths required for accelerating the formation of new quality productive forces from the perspectives of dialectical materialism and economics. It summarizes ten pairs of dialectical and unified relationships from aspects such as industry, technology, scientific research, resources, and talent, and summarizes corresponding scientific laws and development trends. The report proposes that new quality productive forces are based on the transformation of old and new kinetic energy, driven by scientific research innovation leading industrial innovation, focused on the combination of basic research and applied research, advancing through the integration of industrial and innovation chains, supported by the dual-wheel drive of innovation and talent, originating from institutional and cultural innovation, utilizing digital-real integration as a new kinetic energy, featuring military-civilian integration as a characteristic position, guided by an effective government promoting an effective market, and energized by domestic and international dual resources. It continuously moves towards the high-end of the global industrial chain and value chain. It is necessary to foster the endogenous advantages of new quality productive forces through high-quality education development, deeply explore and research specific scenarios, and enhance the effectiveness of scientific and technological achievements transformation.

Keywords: New Quality Productive Forces; Technological Innovation; High-Quality Development

社会科学文献出版社

皮 书

智库成果出版与传播平台

❖ 皮书定义 ❖

皮书是对中国与世界发展状况和热点问题进行年度监测，以专业的角度、专家的视野和实证研究方法，针对某一领域或区域现状与发展态势展开分析和预测，具备前沿性、原创性、实证性、连续性、时效性等特点的公开出版物，由一系列权威研究报告组成。

❖ 皮书作者 ❖

皮书系列报告作者以国内外一流研究机构、知名高校等重点智库的研究人员为主，多为相关领域一流专家学者，他们的观点代表了当下学界对中国与世界的现实和未来最高水平的解读与分析。

❖ 皮书荣誉 ❖

皮书作为中国社会科学院基础理论研究与应用对策研究融合发展的代表性成果，不仅是哲学社会科学工作者服务中国特色社会主义现代化建设的重要成果，更是助力中国特色新型智库建设、构建中国特色哲学社会科学"三大体系"的重要平台。皮书系列先后被列入"十二五""十三五""十四五"时期国家重点出版物出版专项规划项目；自2013年起，重点皮书被列入中国社会科学院国家哲学社会科学创新工程项目。

皮书网

（网址：www.pishu.cn）

发布皮书研创资讯，传播皮书精彩内容
引领皮书出版潮流，打造皮书服务平台

栏目设置

◆ **关于皮书**

何谓皮书、皮书分类、皮书大事记、
皮书荣誉、皮书出版第一人、皮书编辑部

◆ **最新资讯**

通知公告、新闻动态、媒体聚焦、
网站专题、视频直播、下载专区

◆ **皮书研创**

皮书规范、皮书出版、
皮书研究、研创团队

◆ **皮书评奖评价**

指标体系、皮书评价、皮书评奖

所获荣誉

◆ 2008 年、2011 年、2014 年，皮书网均
在全国新闻出版业网站荣誉评选中获得
"最具商业价值网站"称号；
◆ 2012 年，获得"出版业网站百强"称号。

网库合一

2014 年，皮书网与皮书数据库端口合
一，实现资源共享，搭建智库成果融合创
新平台。

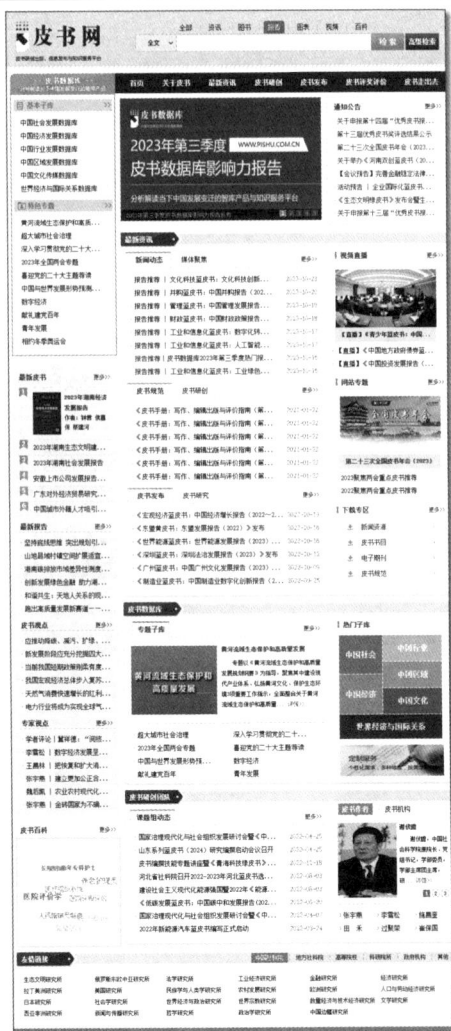

皮书网

"皮书说"
微信公众号

权威报告・连续出版・独家资源

皮书数据库
ANNUAL REPORT(YEARBOOK)
DATABASE

分析解读当下中国发展变迁的高端智库平台

所获荣誉

- 2022年，入选技术赋能"新闻+"推荐案例
- 2020年，入选全国新闻出版深度融合发展创新案例
- 2019年，入选国家新闻出版署数字出版精品遴选推荐计划
- 2016年，入选"十三五"国家重点电子出版物出版规划骨干工程
- 2013年，荣获"中国出版政府奖・网络出版物奖"提名奖

皮书数据库   "社科数托邦"
微信公众号

成为用户

　　登录网址www.pishu.com.cn访问皮书数据库网站或下载皮书数据库APP，通过手机号码验证或邮箱验证即可成为皮书数据库用户。

用户福利

- 已注册用户购书后可免费获赠100元皮书数据库充值卡。刮开充值卡涂层获取充值密码，登录并进入"会员中心"—"在线充值"—"充值卡充值"，充值成功即可购买和查看数据库内容。
- 用户福利最终解释权归社会科学文献出版社所有。

社会科学文献出版社 皮书系列
SOCIAL SCIENCES ACADEMIC PRESS (CHINA)

卡号：732816715862
密码：

数据库服务热线：010-59367265
数据库服务QQ：2475522410
数据库服务邮箱：database@ssap.cn
图书销售热线：010-59367070/7028
图书服务QQ：1265056568
图书服务邮箱：duzhe@ssap.cn

S 基本子库
SUB DATABASE

中国社会发展数据库（下设 12 个专题子库）

　　紧扣人口、政治、外交、法律、教育、医疗卫生、资源环境等 12 个社会发展领域的前沿和热点，全面整合专业著作、智库报告、学术资讯、调研数据等类型资源，帮助用户追踪中国社会发展动态、研究社会发展战略与政策、了解社会热点问题、分析社会发展趋势。

中国经济发展数据库（下设 12 专题子库）

　　内容涵盖宏观经济、产业经济、工业经济、农业经济、财政金融、房地产经济、城市经济、商业贸易等 12 个重点经济领域，为把握经济运行态势、洞察经济发展规律、研判经济发展趋势、进行经济调控决策提供参考和依据。

中国行业发展数据库（下设 17 个专题子库）

　　以中国国民经济行业分类为依据，覆盖金融业、旅游业、交通运输业、能源矿产业、制造业等 100 多个行业，跟踪分析国民经济相关行业市场运行状况和政策导向，汇集行业发展前沿资讯，为投资、从业及各种经济决策提供理论支撑和实践指导。

中国区域发展数据库（下设 4 个专题子库）

　　对中国特定区域内的经济、社会、文化等领域现状与发展情况进行深度分析和预测，涉及省级行政区、城市群、城市、农村等不同维度，研究层级至县及县以下行政区，为学者研究地方经济社会宏观态势、经验模式、发展案例提供支撑，为地方政府决策提供参考。

中国文化传媒数据库（下设 18 个专题子库）

　　内容覆盖文化产业、新闻传播、电影娱乐、文学艺术、群众文化、图书情报等 18 个重点研究领域，聚焦文化传媒领域发展前沿、热点话题、行业实践，服务用户的教学科研、文化投资、企业规划等需要。

世界经济与国际关系数据库（下设 6 个专题子库）

　　整合世界经济、国际政治、世界文化与科技、全球性问题、国际组织与国际法、区域研究 6 大领域研究成果，对世界经济形势、国际形势进行连续性深度分析，对年度热点问题进行专题解读，为研判全球发展趋势提供事实和数据支持。

法律声明

"皮书系列"（含蓝皮书、绿皮书、黄皮书）之品牌由社会科学文献出版社最早使用并持续至今，现已被中国图书行业所熟知。"皮书系列"的相关商标已在国家商标管理部门商标局注册，包括但不限于LOGO（ ）、皮书、Pishu、经济蓝皮书、社会蓝皮书等。"皮书系列"图书的注册商标专用权及封面设计、版式设计的著作权均为社会科学文献出版社所有。未经社会科学文献出版社书面授权许可，任何使用与"皮书系列"图书注册商标、封面设计、版式设计相同或者近似的文字、图形或其组合的行为均系侵权行为。

经作者授权，本书的专有出版权及信息网络传播权等为社会科学文献出版社享有。未经社会科学文献出版社书面授权许可，任何就本书内容的复制、发行或以数字形式进行网络传播的行为均系侵权行为。

社会科学文献出版社将通过法律途径追究上述侵权行为的法律责任，维护自身合法权益。

欢迎社会各界人士对侵犯社会科学文献出版社上述权利的侵权行为进行举报。电话：010-59367121，电子邮箱：fawubu@ssap.cn。

社会科学文献出版社

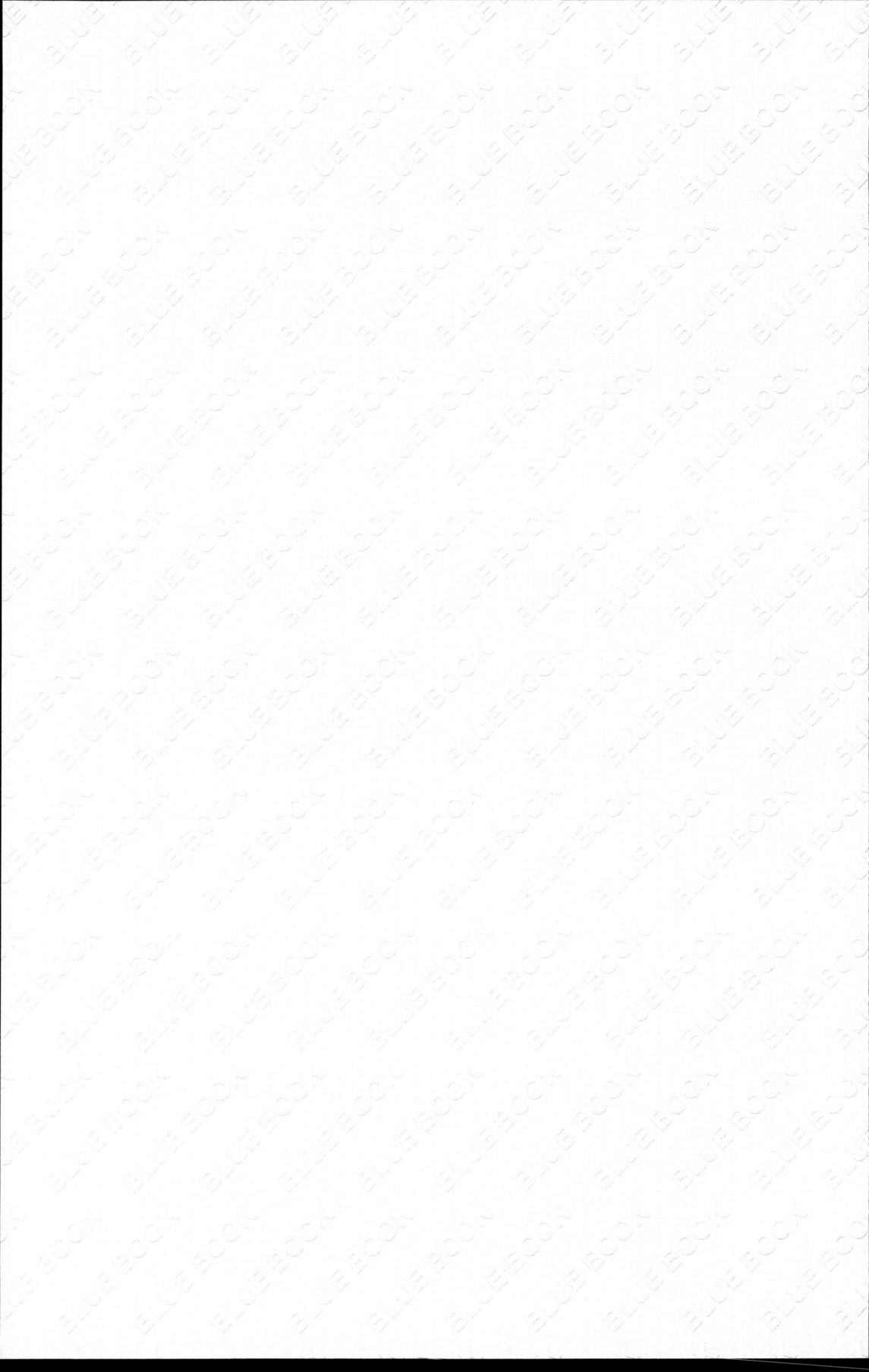